공공안전분야 예비공무원들의
심신수련 지침서

호신 체포술

정주호 저

백산출판사

이 저서는 2021년도 가천대학교 학술연구비 지원(GCU - 202102560001)에 의하여 수행되었음을 밝힌다.

머리말 Prologue

다년간 비교무술, 단전호흡, 체포술 등의 실기과목을 강의한 경험을 바탕으로 이를 포괄하면서도 융합적인 교재의 필요성을 절감하여왔다. 이러한 때에 가천대학교 연구지원팀의 학술저서 지원프로그램을 열성적으로 이끌어오신 박수정 팀장님과 장예원 선생님의 권고에 힘입어 유항심 유항산(有恒心 有恒産)하게 되었다.

저자는 1990년부터 꾸준히 국선도를 수련해오고 있으며, 武道에 대한 지속적인 관심과 수련으로 국선도 스포츠지도사 자격 및 우슈쿵후 등 다양한 무술의 고유단 단증과 지도자 자격을 획득하고 있다. 이러한 그간의 심신활동의 결과물을 저서로 녹여내어 대학 교재로 활용할 수 있도록 기반을 조성해 주신데 대하여 감사할 따름이다.

저서의 제1장은 본격적인 신체활동을 위한 준비 과정이면서도 효과적인 축기(蓄氣, reserve a feeling energy)를 위한 필수적인 과정인 굴신체조를 담았다. 제2장에는 부작용 없이 자연스러우면서도 효과적인 단전호흡 방법을 설명하였고, 제3장에는 공공안전분야 체력시험에 대비한 운동방법을 제시하였다.

제4장에는 본격적인 체포술에 앞서 남녀노소 누구나 불의의 공격(abrupt attacks)으로부터 자신의 신체를 보호하기 위한 신체방어술을 익히도록 하였으며, 이와 함께 적극적인 신체활동으로 상대방을 효과적으로 제압하여 공공안전의 목적을 달성하는데 기여하도록 하였다.

굴신운동을 설명하기 위하여 저자가 오랜 기간에 걸쳐 수련하여온 국선도의 조신법(調身法)을 기반으로 국내외 여러 자료와 동영상을 참고하였고, 단전호흡은 국선도, 요가, 뇌호흡 등 국내외 여러 수련단체들의 장점을 취합하여 가장 자연스러우면서도 쉬운 호흡방법을 제시하였다.

호신술과 체포술은 경혈(經穴, suitable spots on the body for acupuncture)을 중심으로 역사가 깊은 혈도호신술(穴道護身術)과 대통령경호처 무도기술, 그리고 경찰청에서 연구보급한 65개 기술을 조합하였다.

이처럼 방대한 내용을 상술(詳述, elaboration)하여 한 학기의 교육교재로 담는다는 것은 역부종심(力不終心)이기도 하지만, 임팩트 있는 학습에 장애가 될 가능성이 크다고 기인지우(杞人之憂, 杞人憂天)하여 최대한 간략하게 서술하였다.

차 례 C·o·n·t·e·n·t·s

제1장 굴신운동 / 11

제1절 경혈 자극하기 ···· 12
1. 경혈의 이해 ···· 12
1) 경락의 개념 ···· 12
2) 경락의 종류 ···· 14
3) 경혈의 개념 ···· 15
2. 경혈의 자극 ···· 16

제2절 굴신운동 ···· 27
1. 인체의 이해 ···· 27
1) 골격계 ···· 27
2) 근육계 ···· 30
3) 심신의 피로와 회복 ···· 35
2. 굴신운동 ···· 37
1) 기지개 켜기와 상체 앞으로 숙이기(3회 반복) ···· 38
2) 허리 돌리기 ···· 39
3) 손 뒤로 짚고 다리 펴고 앉아서 발목 운동하기 ···· 40
4) 손 마찰 후 얼굴과 목 문질러 주기 ···· 42
5) 경혈 자극하기 ···· 44
6) 한쪽 다리 방향으로 상체 앞으로 굽히기 ···· 45
7) 발목 꺾어주기 ···· 47
8) 상체 앞으로 숙였다가 몸통 들어 뒤로 젖히기 ···· 47
9) 양다리 넓게 벌리고 상체 들어주기 ···· 48
10) 양다리 넓게 벌리고 몸통 좌우로 틀어주기 ···· 49
11) 양손 뒤로 깍지 끼고 상체 좌우로 숙이기 ···· 50
12) 양손 앞으로 모으고 상체 앞으로 숙이기 ···· 51
13) 양다리 벌리고 상체 앞으로 숙이기 ···· 52
14) 양 발바닥 마주하여 당겨서 앉고 상체 앞으로 숙이기 ···· 53
15) 결가부좌(반가부좌)하여 몸통 돌리기 ···· 54
16) 가부좌(반가부좌)하여 몸통 좌우로 틀기 ···· 55
17) 결가부좌(반가부좌)하여 몸통 앞으로 밀기 ···· 55
18) 다리 앞으로 뻗어주면서 떨어뜨리고 발끝 부딪치기 ···· 56
19) 머리 뒤로 깍지 끼고 윗몸 앞으로 굽혔다가 좌우로 틀어주기 ···· 57
20) 다리 빗장 걸어 몸통 틀어주기 ···· 59
21) 무릎 감싸 쥐고 앞뒤로 구르기 ···· 60

22) 한쪽 다리 젖혀서 앞으로 숙였다가 반대로 틀어주기 ······ 61
23) 무릎 꿇고 상체 앞으로 밀어주기/상체 뒤로 젖히기/어깨 펴주기 ··· 62
24) 무릎 꿇고 앉아서 양손 깍지 끼고 좌우로 틀어주기 ······ 62
25) 한쪽 무릎 꿇고 상체 앞으로 숙이기 ······ 64
26) 다리 운동 ······ 66
27) 숨쉬기 ······ 67
28) 고양이 스트레칭 ······ 69
29) 굽은 등 스트레칭 ······ 70
30) 엉덩이 스트레칭 ······ 71
31) 종아리 스트레칭 ······ 72
32) 뒤쪽 허벅지 스트레칭 ······ 73
33) 발바닥 마주 보고 무릎 눌러주기 ······ 74
34) 목과 어깨 스트레칭 ······ 75
35) 거북목 회복 스트레칭 ······ 76
36) 뒷목 스트레칭 ······ 77
37) 앞쪽 목 스트레칭 1 ······ 79
38) 앞쪽 목 스트레칭 2 ······ 80
39) 어깨 펴주기 스트레칭 1 ······ 82
40) 어깨 펴주기 스트레칭 2 ······ 83
41) 어깨 근육 스트레칭 1 ······ 84
42) 어깨 근육 스트레칭 2 ······ 85
43) 어깨 근육 스트레칭 3 ······ 86
44) 허리 트위스트 스트레칭 1 ······ 87
45) 허리 트위스트 스트레칭 2 ······ 88
46) 런지 스트레칭 ······ 89
47) 개구리 자세 1 ······ 90
48) 개구리 자세 2 ······ 91
49) 다리 앞쪽 스트레칭 ······ 92
50) 다리 안쪽 스트레칭 1 ······ 92
51) 다리 안쪽 스트레칭 2 ······ 93
52) 골반 근육 스트레칭 ······ 94
53) 하체 균형 트위스트 ······ 95

제2장 단전호흡 / 97

제1절 기(氣)란 무엇인가? ······ 98
1. 기(氣)란 무엇인가? ······ 98
2. 일상에서 氣의 활용 ······ 102
1) 언어적 활용 ······ 102
2) 氣와 건강 ······ 102

3) 아침의 기운이 하루를 좌우한다. ······ 102
4) 감정의 조절로 내장기관을 건강하게 다스린다. ······ 103
3. 입의 모양과 소리로 氣의 흐름을 고르게 하는 방법 ······ 103
1) 간장의 기능을 강화시킨다. --- 쉬(嘘, shì) ······ 104
2) 심장의 기능을 강화시킨다. --- 아(阿, ā) ······ 104
3) 비장의 기능을 강화시킨다. --- 후(呼, hù) ······ 105
4) 폐의 기능을 강화시킨다. --- 시(泗, sì) ······ 106
5) 신장의 기능을 강화시킨다. --- 취(吹, chì) ······ 107
6) 담장의 기능을 강화시킨다. --- 히(嘻: 웃을 희, xì) ······ 107

제2절 단전호흡의 원리와 종류 ······ 108
1. 왜 호흡인가? ······ 108
2. 단전호흡의 원리 ······ 109
1) 단전의 위치와 단전호흡 ······ 109
2) 단전호흡의 원리 ······ 111
3. 단전호흡의 종류와 수련내용 ······ 111
1) Meditation ······ 112
2) 흡지호지 또는 흡지호 ······ 113
3) 자연스러운 들숨과 날숨 ······ 114
4. 단전호흡의 효과 ······ 115
1) 명상을 통한 효과 ······ 115
2) 지식호흡을 통한 효과 ······ 115
3) 입출식 자연호흡의 효과 ······ 116
4) 단전호흡 후 혈액의 변화 ······ 117

제3절 단전호흡 방법 ······ 118
1. 준비 ······ 119
1) 복장 ······ 119
2) 부착물 제거 ······ 119
3) 공복 상태 ······ 119
4) 음주와의 관계 ······ 119
5) 마음 준비 ······ 120
2. 자세 ······ 121
1) 와법(臥法: 누워서 단전호흡하는 자세) ······ 127
2) 입법(立法: 서서 단전호흡하는 자세) ······ 128
3) 좌법(坐法: 앉아서 단전호흡하는 자세) ······ 128
3. 의식의 집중 ······ 130
4. 호흡 방법 ······ 132
1) 호흡계의 기능 ······ 132
2) 단전호흡 ······ 135
3) 연수법 ······ 139

제3장 기초체력단련 / 141

제1절 순발력 강화 ······ 142
1. 순발력이란? ······ 142
1) 순발력의 정의 ······ 142
2) 순발력의 측정 ······ 142
2. 순발력 기르기 ······ 144
1) 협응성 운동 ······ 144
2) 바운딩 운동 ······ 145

제2절 복근력 및 배근력 단련 ······ 149
1. 누워서 자유형 발차기 ······ 149
2. 누워서 다리 좌우로 교체 ······ 150
3. 누워서 자전거 타기 ······ 151
4. 누워서 머리와 다리 들고 좌우로 교체하기(PT체조 8번) ······ 152
5. 엎드려서 손발 들어주기 1 ······ 154
6. 엎드려서 손발 들어주기 2 ······ 154
7. 상체 일으키기 ······ 155
8. 하체 들어올리기 ······ 156
9. 다리 뒤로 들어올리기 ······ 157

제3절 하체 단련 ······ 158
1. 발 뒤꿈치 들기 ······ 158
2. 스쿼트 하면서 뒤꿈치 들기 ······ 158
3. 사이드 런지 1 ······ 159
4. 사이드 런지 2 ······ 160
5. 무릎 꿇고 다리 뒤로 들기 ······ 162
6. 허벅지 뒤쪽 강화 훈련 ······ 163
7. 정면 밸런스 차기 ······ 164
8. 측면 밸런스 차기 ······ 165
9. 후면 밸런스 차기 ······ 166
10. 골반 강화 차기 ······ 167

제4절 상체 단련 ······ 169
1. 손가락으로 지탱하여 팔굽혀 펴기 ······ 169
2. 엎드려 플랭크 자세 반복하기 ······ 170
3. 엎드려 손 좌우로 어깨 짚기 ······ 171
4. 엎드려 좌우로 이동하기 ······ 171
5. 팔굽혀 펴기 ······ 172
6. 파도 푸시-업 ······ 173
7. 팔로 걷기 ······ 174
8. 넓게 팔 벌려 푸시-업 ······ 174

9. 좁게 팔 벌려 푸시-업 ······ 175

제4장 호신-체포술 / 177

제1절 이론적 배경 ······ 178
1. 무술, 무도, 무예 ······ 178
1) 술, 도, 예 ······ 178
2) 무술, 무도, 무예의 본질과 변천 ······ 180
2. 폭력과 호신-체포술 ······ 181
1) 폭력 ······ 181
2) 공공적 사명으로서의 호신-체포술 ······ 192
3. 현대의 무도 ······ 194
1) 현대무도의 다양성 ······ 194
2) 무도의 수련 및 숙달방법 ······ 196

제2절 낙법 ······ 199
1. 낙법의 의미 ······ 199
2. 낙법의 종류 및 자세 ······ 200
1) 전방낙법 1 ······ 200
2) 전방낙법 2 ······ 201
3) 전방회전낙법 1 ······ 203
4) 전방회전낙법 2 ······ 204
5) 좌(우) 측방낙법 ······ 205
6) 후방낙법 ······ 207
7) 후방회전낙법 ······ 208

제3절 탈포술 ······ 210
1. 손목 빼기술 기초 ······ 210
1) 제1수 ······ 210
2) 제2수 ······ 211
3) 제3수 ······ 213
4) 제4수 ······ 215
5) 제5수 ······ 217
2. 손목 빼기술 응용 ······ 219
1) 바깥 손목수 제1수 ······ 219
2) 바깥 손목수 제2수 ······ 221
3) 안 손목수 제1수 ······ 224
4) 안 손목수 제2수 ······ 225
3. 탈포술 ······ 227
1) 윗머리가 잡혔을 때 ······ 227

2) 뒷머리가 잡혔을 때 ···· 229
3) 양손으로 멱살이 잡혔을 때 ···· 231
4) 한 손으로 멱살이 잡혔을 때 1 ···· 233
5) 한 손으로 멱살이 잡혔을 때 2 ···· 234
6) 한 손으로 멱살이 잡혔을 때 3 ···· 235
7) 어깨가 잡혔을 때 1 ···· 237
8) 어깨가 잡혔을 때 2 ···· 238
9) 어깨가 잡혔을 때 3 ···· 239
10) 허리띠가 잡혔을 때 1 ···· 241
11) 허리띠가 잡혔을 때 2 ···· 242
12) 뒤에서 안겼을 때 1 ···· 244
13) 뒤에서 안겼을 때 2 ···· 245
14) 뒤에서 안겼을 때 3 ···· 246

제4절 체포술 ···· 248
1. 체포술 ···· 248
1) 맨손 체포 1 ···· 248
2) 맨손 체포 2 ···· 249
3) 맨손 체포 3 ···· 251
4) 맨손 체포 4 ···· 252
5) 맨손 체포 5 ···· 253
6) 맨손 체포 6 ···· 255
7) 공격 시 체포 1 ···· 256
8) 공격 시 체포 2 ···· 258
9) 공격 시 체포 3 ···· 259
10) 공격 시 체포 4 ···· 260
11) 공격 시 체포 5 ···· 261
12) 공격 시 체포 6 ···· 262
13) 공격 시 체포 7 ···· 264
2. 무기 공격 ···· 266
1) 단검 공격 1 ···· 266
2) 단검 공격 2 ···· 267
3) 단검 공격 3 ···· 269
4) 단검 공격 4 ···· 270
5) 단검 위협 1 ···· 272
6) 단검 위협 2 ···· 274
7) 권총 위협 1 ···· 275
8) 권총 위협 2 ···· 277
9) 권총 위협 3 ···· 280

제1장

굴신운동
(屈身運動, stretching)

굴신운동(屈身運動, stretching)

제1장

제1절 경혈(經穴) 자극하기

1. 경혈의 이해

1) 경락(經絡)의 개념

경락이 존재하지 않는다면 침구(鍼灸) 의학이 해체되고 동양의학은 그 뿌리째 설 자리를 잃게 된다.[1] 그만큼 인체에서 경락이 중요한 위치를 차지하고 있다는 것인데 문제는 현대의학에서 경락의 실체를 인정하고 있지 않다는 점이다.

경혈을 부정하는 대표적인 주장으로 첫째, 조직학적인 측면에서 해부학 구조로 일관성 있게 나타나지 않는다는 것이다. 둘째, 생화학적인 근거가 미약하다. 셋째, 침구의학에서 주장하는 표면저항(skin resistance)의 차이가 유의미한 패턴 또는 상관관계가 불투명하다. 넷째, 경혈(經穴) 지점과 운동점(motor points)이 동일하지 않다. 다섯째, 기능성 자기공명영상(functional MRI)을 통하여 살펴본 결과 경혈에 대한 침술의 자극이 대뇌변연계(limbic system)와 체감각피질(somatosensory cortex)상에서 유의미한 변화가 나타나지 않았다.[2][3]

---

1) 藤原知 외 1. 설영환, 김정법, 신좌섭 편역. (1993). 경락의 대발견. 일월서각.
2) Ramey, D. W. (2000). A review of the evidence for the existence of acupuncture points and meridians. In AAEP Proceedings Vol. 46, pp.220-224.

그러나 최근에는 현대 과학장비를 활용하여 경락이 인체 에너지 대사의 기능작용에 관한 과학적 존재를 제시하였고, 전자기학(electro-magnetic), 양자역학(quantum mechanics) 등 첨단기술을 동원하여 그 실체를 규명하기 위한 노력을 하고 있다.[4)]

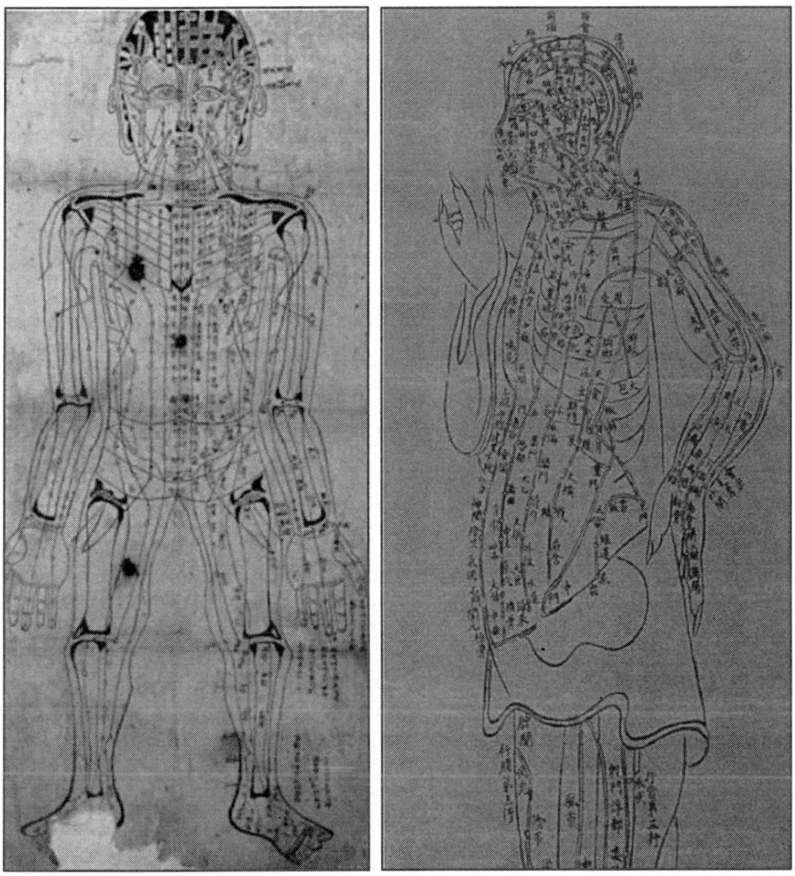

▶ 다양한 인체의 경락도(經絡圖) (가천박물관 소장)

3) 특정 경혈에 침을 놓았을 때 침구의학에서 주장하는 연결되는 뇌 부위가 활성화되는 것을 찾을 수 없을뿐더러 다른 부위에 침을 놓아도 연결되는 뇌 부위가 활성화되는 현상이 나타났으므로 침술의 신뢰성을 가질 수 없다고 주장하였다(2010, 가천대학교 세미나).

4) 정동명(1998). 경락의 진동자극과 반사파 검출-경락 실체의 객관화 연구 1-. 한국정신과학학회지, 2(1), 32-36.

2) 경락의 종류

경락은 경맥(經脈), 낙맥(絡脈), 손락(孫絡), 경근(頸筋), 경수(經水) 등을 총칭하여 부르는 말이다.

경맥은 큰 줄기(幹)를 이루는 주요 부분을 말하는 것이며 12줄기의 정경맥(正經脈[5])과 8줄기의 기경맥(奇經脈[6])이 있다. 정경맥은 평상시 정상적인 상태에서 기(氣)가 이동하는 경로를 말하며, 기경맥은 기(氣)가 충만하여 넘치게 되는 상태에서 이동하는 방수로(放水路)의 역할을 한다.

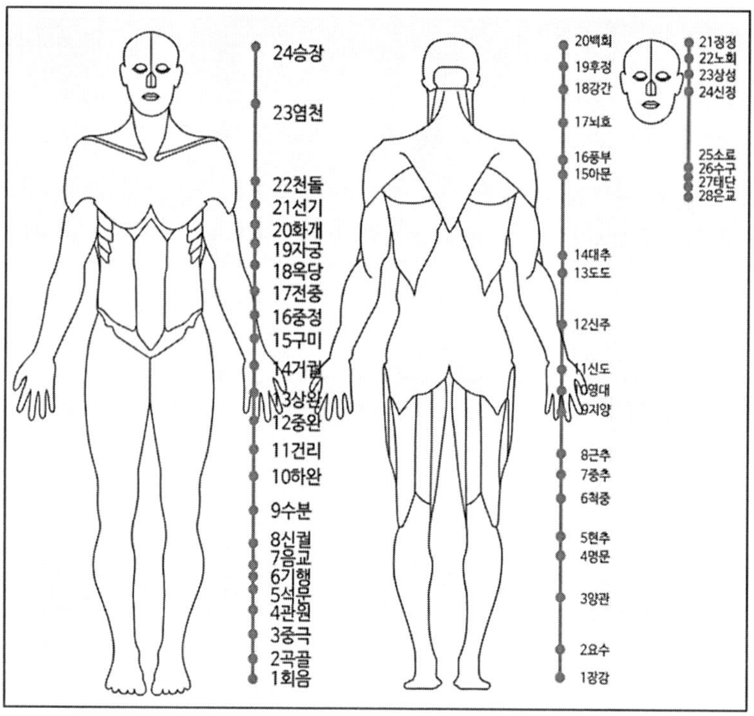

▶ 임맥(任脈)과 독맥(督脈)의 분포도(위키백과, 2021.01.19. 검색)

---

5) 정경맥(正經脈): 1. 수태음폐경(手太陰肺經), 2. 수양명대장경(手陽明大腸經), 3. 족양명위경(足陽明胃經), 4. 족태음비경(足太陰脾經), 5. 수소음심경(手少陰心經), 6. 수태양소장경(手太陽小腸經), 7. 족태양방광경(足太陽膀胱經), 8. 족소음신경(足少陰腎經), 9. 수궐음심포경(手厥陰心包經), 10. 수소양삼초경(手少陽三焦經), 11. 족소양담경(足少陽膽經), 12. 족궐음간경(足厥陰肝經)

6) 기경맥(奇經脈): 1. 임맥(任脈), 2. 독맥(督脈, 3. 대맥(帶脈), 4. 충맥(衝脈, 5. 음유맥(陰維脈), 6. 양유맥(陽維脈), 7. 음교맥(陰蹻脈), 8. 양교맥(陽蹻脈)

陰陽	陰中陽	陽中陽	陰中至陰	陽中陰	陰中陰	
五行	木	火	土	金	水	
오장(五臟)	간(肝臟)	심(心臟), 심포(心包)	비(脾臟)	폐(肺臟)	신(腎臟)	
육부(六腑)	담(膽臟)	소(小腸)	위(胃臟)	대(大腸)	방(膀胱)	삼초(三焦: 上焦, 中焦, 下焦)
역할	심대한 계획을 하고(간) 결단을 내린다(담).	모든 장부의 으뜸으로 혈맥을 주관한다.	음식을 받아들여 정기(精氣)를 만든다.	氣를 고르게 하고(폐) 음식물을 액체와 찌꺼기로 구분한다(대장).	정기(精氣)를 저장하고(신) 진액(津液)을 배설한다.	호흡, 소화, 배설에 관여하며, 氣를 생성하여 신체 각 부위에 공급한다.

▶ 음양오행(陰陽五行)과 육장육부(六臟六腑)와의 관계 삼초

3) 경혈(經穴)의 개념

경혈이란 위에서 설명한 경락의 순행 경로상에 있는 지점으로 침구 치료의 자극점으로서 질병에 대한 반응점이라고 할 수 있다. 경혈은 12정경맥과 임맥, 독맥이 포함된 14경맥에 있는 혈자리를 총칭하며 氣의 문(門)으로서 직접 침구를 시술하는 부위를 말한다.

이 경혈을 자극하였을 경우, 인체의 불안전한 상태가 정상적인 신체 기능을 하도록 하거나 질병에 대한 예방적인 작용을 하게 된다. 따라서 침구(鍼灸)가 아니라도 손으로 여러 차례 반복하여 장기간 자극을 가하면 신체의 건강을 위하여 충분한 예방효과를 가져올 수 있다. 이와는 달리 혈(穴)자리를 일순간에 강하게 압박함으로써 일시적으로 신체활동을 제한하게 할 수 있다. 이는 집중적으로 혈자리를 익히고 단련하여 호신(護身)의 용도로 사용할 수 있는데, 이는 제4장에서 다루기로 하고 이 장에서는 건강 양생을 위한 방법을 설명하도록 한다.

2. 경혈의 자극

경혈 지점에 손가락으로 1회에 지긋이 5~7회 정도를 압박하면 신체에 긍정적인 반응을 일으켜 질병을 호전시키고 예방효과를 가져올 수 있다. 많은 단전호흡 수련단체에서 본격적인 단전호흡 전 또는 후에 이 경혈자극을 함께 실시하고 있다.

다음은 국선도 수련단체(덕당 국선도)의 경혈 지점을 위주로 그 위치에 대한 그림을 제시하고, 신체적 강화 및 예방효과를 함께 설명하도록 하겠다.

- 백회혈(百會穴)로서 정수리의 가마가 있는 부위를 말한다.
  두통, 신경쇠약, 정신장애, 고혈압 및 저혈압의 개선 효과가 있다.

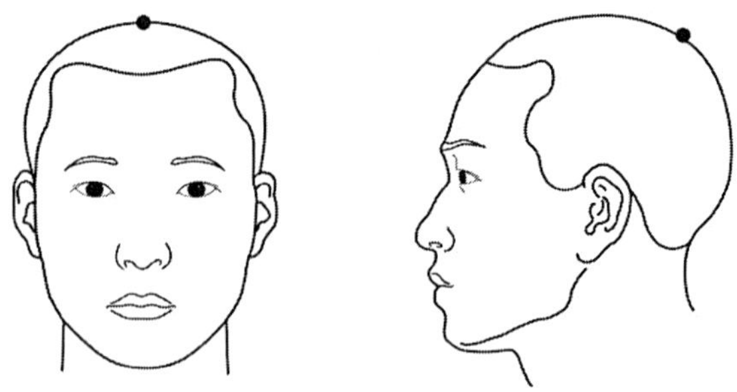

▲ 백회혈

- 상성혈(上星穴)로서 숨구멍 자리라고도 하며 어린아이의 경우 매우 연약하고 성인에게도 손가락에 부드럽게 감지되는 위치이다.
  비염, 정신장애, 두통, 눈의 질환에 효과가 있다.

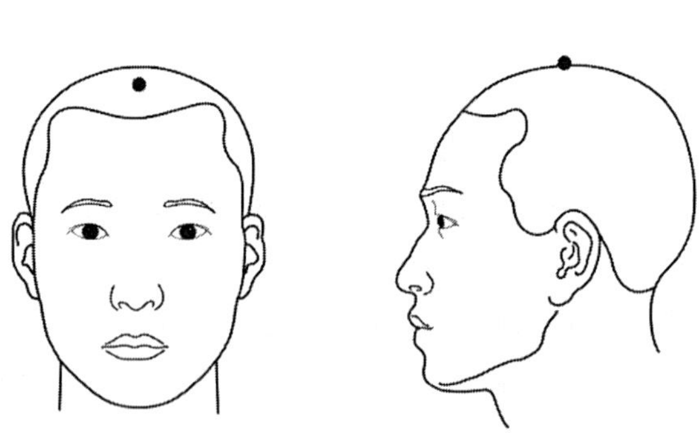

▲ 상성혈

• **객주인혈**(客主人穴)로서 태양혈(太陽穴)의 바로 위이며, 관자놀이의 깊게 들어간 부위를 말한다.
두통, 편두통, 현기증에 효과가 있다.

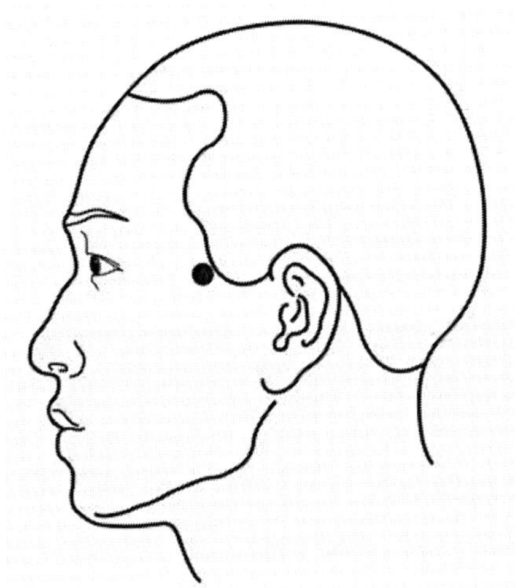

▲ 객주인혈

• **청명혈**(睛明穴)로서 코와 눈 사이에 들어간 부위를 말한다. 바깥쪽에서 안쪽으로 누르면서 지압한다.
결막염, 각막염 등의 치료혈으로서, 사시와 근시에 효과가 았고, 눈이 맑아지며 시신경 및 시력의 기능을 활성화시키는 효과가 있다.

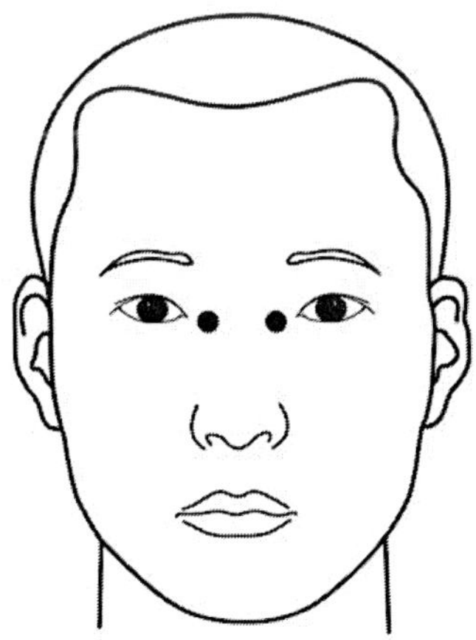

▲ 청명혈

• **수구혈**(水溝穴)로서 코 바로 아래에 오목한 부분을 말하며, 급소혈(急所穴) 또는 사혈(死穴)이라고 한다.
안면신경의 마비를 예방하고 혼미, 정신질환, 질식, 호흡쇠약에 효과가 있다고 알려져 있다.

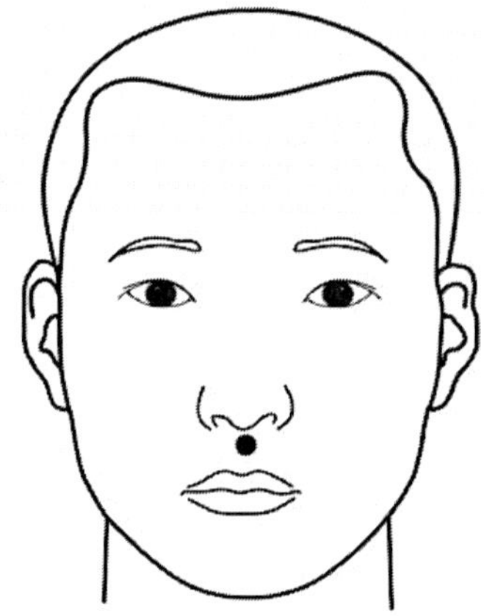

▲ 수구혈

• **승장혈**(承漿穴)로서 아랫입술 바로 아래(치근 아래) 깊이 들어간 부분을 말한다.
삼차신경통의 치료혈으로서 구내염, 치은염 등을 예방한다.

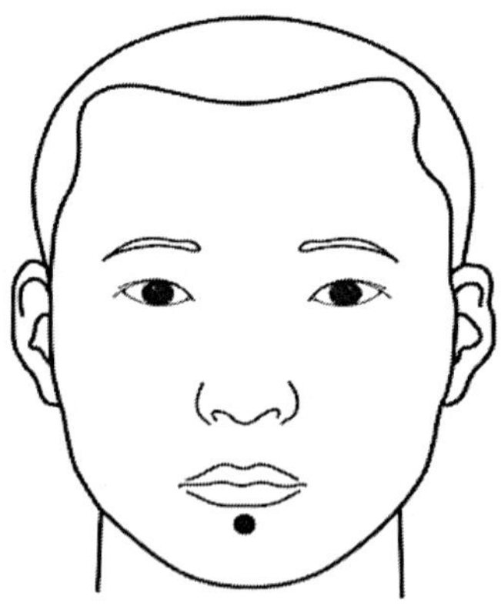

▲ 승장혈

• 이문혈(耳門穴)로서 청궁혈 바로 위 오목한 지점에 위치한다. 이명, 난청, 중이염, 외이염, 치통, 안면마비에 효과가 있다.

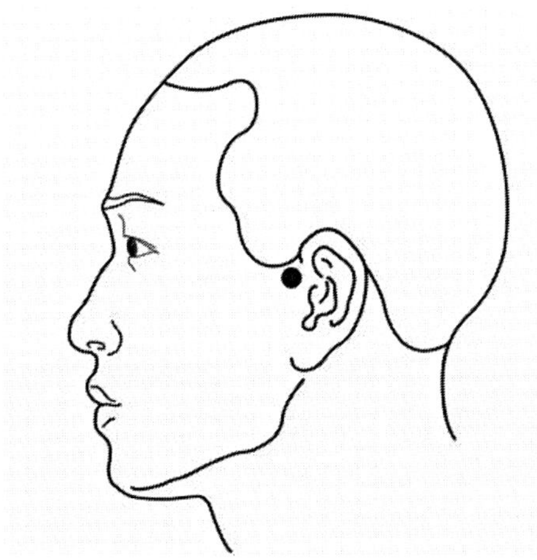

▲ 이문혈

• 청궁혈(聽宮穴)로서 귀의 앞쪽으로 입을 벌리면 깊게 들어가는 부분을 말한다. 난청, 중이염, 이명, 이농 등의 치료혈으로서 청각의 기능을 촉진한다.

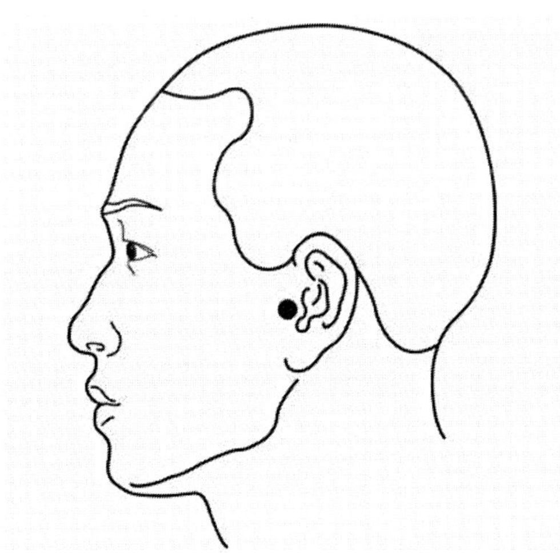

▲ 청궁혈

• 청회혈(聽會穴)로서 귓불이 끝나는 지점의 압통이 느껴지는 곳으로 청궁혈과 함께 난청, 중이염, 이명, 이농 등의 치료혈이다.
자주 자극하면 감기, 콧병, 목병에 효과가 있다.

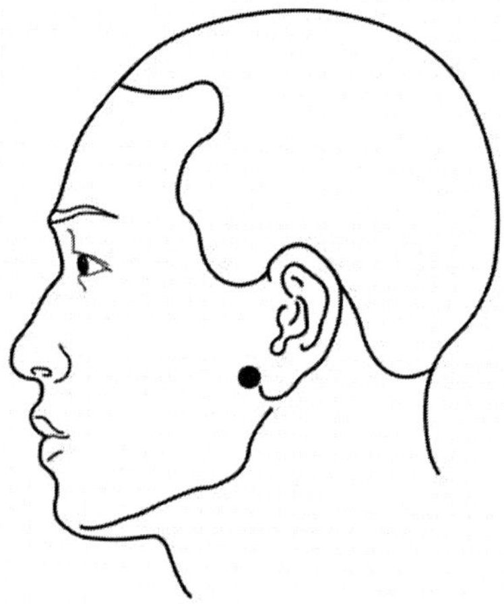

▲ 청회혈

• 아문혈(啞門穴)로서 목 뒤의 두 개의 근육과 두개골 아래와 서로 만나는 오목한 부분을 말한다.
뇌일혈, 뇌빈혈, 뇌출혈, 중풍후유증 치료혈이다.
만성인후통, 농아, 두통, 구토, 신경쇠약, 히스테리 등에 효과가 있다.

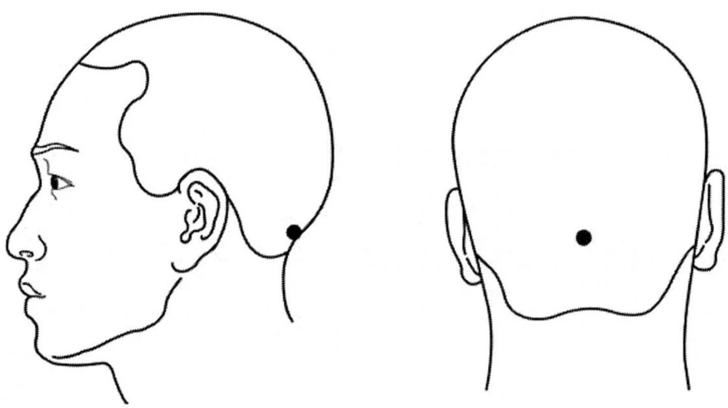

▲ 아문혈

• **완골혈**(完骨穴)로서 귀 뒤 두개골 아래 뒤쪽 깊이 들어간 부분이며, 고혈압, 중풍, 졸도, 후두신경통, 기관지염, 편도선염 등의 치료혈이다.
신경쇠약, 히스테리, 정신질환 등에 효과가 있다.

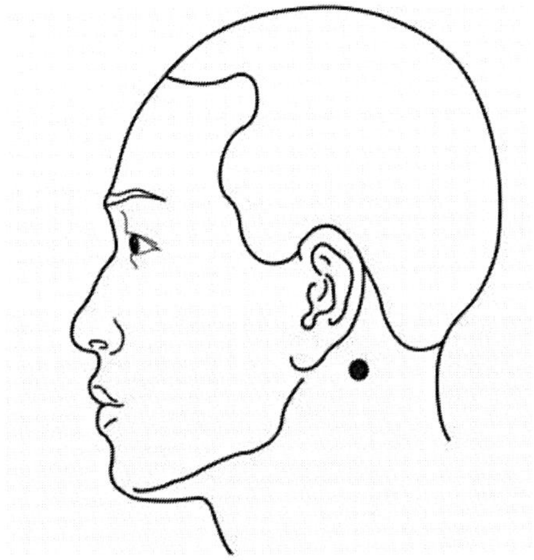

▲ 완골혈

• **풍지혈**(風池穴)로서 완골혈의 조금 뒤쪽으로 목의 후측면 깊게 들어간 부분이다.
시력감퇴, 급성각막염, 설염, 언어장애, 갑상선 비대 등의 자주 지압하면 고혈압, 뇌빈혈, 후두신경통 등을 예방한다.

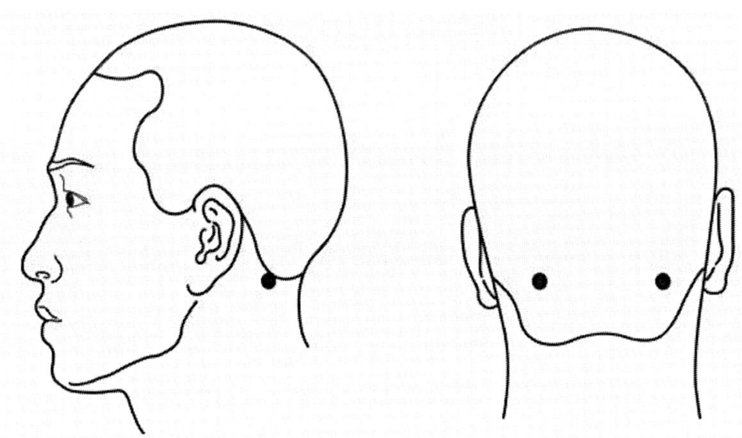

▲ 풍지혈

• **천주혈**(天柱穴)로서 목 뒤의 양 중심근육과 두개골이 만나는 부분의 바로 아래에 위치한다.
신경쇠약, 히스테리, 정신분열증, 졸도 등의 치료혈로 알려져 있다.
고혈압, 저혈압, 견배통(肩背痛)에 효과가 있으며, 머리의 혈액순환을 촉진한다.

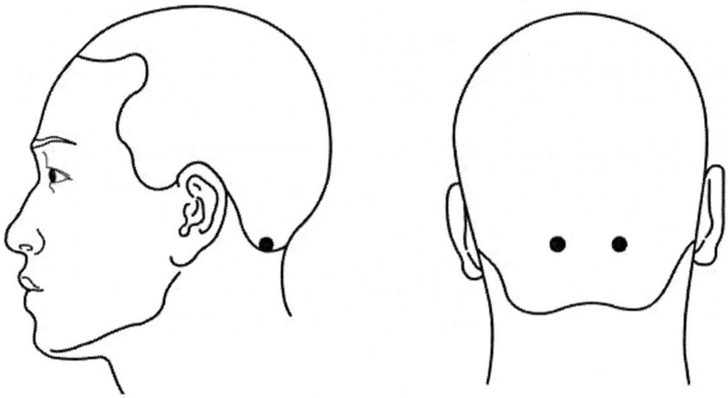

▲ 천추혈

• **두규음혈**(頭竅陰穴)은 족규음혈(足竅陰穴)과 상응하는 혈자리로서 귀를 손바닥 전체로 감싸 쥐고 검지로 중지를 이용하여 공명이 되도록 튕겨주면 좋다.
귀질환, 난청, 이명, 정서불안, 우울증, 피로회복에 효과가 있다.

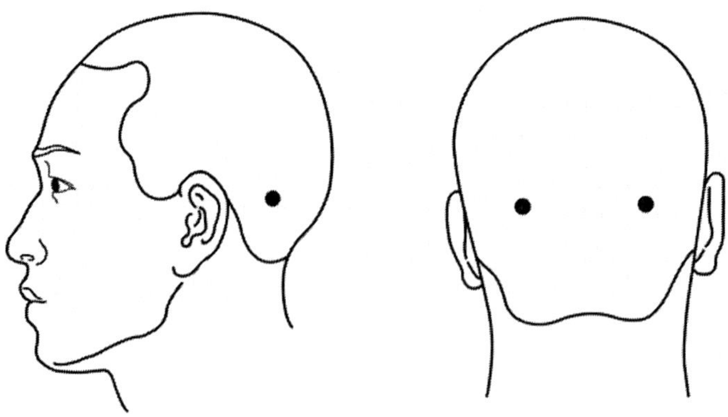

▲ 두규음혈

• **견정혈**(肩井穴)로서 양쪽 어깨 위, 승모근의 중앙에 위치하며 경관절주위염, 상지신경통, 늑막염, 자궁질환, 월경불순 등의 치료혈이다
피로회복, 견갑골의 경화를 예방한다.

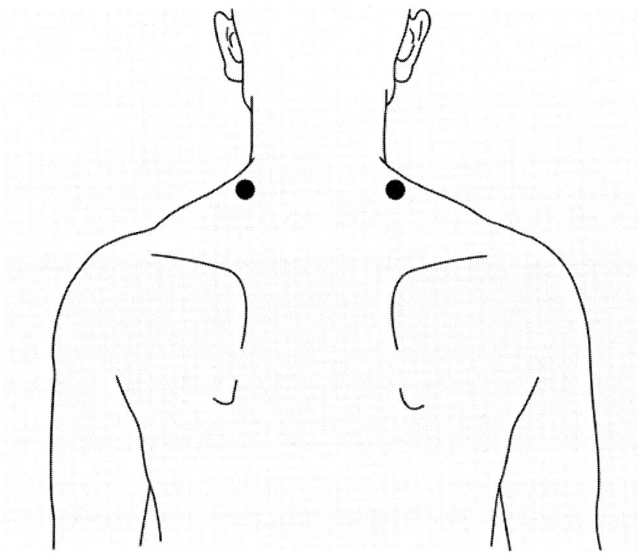

▲ 견정혈

• **곡지혈**(曲池穴)로서 팜꿈치 상단에 팔을 굽혔을 때 깊이 들어가는 부분이다.
습진, 풍진, 홍역 등의 피부병을 치료하는 혈로 알려져 있다.
자주 지압하면 고혈압, 저혈압, 빈혈에 효과가 있다.

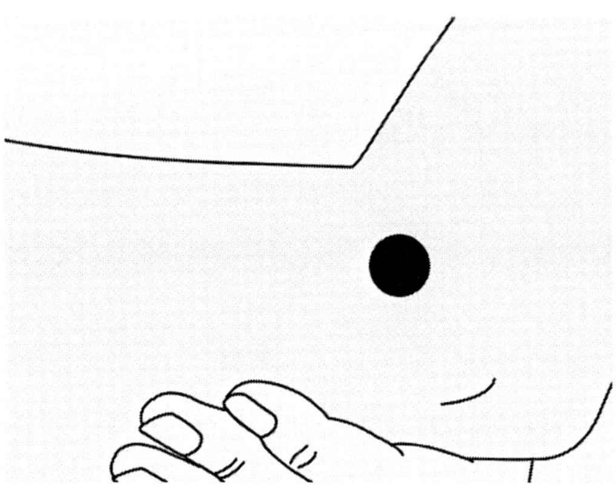

▲ 곡지혈

• **수삼리혈**(手三里穴)로서 곡지혈 아래 3cm되는 지점으로 설사, 복통, 소화불량, 위경련 등 소화기 계통의 질환을 치료하는 혈이다.
감기, 인후염, 편도선염의 예방에 효과가 있다.

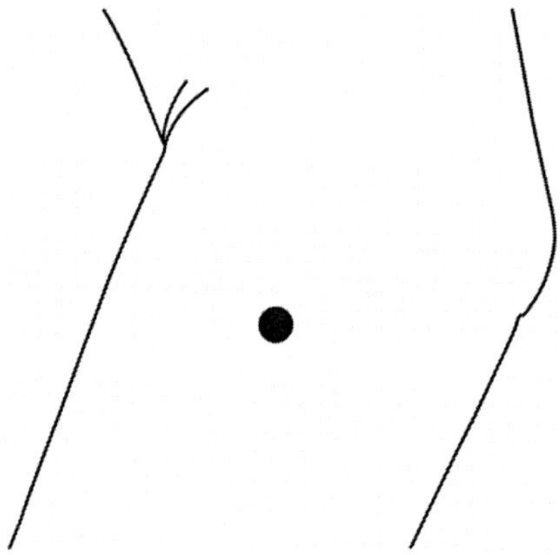

▲ 수삼리혈

• **합곡혈**(合谷穴)로서 엄지와 검지가 갈라지는 지점의 오목한 부분을 말한다.
신장질환 또는 각기 부종 등의 치료혈로 알려져 있다.
피로회복, 원기회복, 스트레스에 효과가 있으며, 급체했을 경우에 계속 지압하면 좋다.

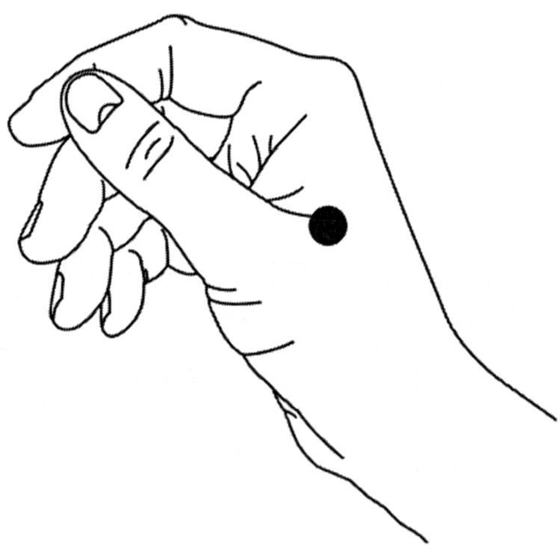

▲ 합곡혈

• **용천혈**(湧泉穴)로서 발바닥의 오목하게 들어간 부분으로 사람인(人) 자(字) 모양으로 오목하게 들어간 위치이다.
위산과다, 십이지장궤양, 위염 등 소화기관의 치료혈로 알려져 있다.
감기, 백일해, 비염, 인후염, 기관지염, 중이염 등의 질환을 예방한다.

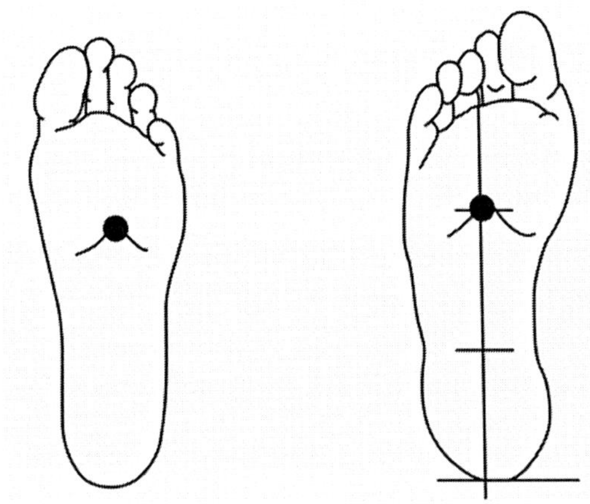

▲ 용천혈

• **삼음교혈**(三陰交穴)로서 발목 안쪽 복숭아뼈의 약 5㎝ 위쪽에 위치하고, 간, 담, 방광, 신장, 전립선비대증, 요도염 등의 치료혈이다.
자주 지압하면 소화불량, 식욕부진, 허약체질, 여성의 자궁건강 유지 등에 효과가 있다고 알려져 있다.

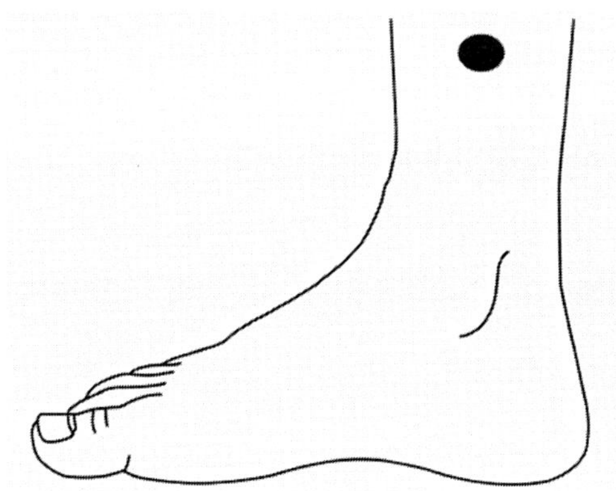

▲ 삼음교혈

• 족삼리혈(足三里穴)로서 무릎 아래 바깥쪽으로 가볍게 들어간 곳으로 각종 호르몬 분비를 촉진시켜 혈액순환을 원활하게 하여준다.
위장질환, 소화불량, 식욕부진, 우울증, 생리통, 생리불순에 효과가 있다.

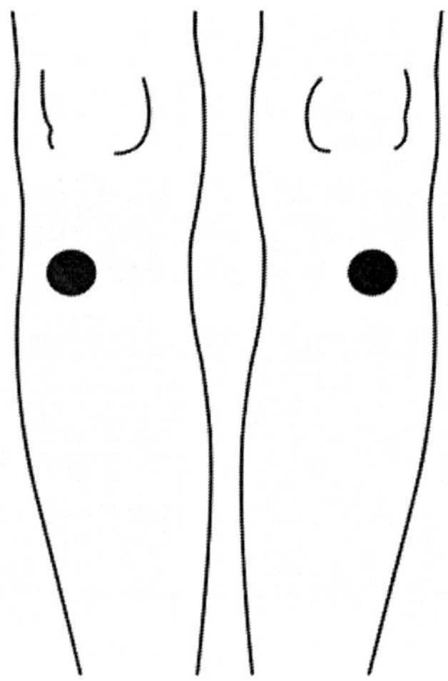

▲ 족삼리혈

제2절 굴신운동

인간의 신체는 수많은 뼈와 근육이 유기적으로 결합이 되어 외형을 갖추게 된다. 이에 신경계통이 함께하면서 외적인 자극을 뇌(腦)에 전달하고 또 뇌에서 명령을 하달하면 신체 전체 또는 각 부위로 전달하여 움직임을 만들어 낸다.

인체의 움직임은 신경계통으로부터 전달받은 뇌의 명령을 근육이 수축 또는 팽창의 형태로 이행하고, 이때 뼈와 관절을 동시에 움직이게 된다. 체계적이고 지속적인 운동은 근육의 굵기를 증가시키고 뼈를 튼실하게 만들어 준다.

1. 인체의 이해

1) 골격계

① 골격계의 기능

인간의 골격계(骨格系, skeletal system)는 성인의 경우 206개의 뼈로 이루어져 있으며, 연골 및 관절의 인대를 포함하는 섬유성 결합조직으로 구성되어 있다.[7)]

② 운동과 골격계의 변화

신체의 건강증진을 위해서는 영양, 휴식, 운동이라는 3요소가 적절히 배합되어야 하는데, 현대에서는 이 중에서 운동이 가장 주목을 받는 요소이다. 기초 · 임상 관찰에 따르면, 골대사(骨代謝, bone metabolism)는 칼슘섭취량, 일광피폭량(日光被曝量)보다 운동부하량에 의한 영향이 가장 크다고 나타났다. 특히 고령자의 골절예방을 위해서는 운동요법이 가장 좋은 것으로 유효성이 인정되고 있다.[8)]

7) 성언기 외 역. (2014). 기초조직학. 범문에듀케이션.
8) 임기원, 최성근. (1997). 스포츠 영양 · 생리학. 태근문화사.

내분비(內分泌, endocrine) 학자인 Fuller Allbright는 1948년 칼슘대사 및 호르몬 등의 내적 요인에 의하여 뼈가 변화할 수 있다고 발표하면서 오늘날의 골대사 개념이 나타났다.[9] 그 이후에는 뼈세포의 배양, 뼛조각을 분리하는 방법 등의 기술이 개발되고 특히 골조직의 조직학적 처리방법으로 칼슘을 제거하지 않고 그 특징을 확인하는 비탈회(非脫灰, Non-Decalcification) 기법은 오늘날까지 뼈의 변화에 대하여 알아보는 중요한 기술이다.

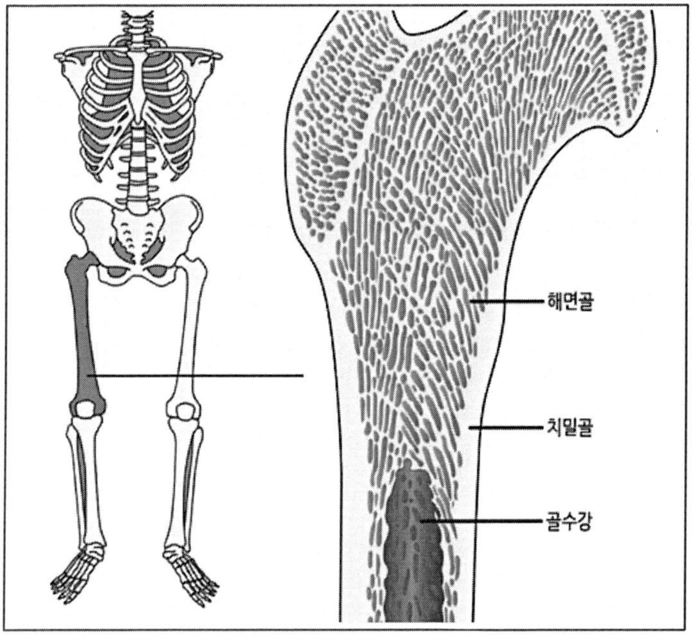

▶ 치밀뼈(compect bone)와 해면뼈(spongy bone, cancellous one)

겉질의 치밀(緻密)뼈와 뼈의 내부에 있는 해면(海綿)뼈의 형태이다

살아있는 조직의 치밀뼈는 바깥 면으로 뼈막이 둘러싸고 있고, 해면뼈를 이루는 모든 뼈의 잔 기둥들은 서로 입체적으로 얽혀있으며 치밀뼈의 속에 형성되어 있다.

9) Yamamoto, T. (2006). Clinical approach to clarifying the mechanism of abnormal bone metabolism in McCune-Albright syndrome. Journal of bone and mineral metabolism, 24(1), 7-10.

뼈는 구조적으로 신체의 형태를 유지해야 하고 뇌 또는 내장기관을 보호하여야 하므로 단단해야 하지만 지나치게 경화되어 있으면 오히려 잘 부러질 수 있으므로 적절한 탄성이 필요하다. 이러한 점에서 인, 칼슘, 마그네슘, 불소, 황산염 등으로 구성된 무기질(Inorganic salts)과 탄성을 유지시켜주는 콜라겐 섬유(Collagenous fiber)[10]와 지질(Ground substance)[11]로 구성된 유기질(Organic matrix)로 이루어져 있다.

이러한 뼈 조직의 기본단위가 위에서 말한 3요소가 잘 배합되어 건강한 경우에는 오스테온(osteon)이라고 하는 뼈단위 또는 골재구축단위에서 활발한 골흡수 및 골형성이 반복적으로 이루어진다.[12]

③ 운동과 골밀도

운동을 규칙적 및 지속적으로 실행하면 뼈의 피질량이 증가되어 골다공증을 예방할 수 있다.[13] 골다공증은 골 내의 혈류량과 연관성이 있는데, 고강도 운동을 지속적으로 하면 골격근의 반복적인 수축으로 골 내의 혈류량이 증가하고, 뼈에 압전기적 성질 즉, 기계적인 자극으로 전위가 발생하고 이로 인하여 전기 에너지가 골 생성을 이끌어 낸다.[14]

이와는 반대로 운동을 억제하였을 경우에는 골내의 국소혈류 저하가 발생하고 운동부족에 따르는 골의 위축이 일어나거나 또는 골의 해면골에 있어서 뼈가 병적 상태로 이어지기가 쉽다.

뼈가 생성(성장)되면 이에 따라 일정부분 뼈의 교체(bone turnover)가 발생하는데 일반적으로 어린아이들의 뼈는 성인의 그것보다 200배에 이를 정도로 뼈의 교체가 왕성하다. 이러한 뼈의 성장과 교체는 뼈 내에 분포되어 있는

10) 콜라겐 섬유는 무기질 조직이 부착될 수 있는 접합면을 제공하여 뼈의 탄성에 핵심적인 역할을 한다.

11) 지질은 단백질(Protein)과 다당류(Polysaccharide)가 혼합된 형태로서 뼈의 재생(repair)과 성장(growth)의 역할을 하며 무기질을 콜라겐 섬유 위에 잘 부착되도록 한다.

12) 임기원, 최성근. (1997). 스포츠 영양·생리학. 태근문화사.

13) Lee, G.Y., Kim, S.S. (1995). Differential effects of exercise on bone density in male athletes. Korean Sports Med 13(1), 67-76.

14) 강형숙, 하형주, 박훈기. (2003). Female Athlete Triad에 관한 문헌고찰. 한국여성체육학회지, 17(2), 19-36.

혈관계통의 영향을 받게 되며, 골절 등에 대한 뼈를 치유하는 능력도 혈관의 혈류와 연관성이 깊다고 하겠다.[15]

2) 근육계

① 근육계의 기능

근육은 기본적으로 수축성(contractility)을 가지고 있는데 대부분 관절부위의 뼈와 연결되어 있어서 신체를 움직이도록 한다. 이러한 수축성은 인간의 의지에 따라 움직이는 수의운동근(隨意運動筋)과 심근(心筋)이나 평활근(平滑筋)[16]과 같이 자신의 의지와 관계없이 움직이는 불수의운동근(不隨意運動筋)으로 구분된다.

모든 종류의 근육은 두꺼운 미오신 섬유가 얇은 액틴섬유를 따라 미끄러지는 작용에 의하여 수축이 일어난다. 이러한 수축운동은 형태적 또는 기능적 특성에 따라 뼈대근육(skeletal muscle)운동, 심장근육(cardiac muscle)운동, 민무늬근육(smooth muscle)운동으로 구분된다.

▶ 근육세포의 형태[17]

뼈대근육은 크고 긴 다핵세포로 구성되며 강하고 빠른 수축을 수의적으로 수행한다.

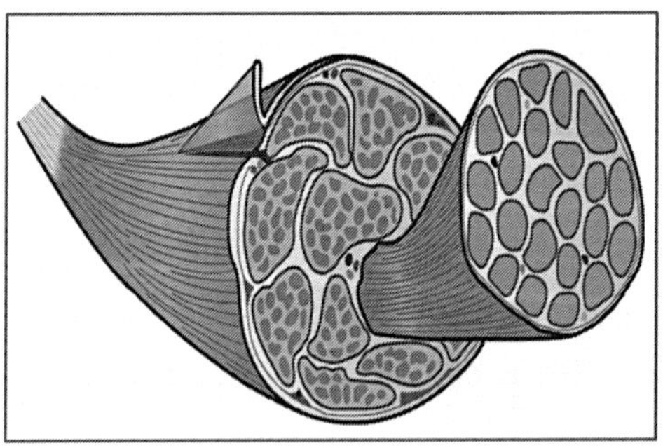

▲ 뼈대근육

15) Anthony L. Mescher. 성언기 외 공역. (2014). 기초조직학 제13판. 범문에듀케이션.
16) 위, 소화관, 혈관, 방광 등과 같이 내장의 벽을 둘러싸고 있는 근육을 말하며 내장근(內臟筋)이라고도 한다.
17) Anthony L. Mescher. 성언기 외 공역. (2014). 기초조직학 제13판. 범문에듀케이션.

심장근육은 불규칙하게 나누어지고 연결된 세포들로 구성되며 불수의적인 수축을 수행한다.

민무늬근육은 집단으로 모여있는 방추형세포로 약한 불수의적 수축을 수행한다.

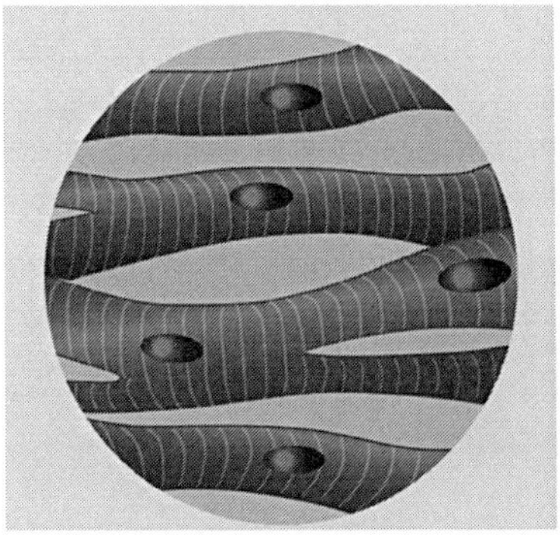
▲ 심장근육

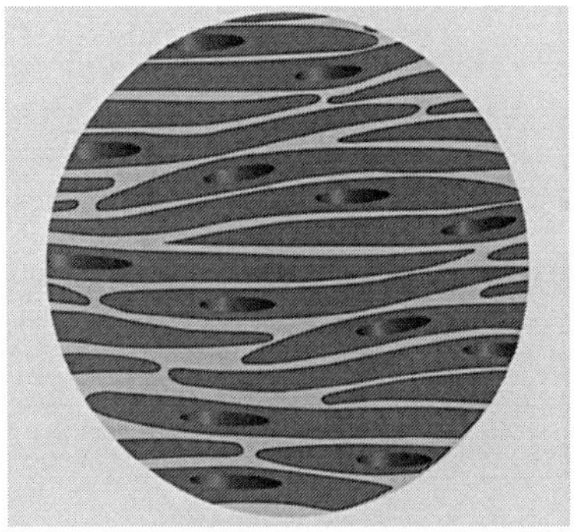
▲ 민무늬근육

② 운동과 근육계의 변화

근육섬유의 직경은 근육의 특수성, 성별, 연령, 영양상태 그리고 개개인의 신체단련의 강도에 따라 달라진다. 일정수준 이상의 운동을 하면 새로운 근육섬유가 형성되고 이에 따라 근육섬유의 직경이 굵어지면서 뼈대근육이 발달한다. 이 과정에서 세포의 부피가 커지는 것을 비대(hypertropy)라고 하고, 세포의 숫자가 증가하여 근육조직의 크기가 증가하는 것을 과다형성(hyperplasia)이라고 한다.

각각의 근육섬유는 근육원섬유로 채워져 있는데 이들은 수천 개의 굵은 미오신 잔섬유와 이보다 가는 액틴 잔섬유로 구성되며, 근육원섬유마디라고 부르는 수축단위로 구성되어 있다.[18]

근육의 수축은 ATP[19]가 가수분해될 때(ADP+Pi) 방출하는 에너지를 사용

18) Sohn, M. K., Kim, B. O., & Shin, J. C. (1995). 근 수축력이 운동단위활동전위에 미치는 영향. 대한재활의학회지 19(4), 897-904.

19) 아데노신 3인산(adenosine tri-phosphate)의 약자로 모든 생명체 내에 존재하는 유기화합물을 말한다.

한다. 이를 위한 에너지의 공급은 음식 섭취를 통하여 만들어진 글리코겐 및 지방으로 저장된 에너지원이 이용된다.

▶ 인체에 저장되는 에너지원[20)]

에너지원	에너지		지속가능시간(분)	
	g	㎉	걷기	뛰기
지방조직	9,000	81,000	15,500	4,018
간글리코겐	100	400	86	20
근육글리코겐	350	1,400	288	71
혈중글루코스	3	12	2	〈1

* 에너지 소비량은 걷기에서 5.2㎉/분, 뛰기에서는 20.2㎉/분

▶ 다양한 신체활동에서 에너지소비량[21)]

신체활동 강도(work intensity)		에너지 소비량(㎉/분)
완전한 휴식상태		0.96~1.68
앉아있을 경우		1.74~1.92
서있거나 가벼운 활동		2.15~3.11
집 안에서 가벼운 일을 할 경우		3.11~7.17
정원에서 일을 할 경우		4.34~10.76
탄광에서 일을 할 경우		10.04
뛰기에서	7km/h	7.17~11.95
	9km/h	9.56~16.73
	11km/h	11.95~21.51
	36km/h	47.79

20) Newsholme, E., Leech, A. (1990). Energy and endurance performance in runners. (재구성)

21) Newsholme, E., & Leech, A. (2011). Functional biochemistry in health and disease. John Wiley & Sons. (재구성)

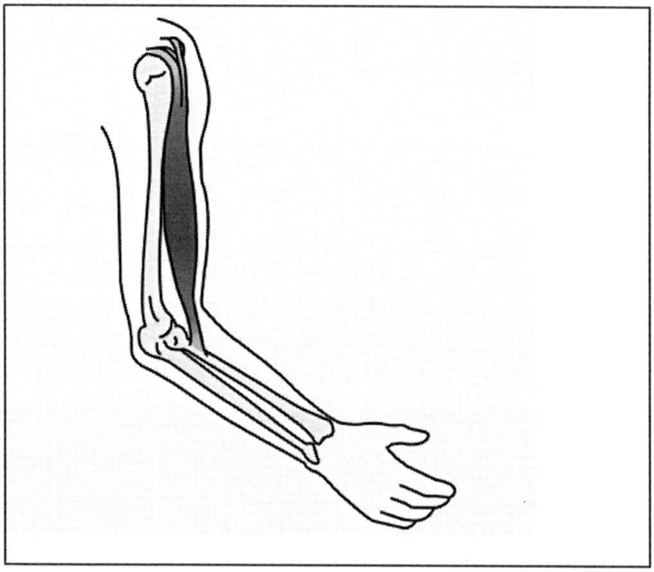

▲ 휴식상태의 뼈대근육(relaxed skeletal muscle)

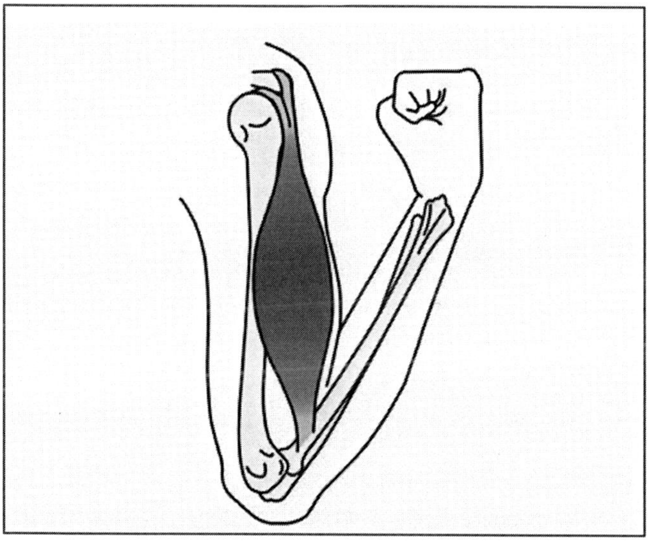

▲ 수축상태의 뼈대근육(fully contrascted skeletal muscle)

③ 근육의 피로

근육이 여러 번 수축을 반복하면 수축능력이 점차 떨어지고 많은 이완시간을 필요로 한다. 이처럼 이완시간의 연장이 수반되면서 동시에 근육수축

능력이 저하된 상태를 피로(fatigue)라고 한다.[22)]

피로의 원인을 설명하는 데 두 가지 의견이 있다. 먼저, 달리기와 같은 비교적 강도가 높은 운동은 반복되는 ATP 합성과 분해과정에서 평상시보다 많은 산소를 필요로 하고, 이 산소를 태우는 과정에서 열과 이산화탄소 그리고 젖산을 포함한 화학적 노폐물을 생성한다.

이러한 대사성 노폐물들이 나타나는 즉시 근육세포의 혈액을 통하여 제거해야 하는데, 일시적 과도한 신체활동(단거리 달리기, 웨이트 트레이닝 등)으로 생성과 제거의 비례가 적절하게 유지되지 않고 젖산이 근육세포에 축적[23)]되면 산소의 공급은 부족하게 되면서 근육과 혈액이 산성화[24)]되어 운동능력에 급격한 장애를 일으키게 된다. 그러나 조깅과 같이 자신의 신체능력에 따른 적절한 장거리 달리기는 많은 산소의 공급이 계속 이루어지므로 젖산의 축적이 거의 없으며 근육의 피로에 영향을 적게 미치게 된다.

다른 설명을 살펴보면, 근육이 반복하여 수축하는 과정에서 ADP와 인산(Pi)이 생성되었다가 다시 근단백질의 주요 성분인 마이오신(myosin)에 재합성하고 마이오신복합체를 형성한다. 이 과정에서 ATP의 농도는 유지되지만 크레아틴인산(creatine phosphate)[25)]의 농도는 저하된다. 크레아틴인산에서 ATP의 공급을 충분하게 하지 않으면 이때에 젖산이 생성되고 세포 내의 pH가 떨어진다. 이와 함께 근육 내의 Mg이온과 H이온의 농도가 증가하면서 오히려 Ca이온의 공급을 억제하기 때문에 근육피로의 원인이 된다는 것이다.[26)]

---

22) 임기원, 최성근. (1997). 스포츠 영양·생리학. 태근문화사.

23) 평상시(휴식) 근육에 축적되는 젖산의 수준은 근육 1kg당 1mM(millimole)였다면, 전력질주 달리기에서는 1kg당 25mM(millimole)로 증가한다.

24) 평상시(휴식) 동맥의 혈액과 근육의 산성도는 각각 pH 7.4와 pH 7.1로 약알칼리성을 나타내지만, 400m 전력 질주와 같은 빠른 달리기에서는 각각 pH 6.9와 pH 6.5까지 떨어진다.

25) 크레아틴인산은 근육 속에 ATP와 평형으로 존재하며 평상시 여분의 ATP는 크레아틴인신의 형태로 저장되었다가, 심한 근육의 수축 등 필요에 따라 ATP를 재생한다.

26) Westerblad, H., Lee, J. A., Lannergren, J., & Allen, D. G. (1991). Cellular mechanisms of fatigue in skeletal muscle. American Journal of Physiology-Cell Physiology, 261(2), C195-C209.

3) 심신의 피로와 회복

① 생리적 피로와 병적 피로

피로와 연관된 단어를 떠올리면 무기력, 권태감, 무력감, 소모감, 지침, 의욕저하, 나른함, 식욕부진 등이 있겠다. 이러한 말들은 대부분 개개인의 주관적 느낌을 나타내는 것인데, 이때 주변 사람들에 의하여 신체적 자세 또는 행동이나 얼굴빛에서 부정적 변화가 감지되기도 한다. 이것이 심해지면 두통, 구토, 현기증, 불면 등 뚜렷한 신체적 증상이 나타나고 이와 함께 자율신경계통의 이상이 발생되며 결국 이러한 증상들이 만성적으로 발생하여 병적인 상태로 발전하게 된다.[27)]

그러나 다른 한편으로 볼 때, 피로를 전혀 느끼지 못하는 일상생활이 건강한 삶인가 하는 데에는 의문의 여지가 있다고 하겠다. 인간의 하루하루 생활은 지속적 또는 반복적인 근육활동과 깊이 있고 때로는 섬세한 정신작용을 필요로 한다. 각 개인의 정신적 신체적 상태 또는 사회적 상태, 작업환경 등에 의하여 누구나 피로현상을 경험하게 되고 이에 따라 근육활동이나 정신활동을 중단하고 휴식을 취하게 된다. 적절한 영양공급과 함께 각자에게 적합한 회복시간을 보내면 다시 새로운 활력을 충전하여 생업에 전념하게 되는 이른바 생활의 리듬이 생기게 되는 것이다.[28)]

그럼에도 불구하고 병적인 피로를 방관하거나 무시하고 과도한 작업이나 훈련을 계속하는 것은 자칫 심각한 질병을 유발하는 길임을 알아야 하겠다. 그렇다면 초기에 생리적인 정상적 피로인지 아니면 병적인 피로인지를 스스로 알아내어 대비하는 것이 필요하며 또한 건강한 삶을 위하여 매우 중요한 일이라 하겠다.

다음은 산업현장의 직원이 3개 군(A군: 졸림과 나른함, B군: 주의집중 곤란, C군: 국소적 신체불편) 각각 10개의 항목을 주관적으로 Y/N으로 표시하거나 4점 혹은 5점 척도로 표시하여, 그 결과에 따라 다시 일반형(Neuro-sensory Type:

---

27) 서울대학교병원 의학정보. 2021. 02. 03. 검색.
28) 임기원, 최성근. (1997). 스포츠 영양·생리학. 태근문화사.

A>C>B), 정신문제형(Mental Type: A>B>C), 육체문제형(Physical Type: C>A>B)으로 분류하여 병적피로에 대한 대비를 하도록 하였다.[29)]

▶ 피로자각증상 체크리스트(재구성)

A군(졸림과 나른함)	B군(주의집중과 곤란)	C군(국소적 신체불편))
1. 머리가 무겁다.	11. 어떤 생각에 집중할 수 없다.	21. 머리가 아프다.
2. 전신이 나른하다.	12. 대화하는 것이 싫다.	22. 어깨가 결린다.
3. 다리가 노곤하다.	13. 초조하다.	23. 허리가 아프다.
4. 하품이 나온다.	14. 마음이 어둡다.	24. 숨이 찬다.
5. 머리가 멍하다.	15. 사물에 집중할 수 없다.	25. 입술이 마른다.
6. 졸립다.	16. 사소한 일이 떠오르지 않는다.	26. 목이 쉰다.
7. 눈이 피곤하다.	17. 실수가 늘어난다.	27. 어지럼증이 생긴다.
8. 동작이 어눌하다.	18. 일하는 것이 마음에 걸린다.	28. 눈썹이나 근육이 신장한다.
9. 발밑에 감각이 없다.	19. 깔끔하게 처리하지 못한다.	29. 손발이 떨린다.
10. 눕고 싶다.	20. 끈기가 부족해진다.	30. 기분이 나쁘다.

② 병적 피로의 예방 및 회복

앞에서 밝힌 바와 같이 자각적인 피로상태를 신중히 점검하고 이에 적합한 조치를 제때에 맞추어 실행할 필요가 있다. 적극적 휴식이나 균형 있는 영양 공급도 중요하지만, 이 서적의 목적에 따라 피로를 최대한 줄일 수 있는 운동계획에 대하여 서술하고자 한다.

우선, 운동은 자신이 감당할 수 있는 강도를 설정하고 체계적인 프로그램을 만들어 실천하여야 한다. 이를 위하여 제1단계로서 운동이 가능한 시간과 공간의 확보가 필요하다. 아무리 바쁘게 생활하는 사람도 오랫동안 건강하고 활기찬 일상활동을 위하여 자신에게 시간적 공간적 배려를 하지 않는

29) Subjective symptoms of fatigue test. (1988). Japan Industrial Hygiene Association Industrial Fatigue Research Committee.

다면 성공적인 삶을 포기하는 것이라고 많은 선구자들이 강조하고 있다. 따라서 하루 중의 어느 때 어느 공간이 가장 적합한가를 발견하고 시간계획의 우선순위에 두어야 한다.

제2단계로서 기초체력을 위한 프로그램과 실천이 요구된다. 마음이 앞서 처음부터 무리한 계획과 훈련을 하게 되면 신체적 부담은 물론 정신적 의지가 꺾이게 되어 운동에 대한 거부감이 마음 깊이 자리하게 되므로 매우 조심해야 하는 부분이다. 가능하면 기구를 사용하지 않는 맨손 위주의 훈련프로그램을 만들어 약한 강도부터 최소 3세트 이상을 지속적으로 실시하게 되면 반드시 균형잡힌 기초체력이 형성된다.

제3단계로서 기초체력이 자신이 생기면 개인의 기호와 신체적 특징에 따라 전문적인 트레이닝을 하면 되겠다. 이때에는 계속하여 오던 기초체력 훈련을 병행하면 아주 좋은 효과를 거둘 수 있다.

제4단계는 정리운동 단계로서 근육의 피로도가 최고의 상태에서 갑자기 중단하는 것은 운동의 효과를 얻을 수 없거나 오히려 상해의 위험을 주는 것이다. 이미 많은 연구에서 쿨링다운(cooling down)이 혈액을 정상으로 순환시키고 혈중 유산소 제거를 촉진시키며, 경직된 근육을 빠른 시간에 정상화시킨다고 보고하였다.[30] 따라서 격심한 운동 뒤에는 정리운동을 하여 신체에 무리가 없도록 하면서 피로를 빠르게 회복시키는 과정이 반드시 필요하다.

2. 굴신운동

굴신운동은 신체의 골격과 근육을 사용하여 굴근(屈筋: 신체를 구부릴 때 사용하는 근육)과 신근(伸筋: 신체를 펼 때 사용하는 신장(伸張) 근육)을 강화시키는 운동을 말한다. 굴신운동은 무릎을 굽혔다 펴는 가벼운 반굴신 운동에서부터 고난도의 요가동작에 이르는 전신굴신운동까지 매우 다양하지만 이 책에서는 심

30) 유덕수, 육조영, 이수정. (2008). 육상 도약선수들의 혈중유산 및 근경도 변화에서 쿨링다운의 효과 분석. 한국스포츠리서치 19(2), 153-162.

장에서 가장 먼 곳으로부터 가볍게 시작한다. 이어 점차로 전신굴신운동을 하여 단전호흡, 호신 체포술 및 체력단련에 필요한 준비운동으로서의 기능을 충분히 발휘할 정도의 수준까지만 실시한다.

1) 기지개 켜기와 상체 앞으로 숙이기(3회 반복)

① 다리를 어깨너비로 벌리고 서서 기지개 켜기를 한다.

② 단순한 동작이지만 매우 효과 있는 굴신운동으로서 교감신경을 활성화시키고 혈액순환을 원활히 한다.

③ 무릎을 굽히지 않고 다리의 뒷 근육에 충분히 자극이 가도록 한다.

④ 신체의 노폐물을 제거하고 변비 해소에 도움이 된다.

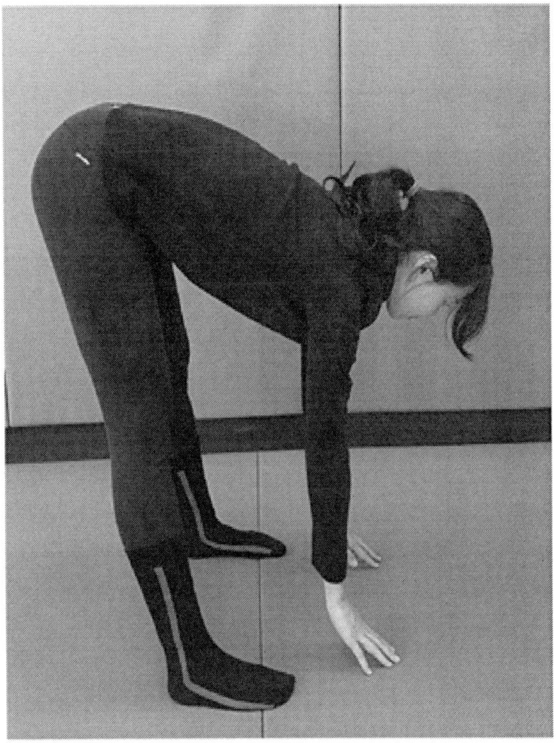

2) 허리 돌리기

신체 활성을 위한 준비체조이므로 가볍게 동작을 취한다.

① 양손을 허리에 짚고 좌에서 우로 천천히 돌린다.

② 허리를 좌로 3회 우로 3회 돌린다.

③ 좌에서 우로 3회 돌릴 때는 가볍게 돌리고 우에서 좌로 돌릴 때는 깊게 동작을 한다.

3) 손 뒤로 짚고 다리 펴고 앉아서 발목 운동하기

아직 신체가 충분히 활성화되지 않았으므로 편안한 자세를 취하면서 발목 운동을 한다.

① 머리와 발목을 동시에 앞으로 숙인다.

② 머리와 발목을 동시에 뒤로 숙인다.

③ 발목을 좌로 3회, 우로 3회 돌린다.

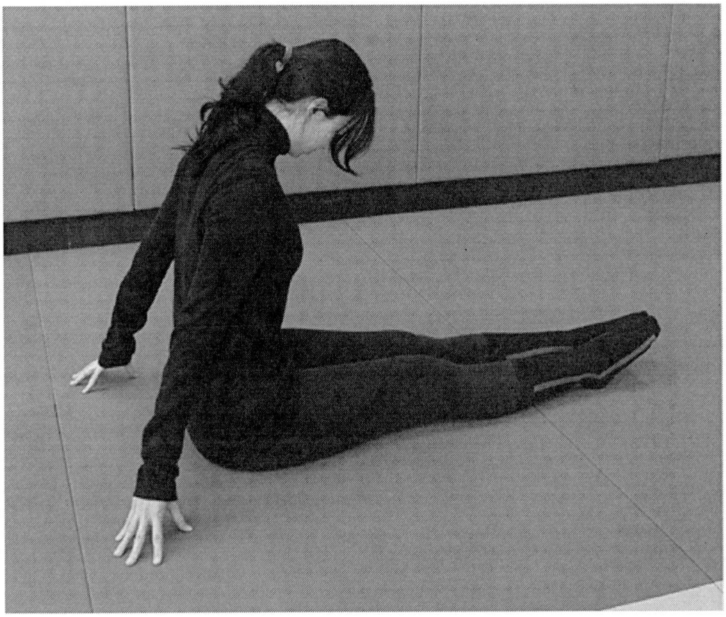

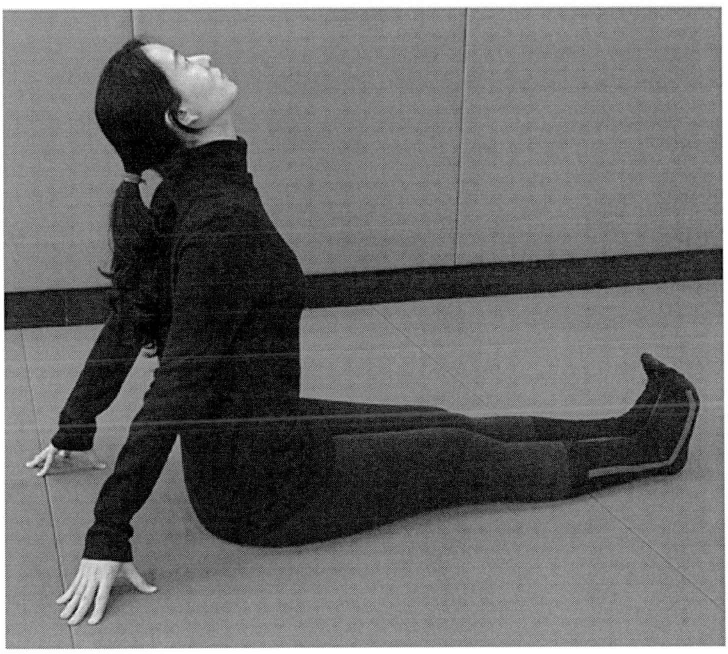

4) 손 마찰 후 얼굴과 목 문질러 주기

손바닥을 마찰하면 손에 분포되어 있는 경락을 자극하고 열을 발생시켜 자율신경계통과 중추신경계통을 활성화하도록 한다.[31)]

이와 함께 발생된 열감을 가지고 얼굴과 목을 가볍게 문지르게 되면 얼굴과 목의 피부세포를 자극하여 활성도 및 탄성을 높이게 된다.

① 손바닥을 10회 정도 마찰하여 열감이 생기면 안면을 가볍게 문질러준다.

② 중지를 사용하여 코의 옆 영향혈과 코의 아래 인중혈, 아랫입술 아래 승장혈을 문질러 준다.

③ 다시 열감을 발생시켜 목을 골고루 문질러 준다.

31) 최수지, 김동일. (2018). 경혈 및 경근 안마 프로그램이 적용된 안마의자 사용이 요통에 미치는 영향. Korean Journal of Acupuncture, 35(2), 82-90.

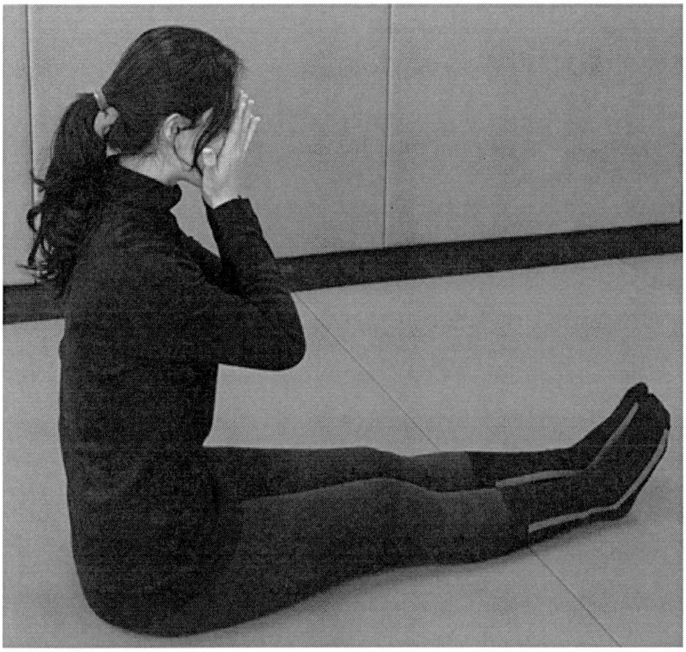

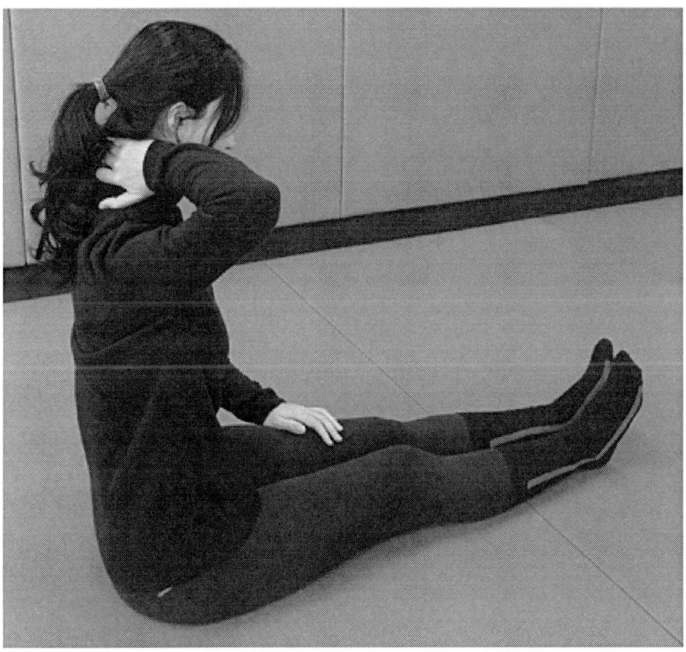

5) 경혈 자극하기

경혈의 자극은 제1장 제1절에서 설명한 내용을 참고하여 굴신운동 ②번의 자세에서 손가락의 끝을 사용하여 골고루 지그시(2초 내외) 3회 반복하여 눌러준다.

간혹 지압도구를 사용하는 경우가 있으나 가능하면 손을 사용하는 것이 좋다. 손가락은 인체의 신경계통과 밀접한 연관성이 있으며 손바닥 또는 손등을 비비거나 손뼉을 치듯이 부딪히는 것만으로도 경혈자극의 효과가 있다.

하타 요가(Hatha Yoga)에서는 손가락의 모양을 만들어서 각각에 따라 심신의 회복을 가져온다고 주장하기도 한다.

경혈을 자극할 때에는 가능하면 손가락 끝을 가지런히 오목하게 모아서 그 가운데 중지를 사용하거나, 엄지손가락을 사용하여 정확한 부위에 자극을 가하는 것이 효과적이다.

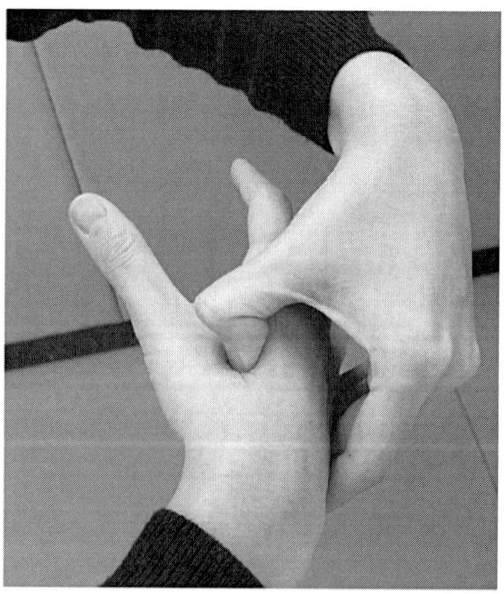

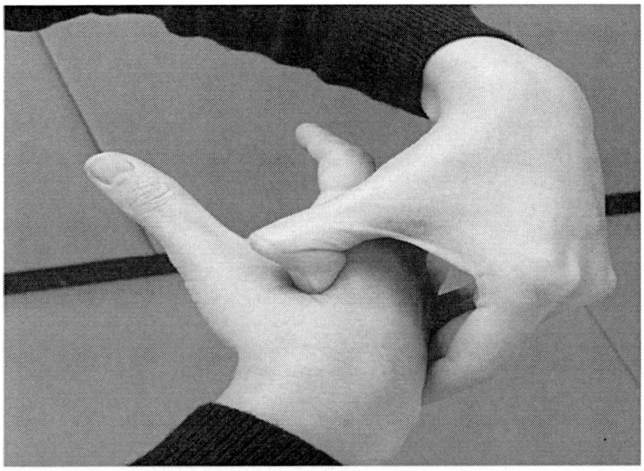

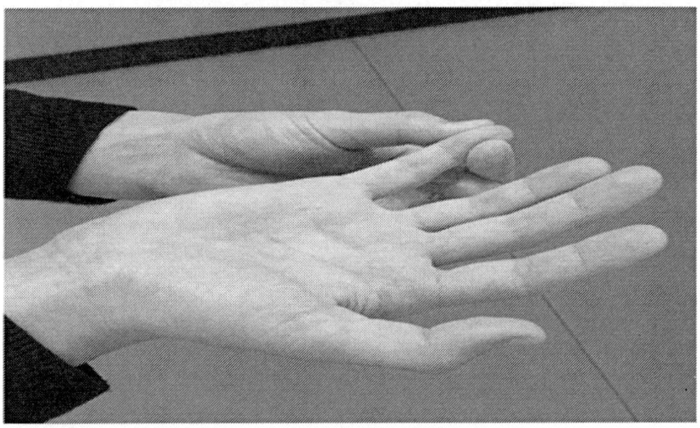

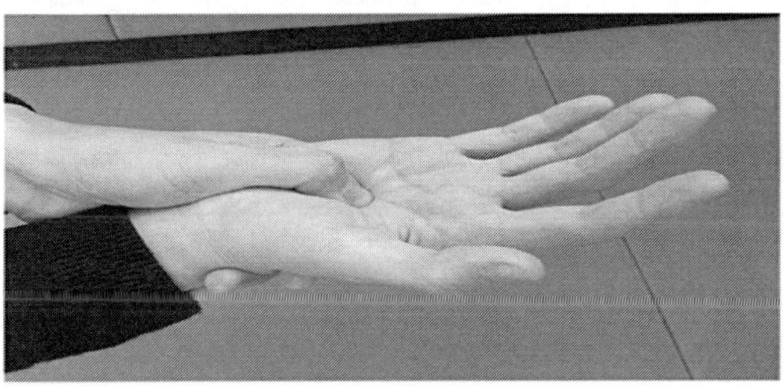

6) 한쪽 다리 방향으로 상체 앞으로 굽히기

① 왼쪽 다리를 펴고 오른쪽 다리는 안으로 접는다.

② 양손을 모아 왼발 끝을 향하면서 상체를 굽힌 다음 펴줄 때에는 반대쪽으로 몸을 틀어준다.

③ 몸을 세운 상태에서 깊게 숨을 깊게 들이마시고, 상체를 굽힐 때에는 서서히 내쉰다.

④ 2회 한 후에 다리를 교체하여 2회 반복한다.

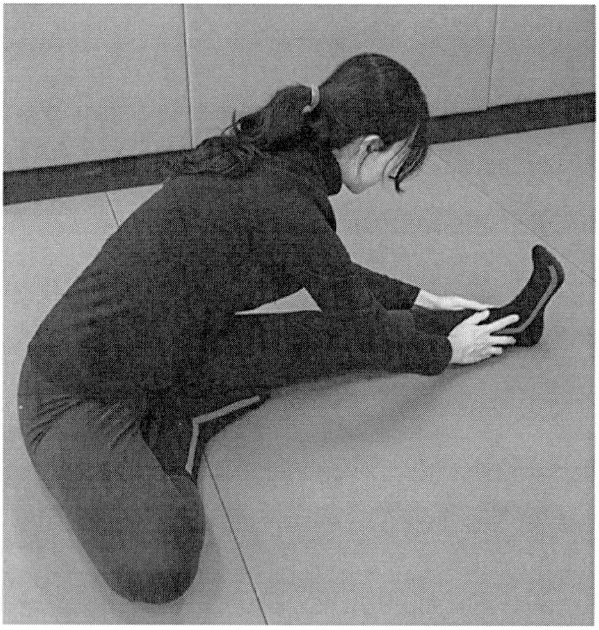

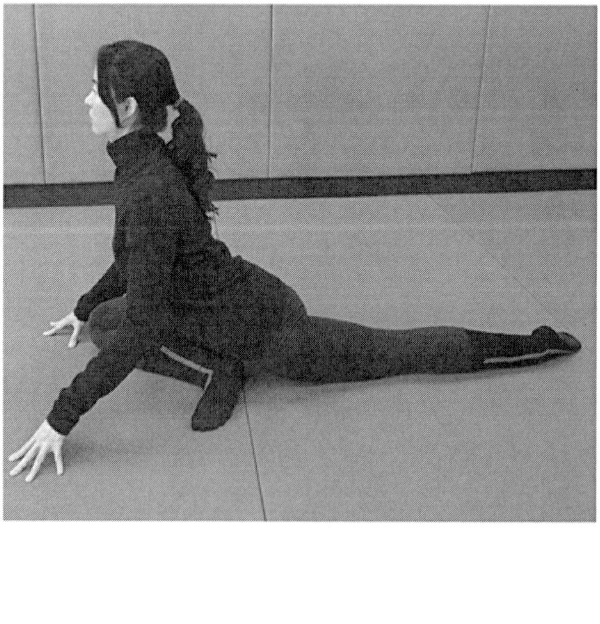

7) 발목 꺾어주기

발목의 경직을 풀어주고 경혈을 자극하여 신체 활성도를 높인다.

① 왼 무릎 위 몸통 쪽으로 오른 다리를 접어서 올린다.

② 발끝을 잡고 아래위로 크게 꺾어준다.

③ 발끝을 잡고 좌로 3회 우로 3회 크게 돌린다.

④ 발을 바꾸어 준다.

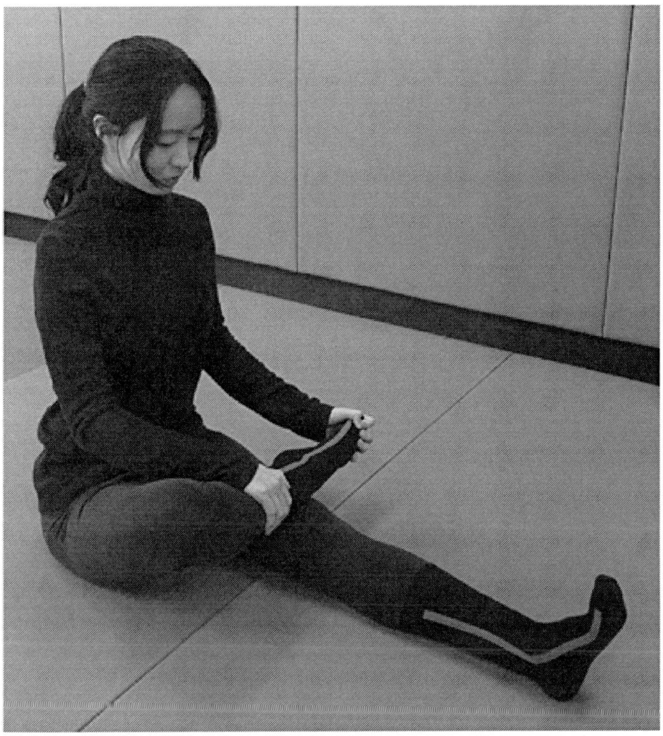

8) 상체 앞으로 숙였다가 몸통 들어 뒤로 젖히기

① 발목을 무릎 위로 올린 상태에서 상체를 앞으로 숙인다.

② 몸을 세우면서 손을 뒤로 짚는다.

③ 몸통을 들어 올리며 무릎을 좌우로 틀어준다(몸통을 일직선으로 유지한다).

④ 다리를 바꾸어 준다.

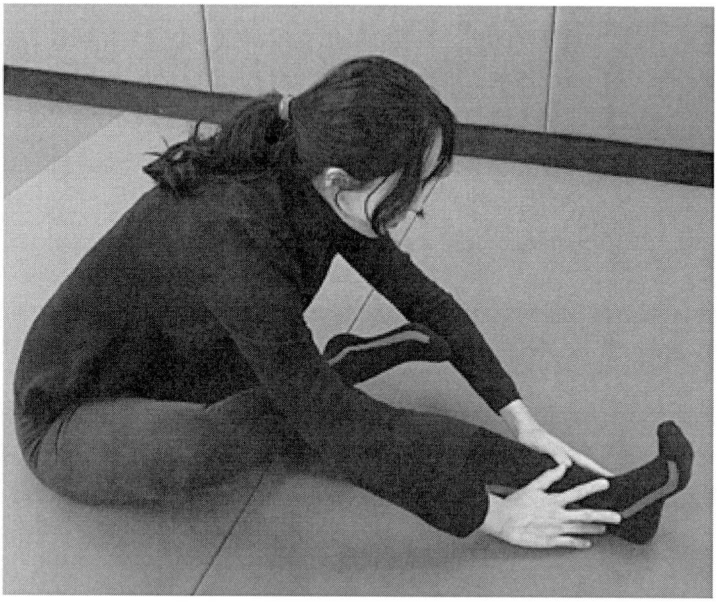

9) 양다리 넓게 벌리고 상체 들어주기

① 양다리를 최대한 넓게 벌리고 양손은 뒤로 짚는다.(이때 손가락 끝으로 짚는 것이 악력 강화에 도움이 된다.)

② 양발 뒤꿈치를 중심으로 몸통을 들어준다.

③ 양발 뒤꿈치를 중심으로 발끝을 좌우로 밀어준다.(4회 실시한다.)

④ 몸통을 내려 놓았다가 다시 반복한다.

10) 양다리 넓게 벌리고 몸통 좌우로 틀어주기

① 양발을 최대한 넓게 벌리고,

② 상체를 좌측으로 틀면서 양손을 좌측으로 짚고 머리와 상체를 최대한 들어준다.(시선을 멀리 보도록 하는 것이 중요하다.)

③ 앞의 요령으로 우측으로 틀어준다.

④ 좌우 각각 2회 실시한다.

11) 양손 뒤로 깍지 끼고 상체 좌우로 숙이기

① 양발을 최대한 넓게 벌리고,

② 양손을 뒤로 깍지를 끼고 먼저 좌측으로 상체를 숙이며 팔을 최대한 높이 들어준다.

③ 다음에는 같은 요령으로 우측으로 틀어주며 팔을 올린다.

④ 좌우 각각 2회 반복한다.

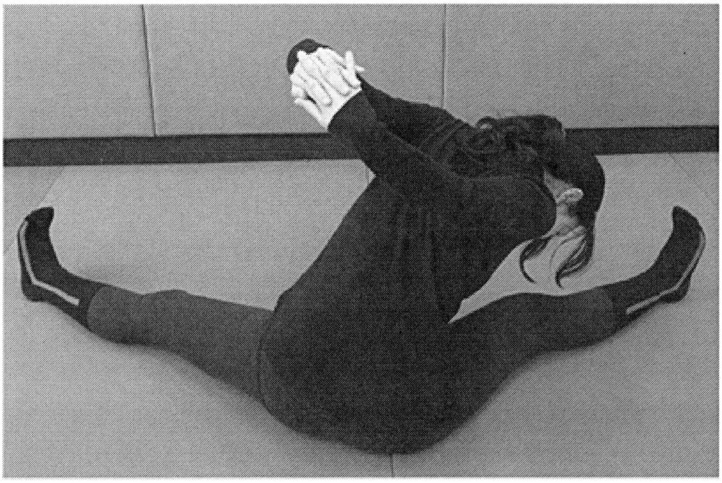

12) 양손 앞으로 모으고 상체 앞으로 숙이기

① 양발을 최대한 넓게 벌리고,

② 양손을 앞으로 모아 상체를 앞으로 굽힐 때 발목을 잡아준다.

③ 다음에는 같은 요령으로 우측으로 틀어주며 오른쪽 발목을 잡아준다.

④ 좌우 각각 2회 반복한다.

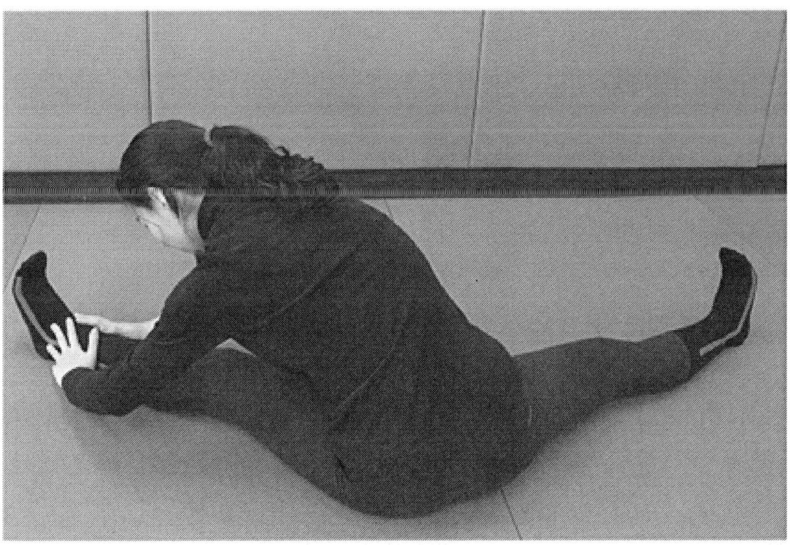

13) 양다리 벌리고 상체 앞으로 숙이기

① 양다리를 옆으로 최대한 옆으로 넓게 벌리고 팔을 옆으로 펴면서 상체를 앞으로 굽혀준다.

② 상체를 세운 상태에서는 숨을 들이마시고 상체를 숙일 때에는 숨을 서서히 내쉰다.

③ 상체를 펴고 손을 뒤로 짚고 목을 뒤로 젖히면서 발뒤꿈치를 중심으로 좌우로 틀어준다.

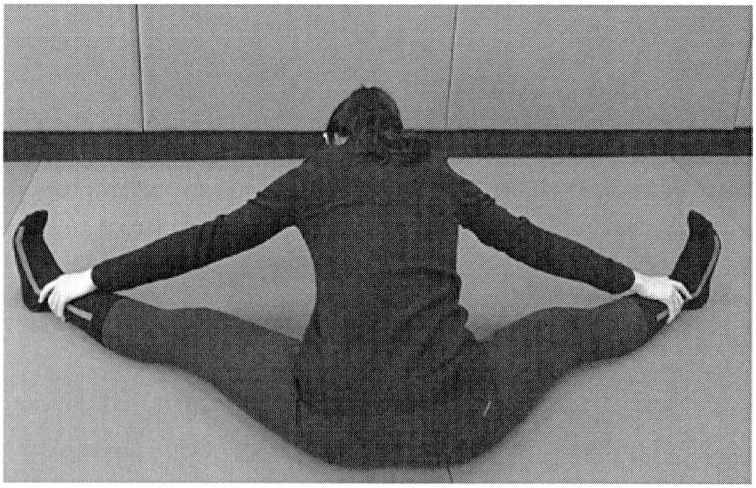

14) 양 발바닥 마주하여 당겨서 앉고 상체 앞으로 숙이기

① 상체를 곧게 펴고 발끝을 손으로 감싸 쥔다.

② 요추를 최대한 펴면서 상체를 앞으로 숙인다.(인체의 노폐물을 제거한다는 생각으로 호흡을 천천히 내쉰다.)

③ 서서히 상체를 세우면서 목을 뒤로 젖힌다.(호흡을 마시면서 막혀있는 가슴의 답답함을 신선한 우주의 기운을 들이마신다는 생각으로 가슴을 펴고 목은 최대한 뒤로 젖힌다.)

④ 같은 요령으로 2회 반복한다.

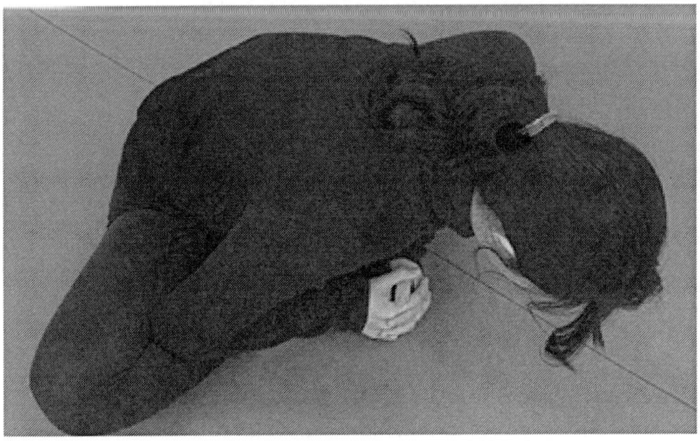

15) 결가부좌(반가부좌)하여 몸통 돌리기

① 결가부좌 또는 반가부좌하여, 손은 무릎 위에 가볍게 올리고,

② 상체를 전방 좌측에서부터 우측으로, 그리고 뒤로 크게 회전을 시켜준다.

③ 좌우 각각 3회 반복한다.

16) 가부좌(반가부좌)하여 몸통 좌우로 틀기

① 결가부좌 또는 반가부좌하여,

② 상체를 좌측으로 틀면서 양손을 좌측으로 최대한 멀리 짚어준다.(이때, 시선을 멀리하는 것이 효과가 좋다.)

③ 다음에는 같은 요령으로 우측으로 틀어준다.

④ 좌우 각각 2회 반복한다.

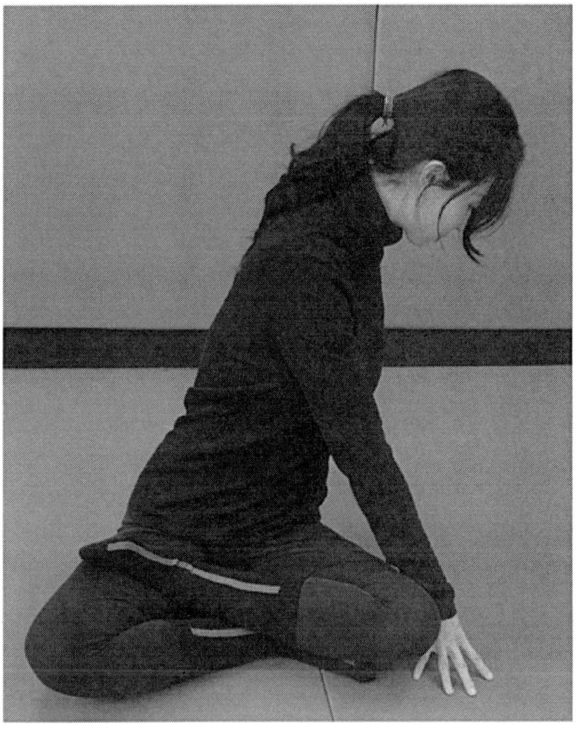

17) 결가부좌(반가부좌)하여 몸통 앞으로 밀기

① 결가부좌 또는 반가부좌하여,

② 양손을 전방으로 멀리 짚고 상체를 낮추며 밀어준다.

③ 요추는 낮추고 머리는 최대한 들어준다.

④ 양손을 뒤로 길게 짚고 머리와 상체를 디로 젖힌다.

⑤ 각각 2회 반복한다.

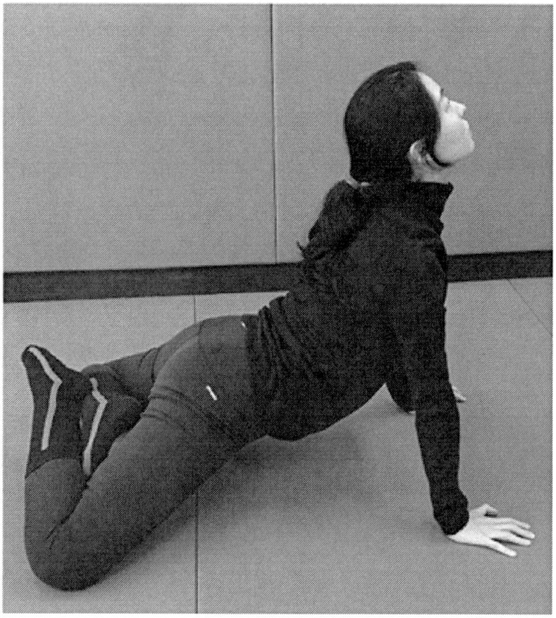

18) 다리 앞으로 뻗어주면서 떨어뜨리고 발끝 부딪치기

① 양손은 뒤로 짚고 양발은 앞으로 쭉 뻗어준다.(뻗어줄 때 양다리를 동시에 또는 한쪽 다리를 내려치듯이 놓는다.)

② 양 발끝을 서로 부딪치면서 자극을 준다.

③ 10회 부딪친다.

19) 머리 뒤로 깍지 끼고 윗몸 앞으로 굽혔다가 좌우로 틀어주기

① 양다리를 앞으로 곧게 펴고 양손은 머리 뒤로 깍지를 낀다.

② 숨을 크게 들이마셨다가 서서히 상체를 앞으로 숙인다.(요추를 곧게 펴도록 노력하며 상체를 숙일 때 숨을 서서히 내쉰다.)

③ 상체를 세웠다가 좌측으로 틀어준다.

④ 호흡을 정리한 후에 같은 요령으로 상체를 숙였다가 다시 세우면서 우측으로 틀어준다.

⑤ 좌우 각각 2회 반복한다.

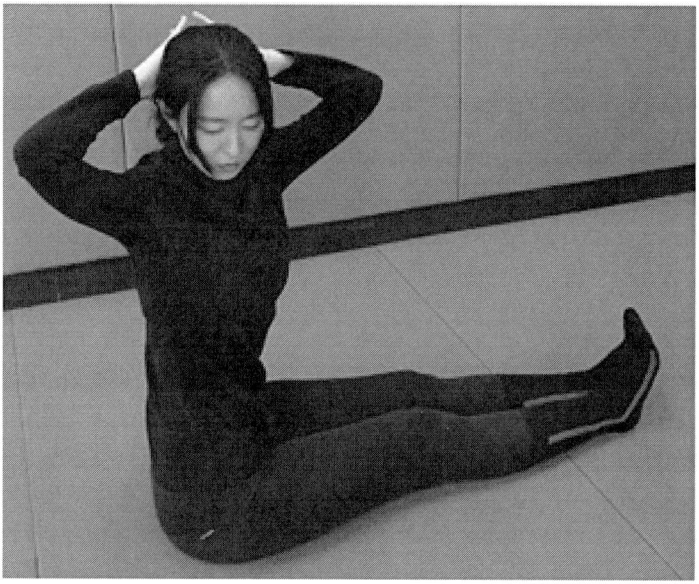

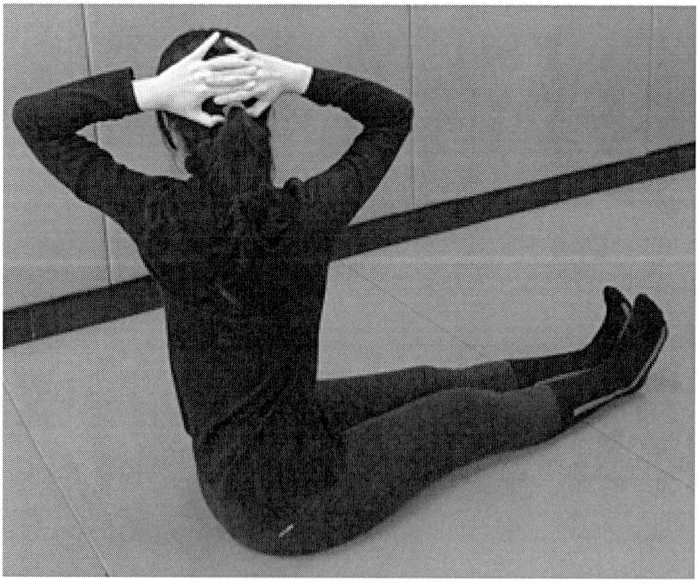

20) 다리 빗장 걸어 몸통 틀어주기

① 왼 무릎부터 세워서 오른팔로 빗장을 걸어 머리를 먼저 돌리면서 상체를 좌측으로 강하게 틀어준다.(2회 실시한 후 자세를 바꾸어 준다)

② 팔은 뒤로 적당한 거리로 짚고 시선을 멀리하며 틀어주는 쪽의 어깨를 강하게 밀어준다.

③ 빗장을 걸어둔 손이 풀리면 효과가 떨어진다.

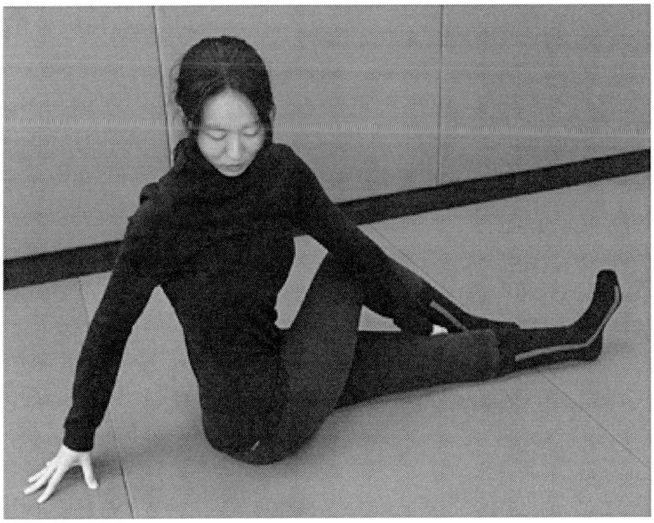

21) 무릎 감싸 쥐고 앞뒤로 구르기

척추의 경혈을 자극하면서 마디마디 근육을 강화시키고 허리를 유연하게 한다.

① 다리를 오므려 무릎을 손으로 깍지 끼고 감싸 쥔다.

② 반동을 이용하여 충분히 뒤로 구른 다음 다시 반동을 이용하여 앞으로 앉는다.

③ 5회 실시한다.

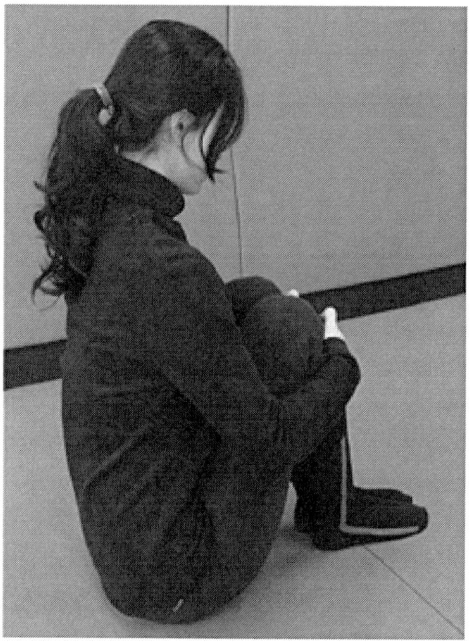

22) 한쪽 다리 젖혀서 앞으로 숙였다가 반대로 틀어주기

척추를 강화시키면서 유연성을 길러준다.

① 왼 다리를 좌측으로 젖히고 머리 뒤로 깍지를 낀다.

② 젖힌 좌측 무릎 위로 상체를 숙인다.

③ 상체를 펴면서 반대로 틀어준다.

④ 2회씩 실시하고 반대방향으로 자세를 옮긴다.

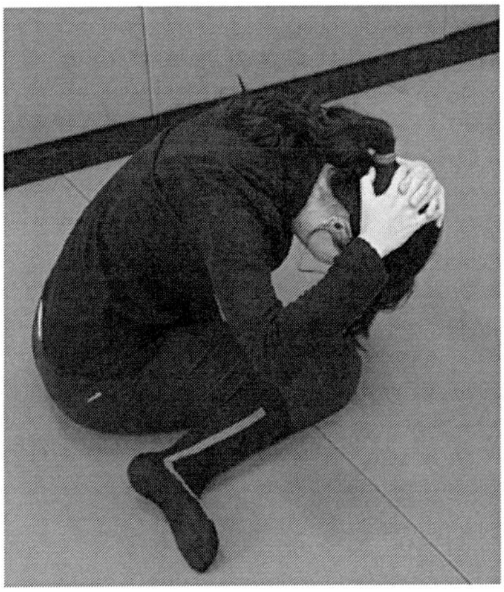

23) 무릎 꿇고 상체 앞으로 밀어주기/상체 뒤로 젖히기/어깨 펴주기

① 무릎을 바닥에 대고 앉는다.

② 양손은 어깨너비로 하여 전방으로 집는다.

③ 최대한 앞으로 밀면서 머리부터 서서히 뒤로 젖힌다.

④ 상체를 엉덩이부터 뒤로 빼면서 양 어깨를 눌러준다.

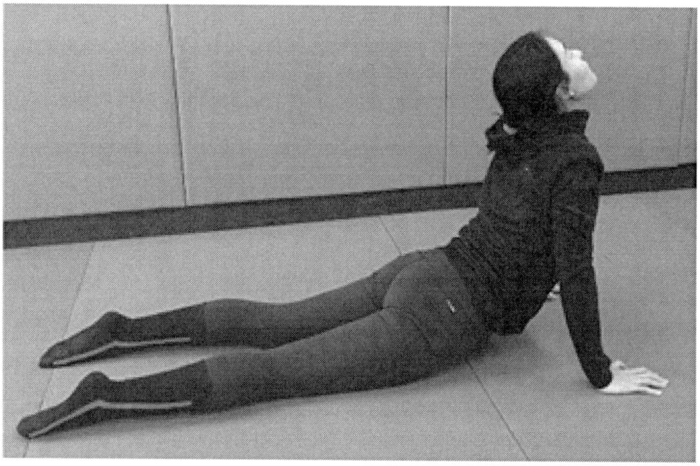

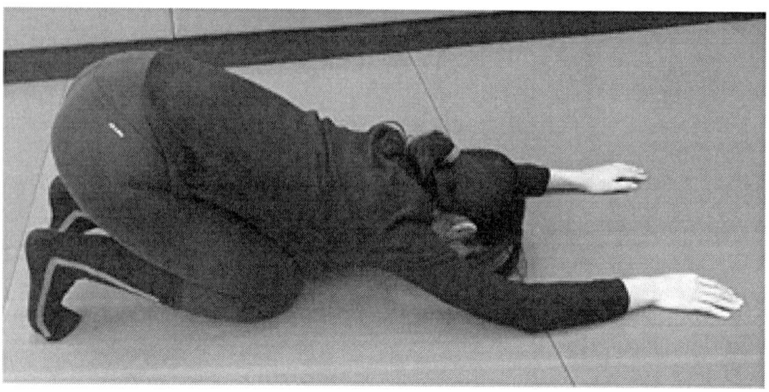

24) 무릎 꿇고 앉아서 양손 깍지 끼고 좌우로 틀어주기

① 무릎을 꿇고 앉는다.

② 양손을 깍지 끼고 아랫 방향으로 뻗어준다. 이때 상체는 숨을 들이마시면서 약간 뒤로 젖힌다.

③ 양손을 깍지 끼고 앞으로 뻗어준다. 그 상태에서 좌우로 2회씩 틀어준다. 이때 상체는 약간 뒤로 젖힌다.

④ 양손을 깍지 끼고 위로 뻗어준다. 그 상태에서 좌우로 2회씩 틀어준다.

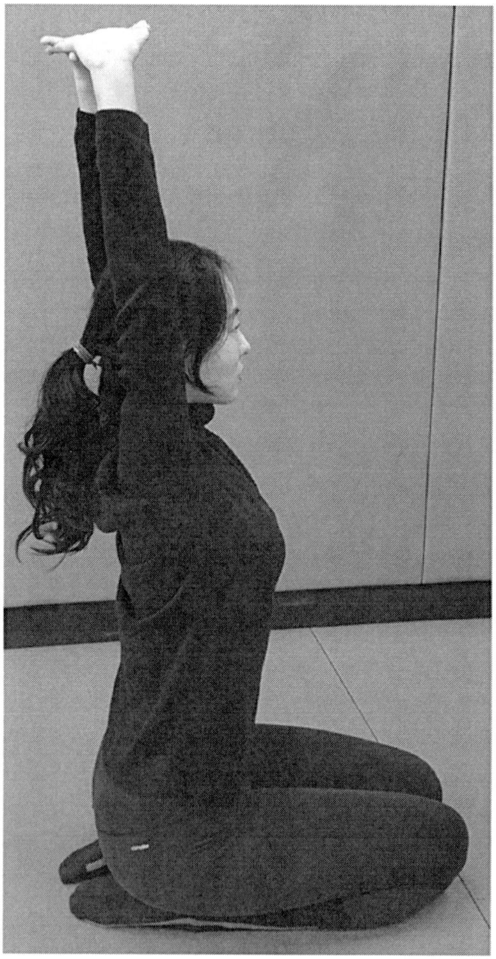

25) 한쪽 무릎 꿇고 상체 앞으로 숙이기

신체의 균형에 주의하고 요추를 편 상태에서 최대한 상체를 앞으로 숙인다.

① 오른쪽 무릎은 꿇고 왼 다리는 곧게 좌측으로 펴주며, 손은 몸 뒤로 깍지를 낀다.

② 상체를 좌측으로 숙이며 팔을 최대한 위로 들어준다.

③ 상체를 펴면서 머리를 뒤로하고 좌우로 틀어준다.

④ 2회 반복하고 반대 동작으로 시행한다.

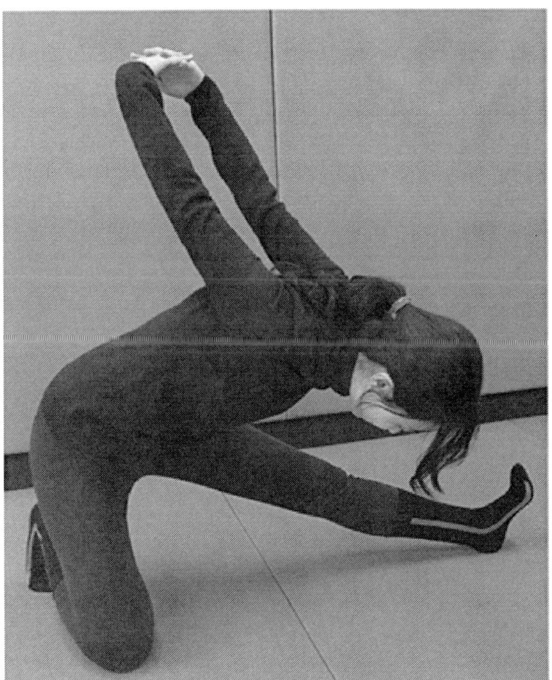

26) 다리 운동

① 양손을 무릎을 대고 눌러준다.(2호 간)

② 무릎을 굽혀 반동을 준다.(2호 간)

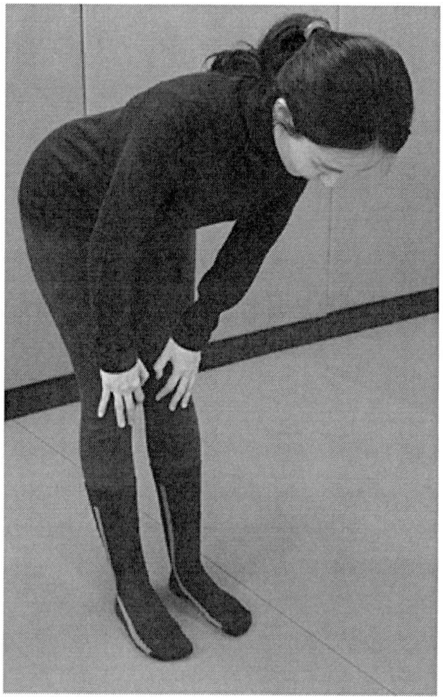

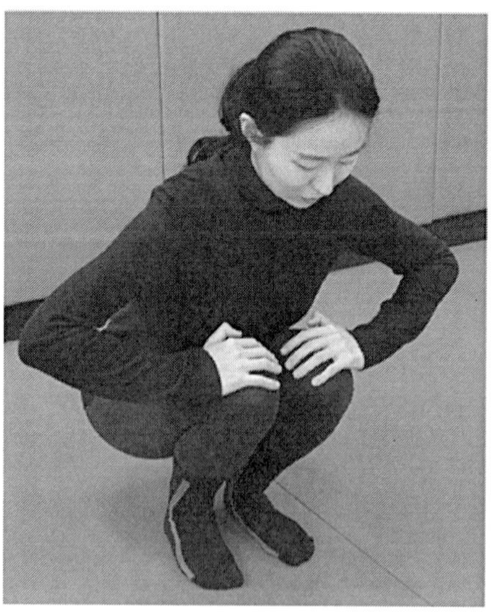

③ 16호 간으로 실시하고 다음 무릎 회전운동을 실시한다.

④ 약간 굽힌 상태에서 손으로 무릎을 잡고 좌로 8호 간 우로 8호 간 무릎을 돌려준다.

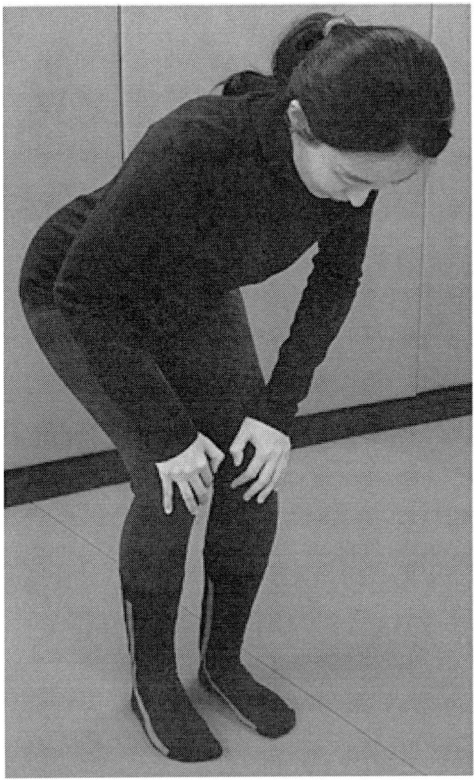

27) 숨쉬기

① 양팔을 좌우로 펼치면서 최대한 폐를 확장시켜 숨을 들이마시고,

② 가볍게 팔을 앞으로 교차하면서 상체를 약간 숙이면서 숨을 내쉰다.

③ 4회 반복한다.

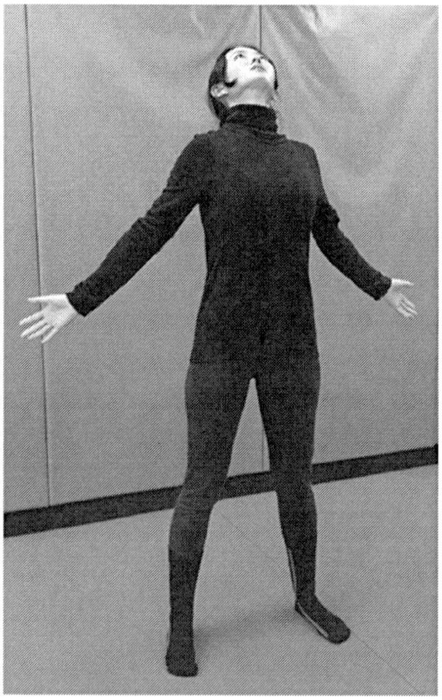

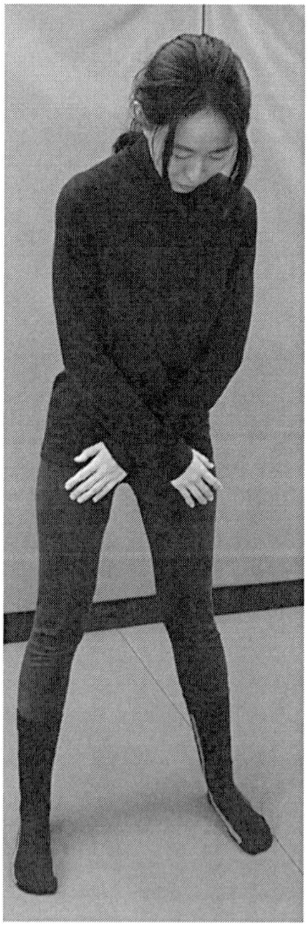

28) 고양이 스트레칭[32)]

① 호흡을 마시면서 골반 아래에 수직으로 무릎을, 어깨 아래에 팔을 수직으로 둔 상태에서 복부를 동그랗게 말고 시선은 배꼽을 바라본다.

② 호흡을 내쉬면서 골반은 약간 앞쪽으로, 허리는 역아치를 만들어준다.

③ 다시 ①번 자세로 돌아간다.

④ 2회 반복한다.

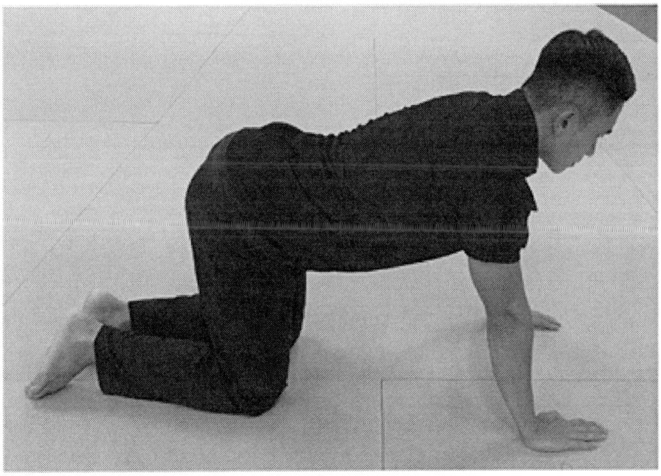

32) 김성종, 남기민. (2019). 쓸모 있는 몸을 만드는 스트레칭. 북스고. ※ 29)~54)까지 참조

29) 굽은 등 스트레칭

굽은 등, 어깨, 목을 펴게 하는 동작이다.

골반이 움직이지 않도록 하체를 고정시킨다.

너무 무리하게 하지 않는 것이 좋다.

① 무릎을 꿇고 오른팔을 몸과 90도가 되도록 옆으로 길게 뻗어 바닥에 내려놓는다.

② 왼손은 몸의 위쪽으로 뻗어 보내고, 시선은 뻗은 오른손을 지향한다.

③ 좌우로 번갈아 2회 실시한다.

30) 엉덩이 스트레칭

엉덩이 근육의 피로를 풀어주고 골반의 불균형을 해소한다.

① 양손과 양 무릎을 바닥에 대고, 오른발의 복숭아뼈를 왼 무릎 앞에 위치시킨다.

② 천천히 뒤로 앉아주되, 한번에 급하게 앉으면 무릎 부상이 생길 수 있으니 유의한다.

31) 종아리 스트레칭

종아리 근육을 풀어주고 하체의 혈액순환을 돕는다.

① 손과 무릎을 바닥에 대고, 왼 다리의 발가락을 오른 무릎 뒤쪽에 대고 오른 다리를 45도 안쪽으로 넣어준다.

② 천천히 뒤로 앉아 발등으로 종아리 근막을 늘려주되, 한번에 세게 앉으면 무릎 또는 십자인대의 부상이 생길 수 있으니 유의한다.

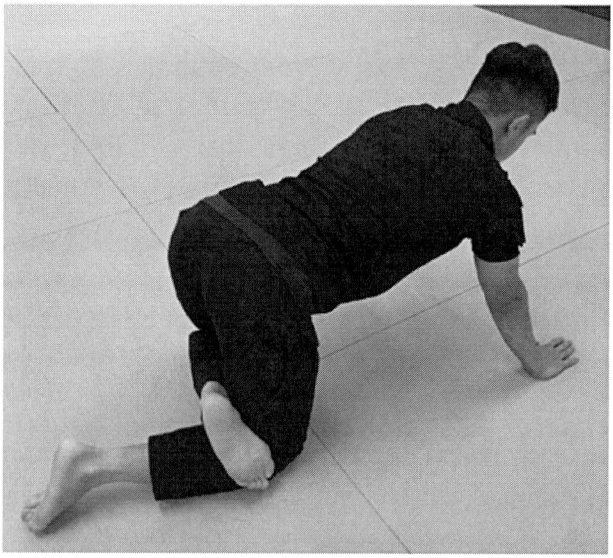

32) 뒤쪽 허벅지 스트레칭

허벅지의 뒤쪽 근육을 이완시키고 허리의 긴장을 풀어준다.

① 오른 다리는 앞쪽으로 뻗어주고 왼 다리는 접어 복숭아뼈 안쪽을 오른 다리 허벅지(무릎 바로 위) 위에 올려준다.

② 가슴을 정면을 향하도록 하며 요추를 펴고 상체를 밀어준다.

③ 좌우로 각각 2회씩 실시한다.

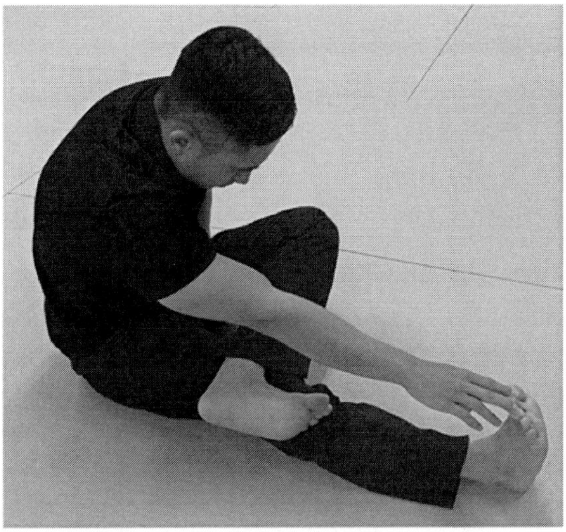

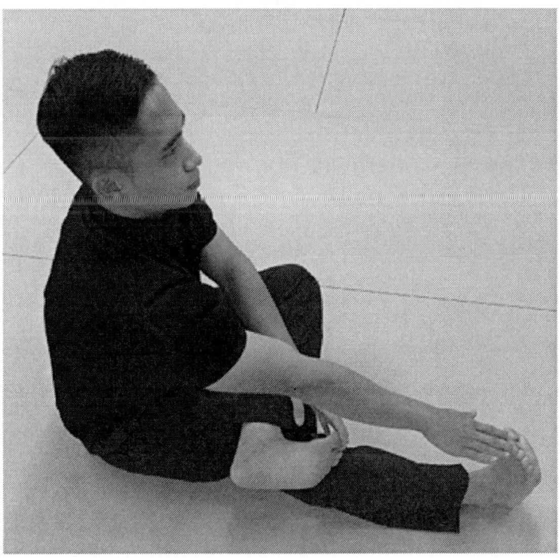

33) 발바닥 마주 보고 무릎 눌러주기

허벅지 안쪽의 근육을 이완시키며 골반의 균형을 맞추어 준다.

① 허리를 가볍게 숙인 상태에서 양발은 마주 보고 손으로 깍지를 끼고 양 발끝을 함께 잡아준다.

② 양쪽 무릎을 바닥으로 눌러주면서 허리를 세우고 턱을 당긴다.

③ 2회 실시한다.

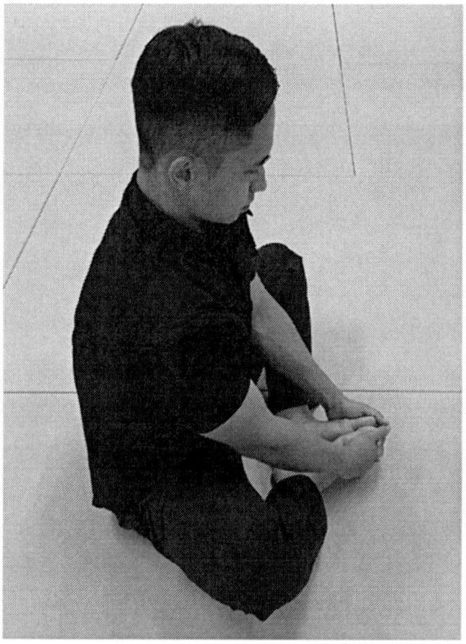

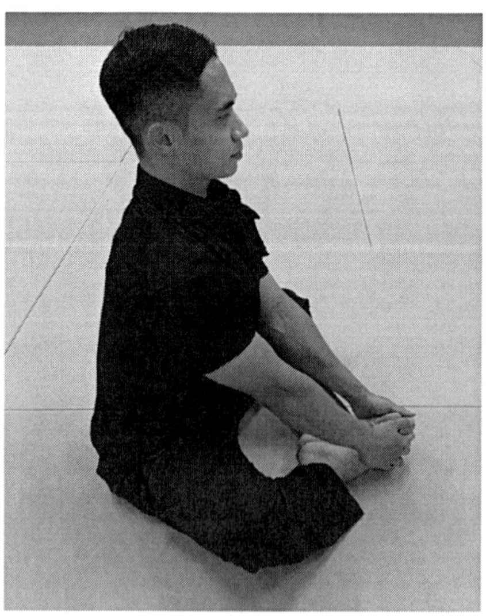

34) 목과 어깨 스트레칭

목과 어깨의 뭉친 근육을 풀어주어 혈액순환을 원활하게 한다.

① 반가부좌를 한 상태에서 오른손을 머리에 올려놓는다. 이때 어깨가 올라오지 않도록 주의하며 반대쪽 팔과 손은 45도 아래로 뻗어준다.

② 오른손으로 천천히 머리를 당겨준다.

③ 좌우 방향으로 각각 2회 실시한다.

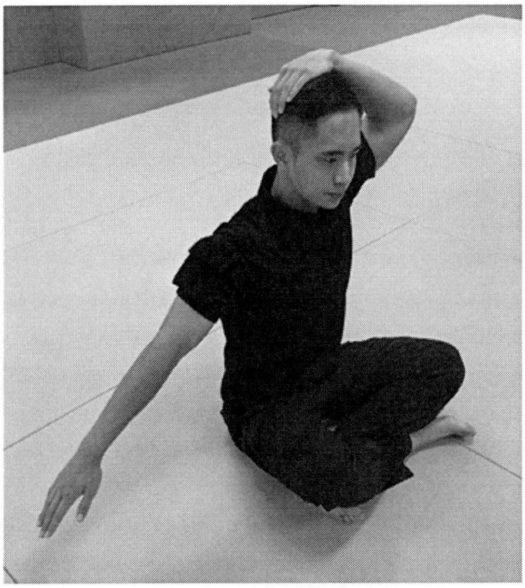

35) 거북목 회복 스트레칭

평소에 도서관 또는 독서실에서 장시간 집중 또는 반복하다 보면 거북목이 되기 쉽다. 다음과 같은 동작을 반복하게 되면 이를 해소할 수 있다.

① 오른손으로 머리 뒤를 감싸주며 반대쪽 팔과 손을 직선으로 펴준다. 이때 어깨가 올라가지 않도록 한다.

② 턱이 당기는 쪽의 쇄골 뼈에 닿을 수 있도록 머리를 천천히 숙여준다.

③ 좌우 각각 2회 반복한다.

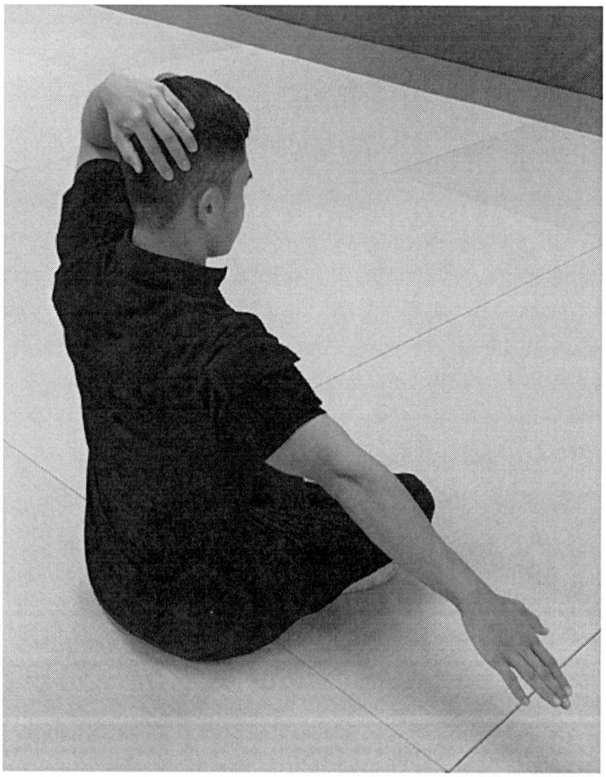

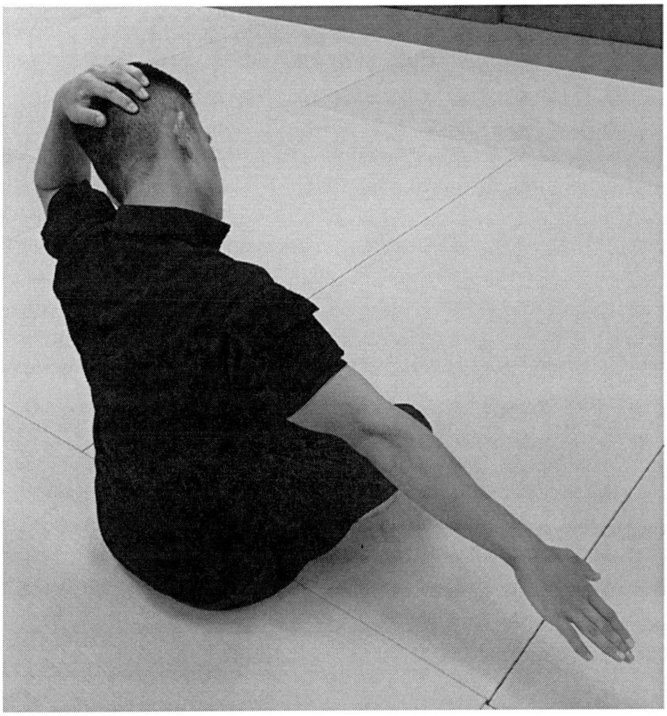

36) 뒷목 스트레칭

목덜미의 근육을 이완시키고 목관절을 강화시킨다.

① 양손을 깍지 끼어 머리 뒤를 감싸 잡는다.

② 머리를 바로 세우고 숨을 깊게 들이마신다.

③ 숨을 천천히 내쉬면서 배꼽을 바라볼 수 있도록 머리를 아래로 당겨준다.

④ 2회 반복한다.

37) 앞쪽 목 스트레칭 1

턱 아래의 근육과 목의 전면부 근육을 이완시키고 자세를 바르게 하도록 도와준다.

① 앉은 자세에서 팔을 교차하여 손을 양쪽 어깨에 대고 턱은 당겨준다.

② 위를 바라보며 목을 뒤로 젖힌다.

③ 호흡이 깊게 들어가며 심신의 스트레스를 날리는 좋은 자세이다.

④ 손을 반대로 교차하여 각각 2회 실시한다.

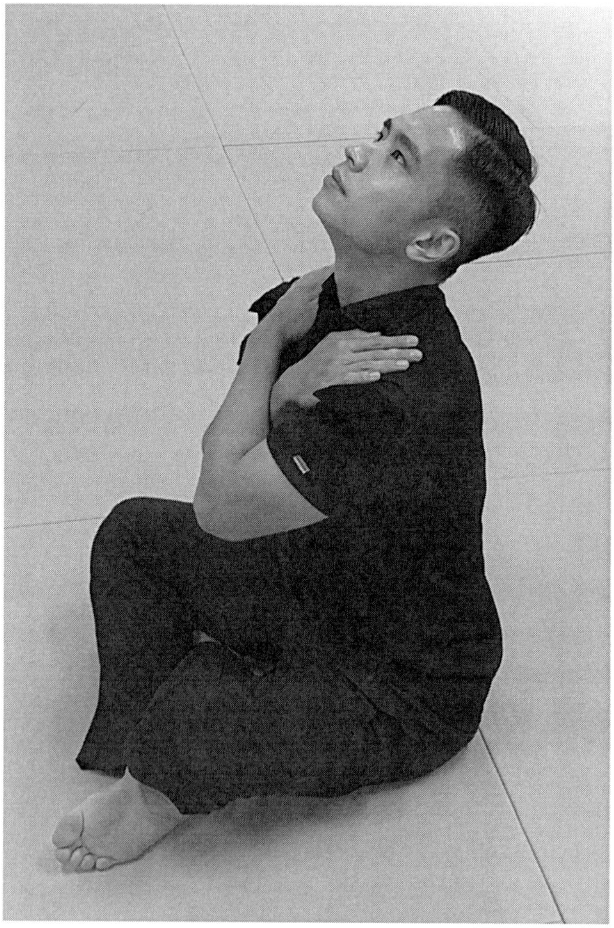

38) 앞쪽 목 스트레칭 2

앞의 자세에서 허리의 근육을 펴줌으로써 호흡을 더 깊게 가능하도록 한다.

① 앉은 자세에서 팔을 교차하여 손을 양쪽 무릎 위에 올려놓고 턱은 당겨준다.

② 위를 바라보며 목을 뒤로 젖힌다.

③ 호흡이 깊게 들어가는 것을 느끼며 최대한 뒤로 젖혀준다.

④ 손을 반대로 교차하여 각각 2회 실시한다.

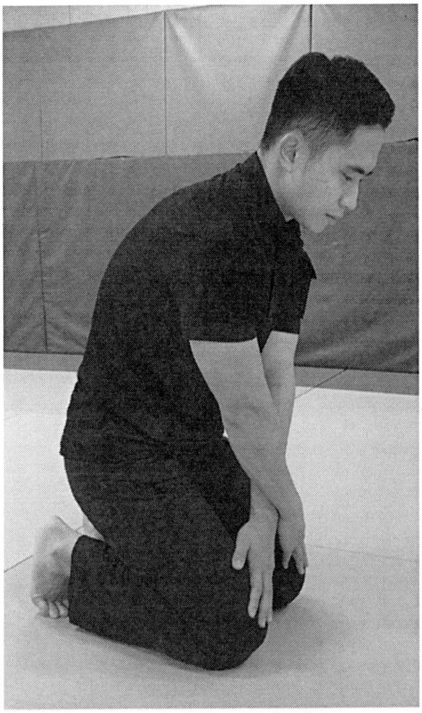

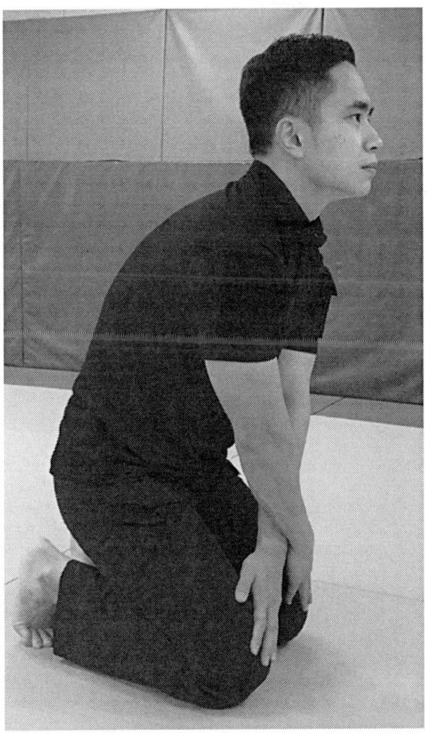

39) 어깨 펴주기 스트레칭 1

앞으로 굽어있는 어깨를 펴주는 동작으로 거북목 회복 스트레칭과 함께 간단하면서도 좋은 동작이다.

① 어깨에서 팔꿈치까지 일직선을 유지하고 팔을 90도로 굽혀 팔꿈치와 손목을 일직선으로 한다.

② 수직으로 세운 팔꿈치와 손목을 최대한 뒤로 서서히 젖혀 준다.

③ 천천히 원위치 하면서 2회 반복한다.

40) 어깨 펴주기 스트레칭 2

어깨가 굽은 사람에게 효과적인 동작으로 자주 반복하면 매우 좋다.

① 무릎을 바닥에 댄 상태에서 왼팔은 옆으로 길게 뻗고 오른팔은 90도로 구부려준다.

② 왼쪽 어깨가 바닥에 닿도록 천천히 눌러주며 시선은 오른쪽을 바라본다.

③ 2회 실시하고 자세를 반대로 하여 다시 2회 시행한다.

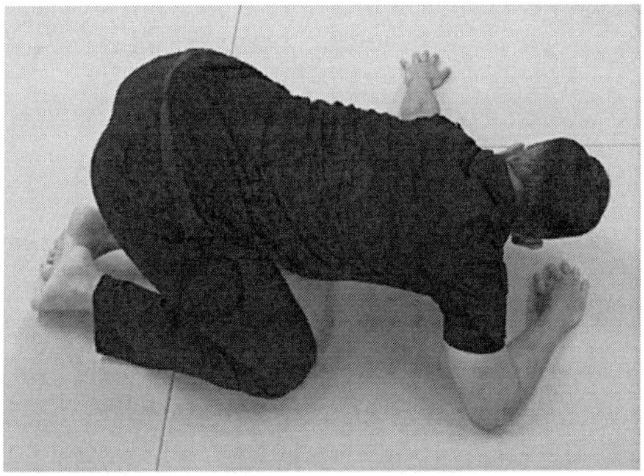

41) 어깨 근육 스트레칭 1

어깨를 풀어주고 관절의 근육을 강화시키는 동작이다.

① 왼손의 손등을 허리에 대고, 오른팔은 세운 무릎의 발목을 잡는다. 양쪽 어깨는 정면을 바라보게 한다.

② 왼 팔꿈치를 오른 무릎 안쪽으로 넣고 양쪽 어깨는 정면을 향하도록 유지하며 무릎을 안쪽으로 눌러준다.

③ 무릎을 원위치 하며 자세를 바꾸어 각각 2회 실시한다.

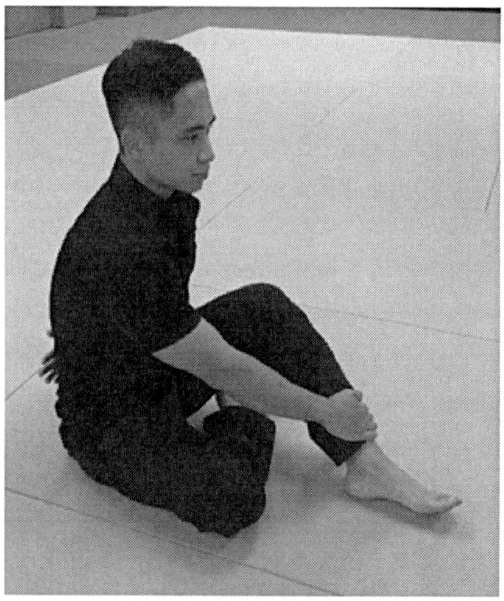

42) 어깨 근육 스트레칭 2

어깨를 강화시키는 동시에 상하체의 유연성을 길러준다.

① 양쪽 골반이 정면을 향하도록 유지하고, 왼 다리는 펴고 오른 다리는 안으로 접는다. 오른손은 등 뒤에서 허리를 감싸 왼쪽 허벅지를 잡도록 노력한다.

② 허벅지를 잡은 쪽의 어깨는 뻗은 왼팔과 반대 방향의 천장을 바라보며 허리를 펴준다.

③ 2회 반복하고 자세를 바꾼다.

43) 어깨 근육 스트레칭 3

긴장된 어깨의 근육을 풀어주고 가슴의 흉골을 자극하는 동작이다.

① 무릎을 꿇고 양손은 등 뒤에서 깍지를 낀다.

② 깍지 낀 양손이 풀리지 않도록 하면서 천장을 향하여 천천히 올린다.

③ 가슴이 바닥에 닿는다는 느낌으로 숙여주면서 깍지 낀 손을 최대한 위로 젖힌다.

④ 2회 반복한다.

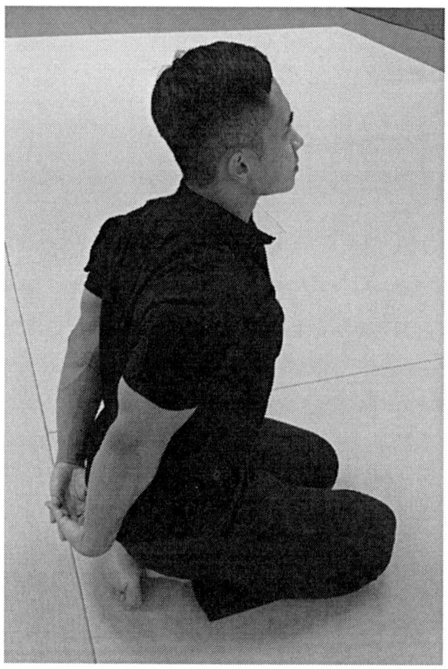

44) 허리 트위스트 스트레칭 1

척추의 유연성을 좋게 하고 척추를 감싸고 있는 근육을 강화시킨다. 동시에 어깨의 근육을 풀어준다.

① 바닥에 엎드려 오른손은 옆으로 뻗고 왼 팔꿈치는 옆구리에, 왼손은 어깨 옆에 둔다. 왼 다리는 무릎을 접은 채 고정한다.

② 왼손으로 바닥을 밀어 왼 다리를 오른 허벅지 바깥쪽으로 보낸다.

③ 골반을 원위치 하며 ①번 자세로 돌아온다.

④ 2회 반복하고 반대로 자세를 바꾸어 다시 2회 실시한다.

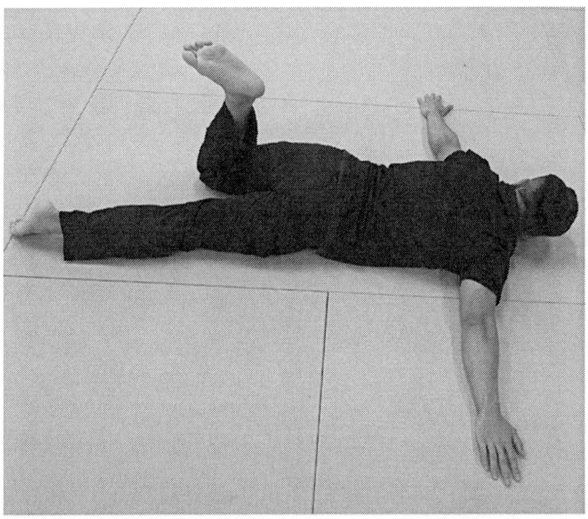

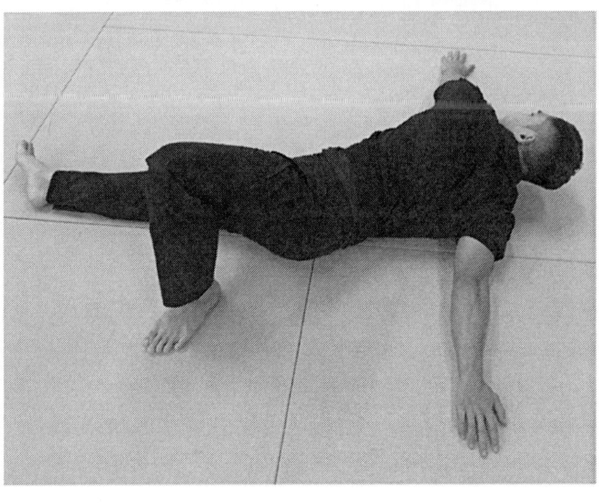

45) 허리 트위스트 스트레칭 2

앞의 자세보다 강도가 높으므로 허리, 어깨, 팔, 가슴 등의 전신에 강한 자극을 주게 된다.

① 오른 다리는 펴주고 왼 발바닥을 땅에 대고 무릎을 세운다. 손은 깍지를 껴 어깨를 고정해 준다.

② 왼 무릎을 바닥으로 같이 눌러주며 상체를 트위스트 한다.

③ 2회 반복한 후에 자세를 반대로 하여 다시 2회 실시한다.

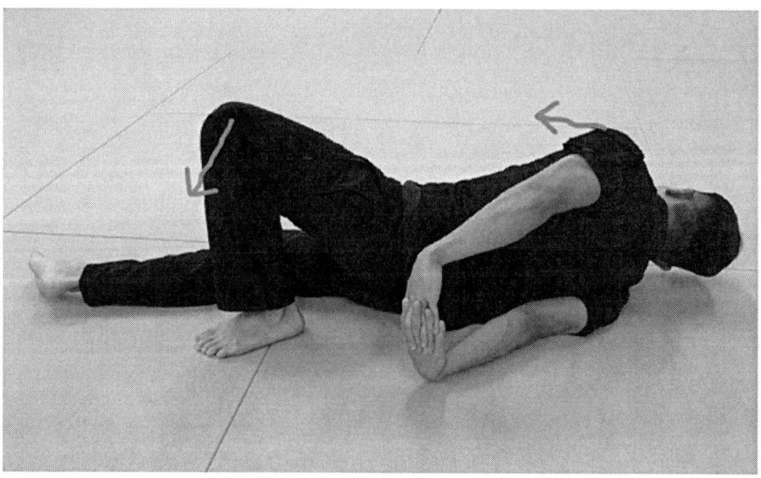

46) 런지 스트레칭

골반의 좌우 불균형을 해소하고 전신의 혈액순환을 돕는다.

① 왼 다리와 오른 다리를 직각으로 유지해 주고 허리를 바로 세운다.

② 골반이 정면을 바라보도록 하면서 양손바닥을 세운 무릎 위에 올려놓는다.

③ 양손을 어깨너비로 벌리고 머리 위로 곧게 뻗어준다.

④ 양손을 계속해서 뒤로 젖혀준다.

⑤ 숨을 내쉬면서 손을 내려놓는다.

⑥ 2회 실시한 후에 다리를 교차하여 다시 2회 실시한다.

47) 개구리 자세 1

허벅지 안쪽 근육을 신장시켜주며, 고관절을 강화시킨다.

① 무릎을 최대한 넓게 벌려주고 엉덩이와 일직선으로 위치시킨다. 팔은 먼저 뻗은 상태로 준비 자세를 취한다.

② 팔굽혀펴기 하듯이 팔을 천천히 접으며 내려간다. 이때 골반은 뒤쪽으로 계속 밀어준다.

③ 2회 반복한다.

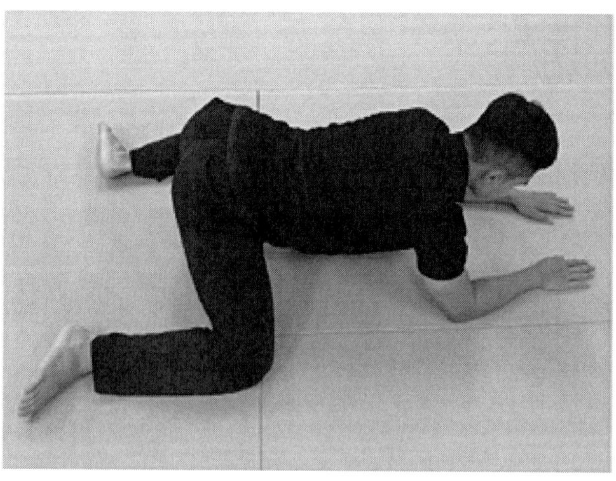

48) 개구리 자세 2

앞의 자세보다 고관절의 자극을 높여준다.

① 개구리 자세에서 허리가 일자가 되도록 맞춰준다.

② 천천히 오른 다리를 위로 들어 올리고 동시에 골반은 바닥에 닿도록 해준다.

③ 2회 실시한 후에 반대 자세로 반복한다.

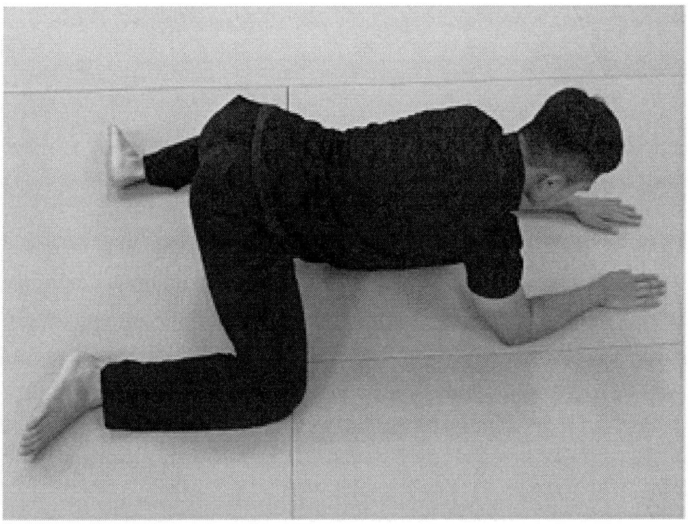

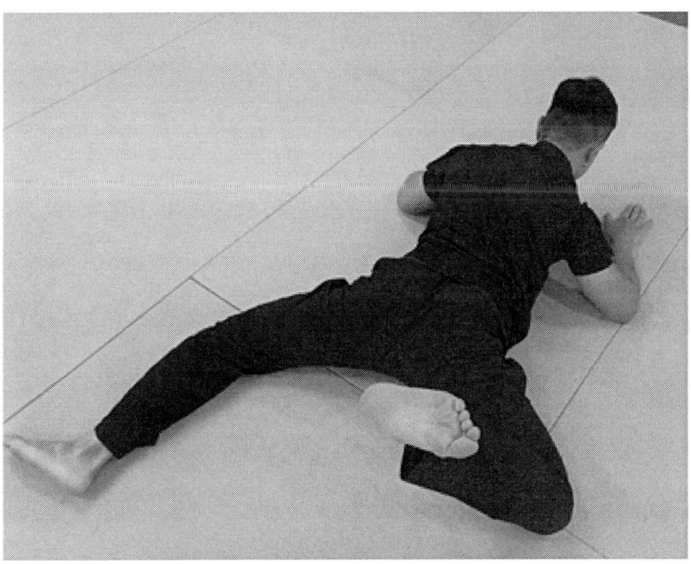

49) 다리 앞쪽 스트레칭

고관절을 강화시키고 허벅지 앞쪽을 신장시킨다.

① 런지 자세에서 무릎을 최대한 앞으로 밀어주고 뒤쪽의 다리는 발가락으로 바닥을 지지해 준다.

② 무릎을 천천히 바깥쪽으로 밀어주면서 자세를 더 낮추어 준다.

③ 2회 실시한 후에 다리를 바꾸어 다시 반복한다.

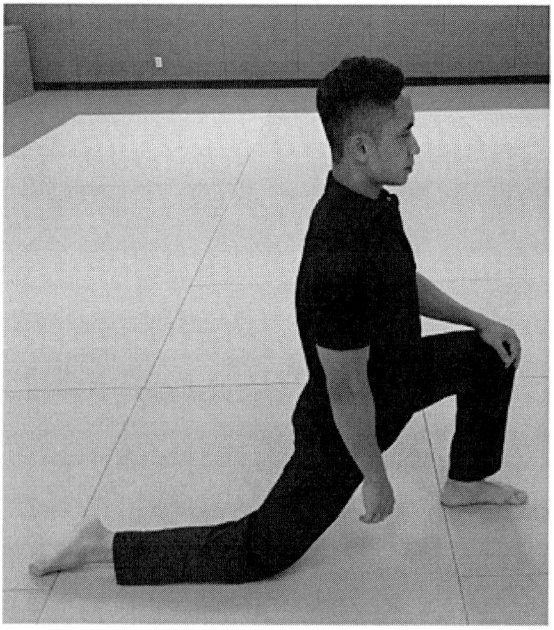

50) 다리 안쪽 스트레칭 1

다리의 근육을 펴주는 동작으로 반복적으로 하게 되면 유연성을 길러준다.

① 왼 다리는 좌측 옆으로 곧게 펴주고 오른 다리는 안쪽으로 접어서 위치시키며, 양팔은 곧게 펴서 앞에 놓는다.

② 엉덩이를 들어주며 허리가 아치가 되도록 만들어준다.

③ 천천히 엉덩이를 바닥에 내려놓고 다시 반복한다.

④ 좌우 각각 2회 반복한다.

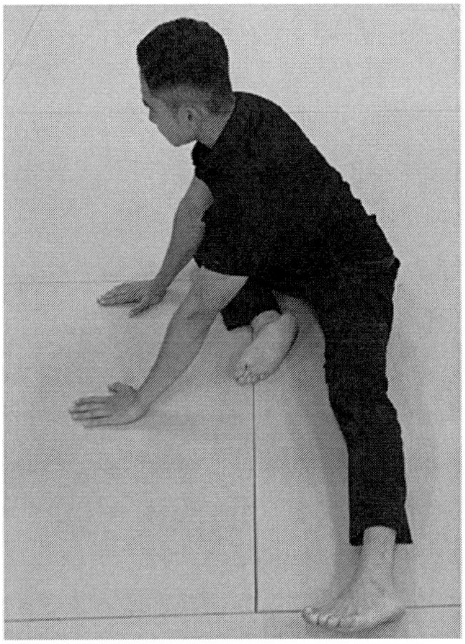

51) 다리 안쪽 스트레칭 2

① 엎드린 상태에서 왼쪽 다리를 90도로 접어준다. 오른쪽 다리는 우측으로 뻗어주고 왼쪽 무릎과 일직선이 되도록 만들어준다.

② 양쪽 손을 앞으로 밀어주며 가슴이 바닥에 닿도록 한다.

③ 천천히 원위치 하였다가 다시 반복한다.

④ 좌우 각각 2회 반복한다.

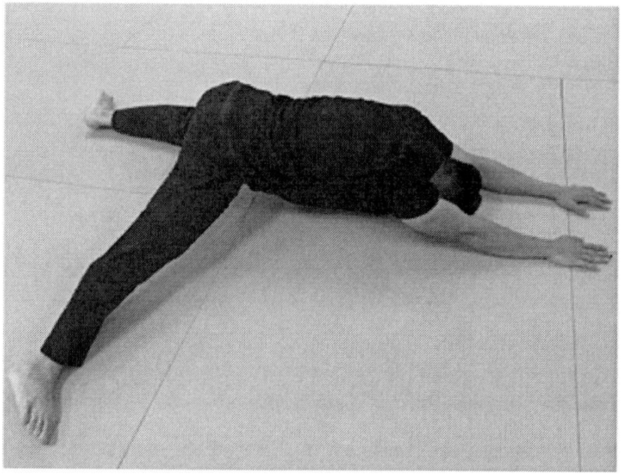

52) 골반 근육 스트레칭

골반과 복부의 근육을 동시에 강화한다.

① 왼 다리는 뻗어주고, 오른 다리는 접어주며 엉덩이 뒤쪽에 손을 대어 지지해 준다.

② 손을 지지하며 상체를 위로 세우고 양쪽 골반을 앞으로 천천히 밀어준다.

③ 천천히 내려놓았다가 다시 반복한다.

④ 좌우 각각 2회 반복한다.

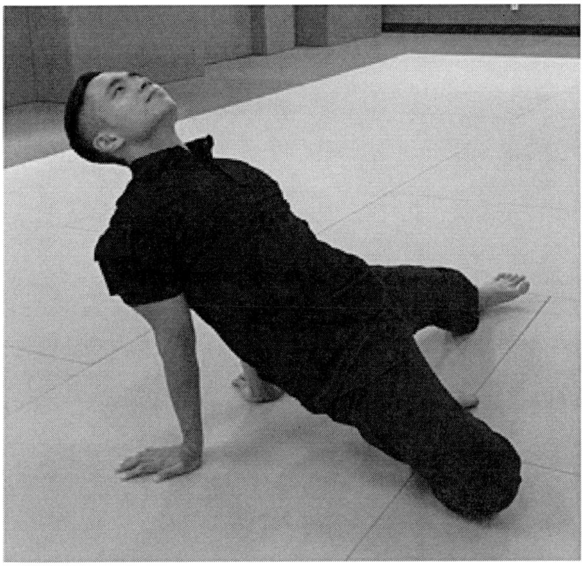

53) 하체 균형 트위스트

다리의 아래 근육과 안쪽 근육을 신장시키면서 동시에 허리를 틀어줌으로써 균형감각을 길러준다.

① 왼 다리는 뻗어 뒤꿈치로 지지해 주고 오른 다리는 무릎을 직각으로 굽혀 바닥에 밀착시킨다.

② 가슴과 골반은 정면을 보도록 해주며 팔은 수평으로 넓게 편다.

③ 뻗은 다리 쪽으로 몸통을 회전시킨다.

④ 천천히 원위치 하고 다시 반복한다.

⑤ 좌우 각각 2회 반복한다.

제2장

단전호흡(丹田呼吸, hypogastric breathing)

단전호흡(丹田呼吸, hypogastric breathing)

제2장

검도, 합기도 등 무도(武道)수련을 하는 많은 곳에서 명상 또는 단전호흡을 본 수련 전후에 실시하고 있다. 그러나 대부분의 수련장에서는 심신의 조화로운 단련을 주장하면서도 수련생에게 그 원리나 구체적인 이론적 배경은 물론이거니와 실질적인 호흡의 방법조차도 설명하지 못하고 있는 것이 현실이다.

이에 대한 가장 큰 이유는 각 무도의 개념정립에 있어서 단전호흡의 중요성을 간과한 점이었고, 이와 함께 형식적 · 상투적 수련이 오랜 기간 동안 지배적이었다고 해도 과언이 아닐 것이다. 따라서 각 수련장의 관장 또는 지도사범이 정확한 명상 또는 단전호흡을 지도하기에는 역부족일 수밖에 없다.

이러한 면에서 이 서적에서는 기초적이면서도 꼭 필요한 이론적 배경을 제시함으로써 단전호흡의 이해도를 높이고 쉽게 익힐 수 있도록 하여 무도의 정신적인 측면에 가까이 다가갈 수 있도록 하였다.

제1절 기(氣)란 무엇인가?

1. 기(氣)란 무엇인가?

중국 상고시대(上古時代) 전설적인 제왕으로 알려진 헌원황제(軒轅黃帝) 때의 창힐(蒼頡)이라는 사람에 의하여 창제되었다고 알려진 한자(漢字)에서 기(氣)

의 어원을 찾아보도록 하겠다. 중국의 언어학자 우성오(于省吾)는 '기(气)'라는 글자가 은대(殷代) 갑골문자의 [三]에서 유래하였다고 보았다.

산둥(山東)대학교 고고미술학연구소는 갑골문자 이전에 다른 형태의 골각(骨角)문자가 산둥성 창러(昌樂)현 지역에 존재했다고 주장하였는데, 이는 갑골문자보다 무려 1천 년 이상 오래된 것이라고 하였다.

출처: 중앙일보. 2008.10.22. 기사검색 2021.01.04.

왼쪽이 골각문자이고 오른쪽이 갑골문자이다.

기(气)는 세 가지 의미가 있는데, 첫째, 걸구(乞求)로서 '무엇을 바라다', '구하다'의 뜻이고 있고, 둘째, 흘지(汔至)로서 '거의 이르다', '다다르다'의 의미이며, 셋째, 흘종(訖終)으로서 '마침내 다다르다', '마침내 끝을 이루다'의 뜻을 담고 있다.[1] 따라서 갑골문자의 [三]이 기(气)로 해석되는 것에는 무리가 있다고 하겠다.

후대로 가서 청동기시대인 서주(西周)시대 금문(金文)[2]에서는 춘추전국(春秋戰國) 초기의 행기옥패명(行氣玉佩銘)[3] 45자 중 행기(行氣 [illegible])라는 문구에서 그 어원을 찾을 수 있는데, 행기란 인체 안에서 기를 운행(運行)하는 것을 말하며 오늘날의 양생법(養生法)에서 주장하는 운기(運氣)를 나타낸다고 하겠다.

금문의 45자에 대한 전체적인 내용은 도인법(導引法)의 과정이며, 양생법(養生法)을 설명한 것이다.

"行氣 深則蓄 蓄則伸 伸則下 下則定 定則固 固則萌 萌則長 長則退 退則天 天幾春在上 地幾春在下 順則生 逆則死"

---

1) 마루야마 도시아끼. 박희준 역. (1989). 氣란 무엇인가. 정신세계사.
2) 구리 그릇이나 청동기 그릇 등에 주조되거나 새겨진 문자를 말한다. 일반적으로 서주금문(西周金文)이라고 한다.
3) 춘추전국시대 도인(導引) 양생(養生) 방법으로서 십면체 원기둥으로 만든 옥에 45자가 새겨져 있다.

"행기(行氣)가 깊어지면 축적되고 이어 아래로 뻗어나가서 단단하게 자리를 잡게 된다. 이것이 다시 싹이 자라듯 성장하고 뒤로 돌아서 위로 향하게 된다. 하늘의 이치는 위로 올라가서 있으며, 땅의 이치는 아래로 내려가서 있으니 그 운행이 순(順)하면 생(生)하고 역(逆)하면 사(死)하게 된다"

근래에 사용되는 기(氣)는 기(气)와 미(米)의 합성어로서 육체와 정신의 조화와 통일을 의미한다고 하겠다. 육체와 정신, 그리고 그 둘과의 관계성을 나타내는 정(精), 신(神), 기(氣)에서 의미를 찾을 수 있다. 기의 수련은 육체의 건강이 뒷받침되지 않으면 매우 어려운 일이며, 이 건강한 육체는 곡기(穀氣)라고 일컬어지는 음식물을 통하여 기본적인 유지가 이루어져야 함이 필수적이다. 따라서 기(氣)는 음식물인 미(米)를 바탕으로 충만하게 된다는 것을 의미한다.

이를 다른 관점에서 본다면, 정충기장신명(精充氣張神明)으로서 하단전의 정(精)이 충만하면, 중단전의 기(氣)가 장(張)해지고, 기가 장해지면 상단전의 신(神)이 밝아진다는 원리와 일맥상통(一脈相通)한다고 하겠다.[4)]

氣의 개념을 한마디로 이야기하기는 쉽지 않으므로 다른 나라와의 비교를 통하여 살펴보기로 한다. 중국에서는 氣를 생명의 근원으로 여기고 순수하고 정제된 氣가 인체 내에서 끊임없이 순환함으로써 생명을 유지시키고 더 나아가 그 기능을 강화시킨다고 생각하였다. 인간은 자연계의 일부로서, 생성하고 변화하고 소멸하는 것도 결국은 氣의 동정(動靜)에 의하여 나타나는 결과로 보았다. 따라서 자연의 일부인 인체도 하나의 氣가 어떤 곳에서 어떤 시기에 집합하여 만들어진 하나의 물질로 이루어져 있으며, 이 물질의 생명활동은 오로지 氣의 작용으로만 설명이 가능하다고 하였다.

초기에는 이러한 기일원론적(氣一元論的) 세계관에서 차츰 자연의 순행과 氣를 분리하여 생각하였고, 氣의 변화를 가져오는 더 근본적인 원리로서 자연의 이치(理)를 중시하여 이기이원론(理氣二元論)을 전개하게 되었다. 이러한 이기철학(理氣哲學)은 우리나라의 이황, 이이 선인들을 거쳐 일본으로 전파되었다.

---

4) 조기제. (2017). 국학기공의 평화적 의의. 평화학논총, 7(1), 140-165.

출처: 중국 백도(百度) 백과사전

중국에서는 氣를 실체적인 것으로 침술의 경락(經絡)인 氣의 통로로 확실하게 인식하였던 것에 반하여 일본에서는 氣를 무형(無形)으로서 정신적인 측면에 초점을 두었으나 그 존재에 대해서는 분명히 인식하고 있었다. 특히 무술의 승부에서 상대방으로부터 뿜어져 나오는 살기(殺氣)라는 어떤 기운을 생생하게 전달받았기 때문이다. 그러나 마음과 氣는 동일하게 여기지는 않았다. "마음은 안을 향하여 닫혀 있는 것이지만, 氣는 밖을 향하여 눈에 보이지 않는 촉수(觸手)처럼 움직인다."라고 단적으로 표현하였다.

우리나라에서는 氣와 理가 두 개이면서도 하나이다. 즉 조화로운 통합을 추구한다. 먼저 理에 대하여 살펴보면 생로병사(生老病死), 생성사멸(生成死滅)의 이치가 담겨져 있는데, 이는 자연의 법칙으로서 우주의 질서 아래 생명의 탄생과 소멸이 끊임없이 이어지고 있음을 뜻하는 것이다.[5)]

氣의 수련이라는 것은 마음을 닦고(彫心), 신체를 온전히 가꾸며(調身), 우주의 기운을 받아들이는 호흡(調息)과의 삼위일체를 말하며 이의 실천을 중시한다. 理에는 자연의 법리(法理)가 있고 氣에는 인간의 생리(生理)와 윤리(倫理)가 있다. 결국 인간은 천리(天理)와 생리(生理), 그리고 윤리(倫理)를 조화롭게 가꾸고 지키는 것을 삶의 목표로 하여야 한다.

5) 김성환. (2004). 덕당 국선도 단전호흡법. 도서출판 덕당.

2. 일상에서 氣의 활용

1) 언어적 활용

언어의 사용에 있어서 한자 氣자는 단독으로 사용되는 경우가 거의 없었고 대부분 다른 글자에 붙여서 사용되었다. 천기(天氣), 지기(地氣), 한기(寒氣), 혈기(血氣), 정기(精氣), 용기(勇氣), 사기(邪氣), 축기(縮氣), 오기(傲氣), 분기(憤氣) 등 수없이 많다. 우리말에서도 기(氣)의 사용이 여전히 통용되고 있으며, 기차다, 기가 차다, 기운이 넘치다, 기합을 넣다, 기백이 넘치다, 기절하다 등 일상생활에서 여전히 가까이 사용되고 있다.

2) 氣와 건강

인체 내의 혈액은 심장을 중심으로 하는 순환기 계통의 작용에 의하여 정체하지 않고 항상 흐르게 되어 있다. 氣도 마찬가지로 눈에 보이지는 않지만 신체를 원활하게 순환하고 있다. 그러나 과로를 하거나 스트레스를 비롯한 여러 가지 원인으로 신체의 상태가 나빠지면 기혈이 정체되어 관절이나 오장 육부 내장기관이 다시 손상되는 악순환이 나타난다. 따라서 氣가 잘 순환이 되도록 하면 병에 저항력이 생겨서 쉽게 걸리지 않을 뿐 아니라 설사 문제가 생겨도 빠르게 회복할 수 있게 된다.[6]

3) 아침의 기운이 하루를 좌우한다.

아침 시간대에 대중교통을 이용하면 다양한 표정을 하고 있는 사람들을 보게 된다. 그 표정은 개인적 성품 또는 각자의 생활에 따라 수많은 이유가 있을 것이다. 그중에서 남달리 신선하고 기력이 넘치는 분위기를 풍기는 사람은 그를 보는 사람에게도 정서전염(emotional contagion)이 발생하여 긍정적인 에너지를 발생시킬 수 있다.[7] 세계적인 재계의 거물들도 아침의 기운을

---

6) 하야시마 마사오. 김종오 역. (1994). 기의 도인술. 정신세계사.

7) 김선정, 김태용. (2012). SNS 콘텐츠의 감성이 사용자의 감정상태에 미치는 영향: 페이스북 뉴스피드를 중심으로. 사이버커뮤니케이션학보, 29(1), 5-47.

중요시하여 氣를 모으는 여러 가지 방법을 시도하고 있다. 봄의 계절에 서있는 젊은 청춘들이 때로는 밤잠을 설쳐가며 학업에 열중하는 경우는 장려해야 하지만, 간혹 음주 등으로 다음 날 아침의 기운을 자주 망치는 우(愚)를 범하지 말아야 하겠다.

4) 감정의 조절로 내장기관을 건강하게 다스린다.

동양의학에 의하면 심리작용의 상태에 따라 오장육부의 활동에 영향을 미치게 되는데, 이는 칠정(七情)인 희노애락애오욕(喜怒哀樂愛惡欲) 또는 희노우사비경공(喜怒憂思悲驚恐)과 같은 개별적 감정의 상태는 연결되어 있는 각각의 장기(臟器)에 긍정적 또는 부정적 영향을 미친다는 것이다.[8] 이를 구체적으로 나타내면 기쁨은 신장, 성냄은 간장, 우울은 심장, 슬픔은 허파, 웃음은 관절, 공포는 비장, 놀람은 위장과 연결되어 있어서 감정이 너무 격해지면 각 연결 장기에 부정적 영향을 미치게 되며, 반대로 장기에 문제가 생기면 그것과 연결되는 감정에 이상현상이 나타나게 된다. 따라서 감정의 발산에 이상이 있다고 판단되면 가능한 빠른 시간에 연결되는 장기의 건강을 체크해보아야 한다.[9]

3. 입의 모양과 소리로 氣의 흐름을 고르게 하는 방법

국선도 등의 수련단체에서는 인체의 장기에 쌓여 있는 사기(邪氣)를 몰아내고 기혈(氣血)의 유통을 활성하시켜 각 장기의 고유한 기능을 최대한 높이도록 하는 방법을 연마하고 있다. 이를 행하는 숫자에 따라 오기법(五氣法) 또는 육기법(六氣法)이라고 하는데, 이 서적에서는 일본 하야시마 마사오가 개발한 양생술의 하나인 육기법을 설명하겠다.

기본원리는 발성(發聲)과 신체의 자세, 그리고 목표로 하는 장기에 의식을 집중하는 3요소가 일치될 때 그 효과가 극대화된다는 것이다. 발성에 있어

8) 주재백. (2005). 기수련 입문을 위한 기초 (심리편). News & Information for Chemical Engineers, 23(1), 80-83.

9) 하야시마 마사오. 김종오 역. (1994). 기의 도인술. 정신세계사.

서는 한자음의 중국식 발음을 반드시 따라야 한다. 숨을 코로 하복부 단전까지 깊게 들이쉰 다음에 가벼운 소리를 내면서 내쉰다.

오장(五臟)과 담낭(膽囊)에 영향을 주는 소리는 다음과 같다. 간장(肝臟은 쉬(噓: 불 허, shì), 심장(心臟)은 아(阿: 언덕 아, ā), 비장(脾臟)은 후(呼: 부를 呼, hù), 폐장(肺臟)은 시(泗: 물이름 사, sì), 신장(腎臟)은 취(吹: 불 취, chì), 담낭(膽囊)은 히(嘻: 웃을 희, xì)라고 한다.

1) 간장의 기능을 강화시킨다. --- 쉬(噓, shì)

간장은 일상생활에서 오는 부정적 영향을 가장 쉽게 받는 취약한 장기이다. 간장의 기능이 떨어지면 얼굴색은 푸른, 노란, 또는 검은색이 나타난다.

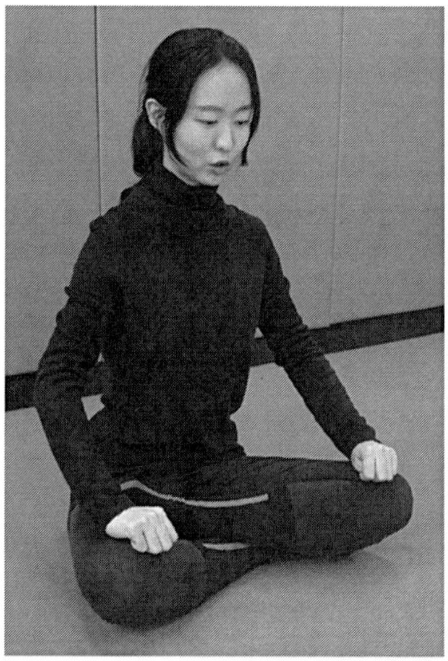

① 가부좌(반가부좌) 자세로 앉는다.
② 두 손은 엄지손가락을 안으로 하여 가볍게 주먹을 쥔 다음 무릎 위에 올려놓는다.
③ 가볍게 심호흡을 하면서 숨을 깊게 내쉰다.
④ 눈은 정면을 응시하고 코로 단전 부위까지 깊게 마신다.
⑤ 숨이 차기 직전에 입으로 shì~ 하면서 천천히 내쉰다.
⑥ 6~9회 반복한다.

2) 심장의 기능을 강화시킨다. --- 아(阿, ā)

심장에 열이 많을 때는 얼굴에 붉은색을 띠게 된다.

① 가부좌(반가부좌) 자세로 앉는다.
② 두 손은 엄지손가락을 안으로 하여 가볍게 주먹을 쥔 다음 무릎 위에 올려놓는다.
③ 가볍게 심호흡을 하면서 숨을 깊게 내쉰다.

④ 두 손을 깍지 끼어서 머리 위에 올려놓는다.

⑤ 눈은 정면을 응시하고 코로 단전 부위까지 깊게 마신다.

⑥ 숨이 차기 직전에 입으로 ā~ 하면서 천천히 내쉰다.

⑦ 3회 반복한다.

3) 비장의 기능을 강화시킨다. --- 후(呼, hù)

비장의 기능이 나쁠 경우에는 얼굴에 노란색이 나타난다. 배가 자주 더부룩하고 팔다리에 힘이 없다.

① 가부좌(반가부좌) 자세로 앉는다.

② 두 손은 엄지손가락을 안으로 하여 가볍게 주먹을 쥔 다음 무릎 위에 올려놓는다.

③ 가볍게 심호흡을 하면서 숨을 깊게 내쉰다.

④ 눈은 정면을 응시하고 코로 단전 부위까지 깊게 마신다.

⑤ 숨이 차기 직전에 입으로 hù~ 하면서 천천히 내쉰다.

⑥ 6~9회 반복한다.

4) 폐의 기능을 강화시킨다. --- 시(泗, sì)

폐의 기능이 튼실하여야 바이러스 등의 침입에 잘 대처할 수 있다.

이와 이 사이로 바람이 지나가는 것처럼 폐에 가득찬 공기를 밀어내는 것처럼 한다.

① 무릎을 꿇고 앉는다.

② 두 손은 엄지손가락을 안으로 하여 가볍게 주먹을 쥔 다음 무릎 위에 올려놓는다.

③ 가볍게 심호흡을 하고,

④ 눈은 정면을 응시하면서 코로 단전 부위까지 깊게 마신다.

⑤ 숨이 차기 직전에 이빨 사이로 sì~ 하면서 천천히 내쉰다.

⑥ 6~9회 반복한다.

5) 신장의 기능을 강화시킨다. --- 취(吹 chì)

신장의 기능이 저하되면 얼굴은 검은 빛을 띠게 된다.

앞에 벽이 있다고 생각하고 거기에 숨을 뿜어내는 느낌으로 한다.

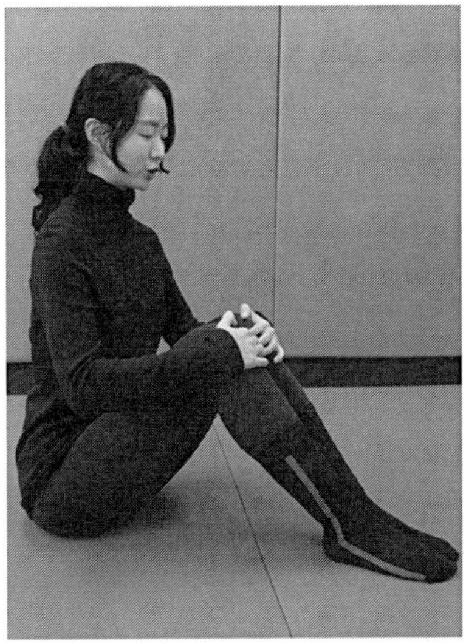

① 두 다리를 펴고 앉는다.
② 가볍게 심호흡을 하면서 숨을 깊게 내쉰다.
③ 두 무릎을 굽히고 손으로 무릎을 끌어안듯이 감싼다.
④ 코로 단전 부위까지 깊게 마신다.
⑤ 숨이 차기 직전에 입으로 chì~ 하면서 내쉰다.
⑥ 6~9회 반복한다.

6) 담장의 기능을 강화시킨다. --- 히(嘻: 웃을 희, xi)

육부(六腑)에 속하면서도 오장(五臟)과 같은 취급을 받는다.

담장의 기능이 원활하면 간장의 기능도 왕성해진다.

웃음을 터트리는 기분으로 한다.

① 얼굴을 왼쪽으로 돌리고 엎드린다.
② 두 손은 엄지손가락을 안으로 하여 가볍게 주먹을 쥐고 다리 바깥에 붙여 놓는다.

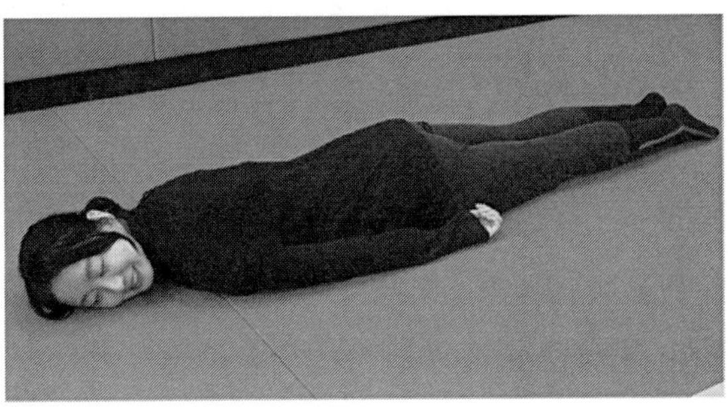

③ 이 상태에서 숨을 내쉰다.
④ 코로 단전 부위까지 깊게 마신다.
⑤ 숨이 차기 직전에 입으로 xì~ 하면서 내쉰다.
⑥ 6~9회 반복한다.

제2절 단전호흡의 원리와 종류

1. 왜 호흡(呼吸)인가?

음양사상(陰陽思想)은 동양사상의 근본이라고 할 수 있는데 그중에서 우리나라는 가장 심도있게 발달하여 왔으며 오행과 함께 조화와 통일을 강조하는 태극사상(太極思想)으로서 한국문화의 사상적 기반을 이루고 있다고 하겠다.10)

호흡(呼吸, respiration)은 생리학적 의미에서 생물이 호흡기관을 통하여 외부 환경으로부터 산소를 공급하고 세포에 있는 이산화탄소를 배출하는 과정을 말한다. 한자어인 호흡(呼吸)을 나누어 살펴보면, 양(陽)으로서 날숨인 호(呼)가 먼저이고 음(陰)으로서 들숨인 흡(吸)이 나중이다. 그러나 이와 반대로 우리나라 말의 표현에서는 음인 들숨이 먼저이고 양인 날숨이 따르게 된다. '들락날락', '들쑥날쑥', '들쭉날쭉' 등을 오늘날에도 자연스럽게 사용하고 있다.

이러한 측면에서 볼 때 우리나라 언어의 표현은 양음(陽陰)이 아닌 음양(陰陽)이 주된 사상이라고 할 수 있다. 즉, 음(陰)이 이끌고 양(陽)이 따라간다. 부창부수(夫唱婦隨)라고 하는 것은 남성우월주의에 입각한 남녀관계의 소통방식에서 나타난 단편적 문화의 산물이다.11)

일상생활에서 사용하는 '안팎', '물불', '흑백', '밤낮', '좌우', '강산' 등은 대표

10) 황경숙. (2002). 한국 전통춤에 내재된 사상과 의미. 움직임의 철학: 한국체육철학회지, 10(1), 289-310.
11) 김현철, 권성호. (2014). 소통의 대칭성과 비대칭성: 부창부수 (夫唱婦隨) 의 남녀관계 분석을 중심으로. 학습과학연구, 8(1), 175-200.

적인 음선양후(陰先陽後)의 표현들이다. 한자어로는 남녀(男女)라고 하지만 순수한 우리나라 말에는 여남(연놈)으로 나타난다.[12)]

이와 같이 호흡에서도 한자어 중심이 아닌 순수한 우리나라의 태극사상(太極思想)을 기반으로 음이 선(先)하고 (들숨이 이끌고) 양이 후(後)한다(날숨이 따라간다)는 기본개념을 가져야 하겠다.

2. 단전호흡의 원리

1) 단전(丹田)의 위치와 단전호흡

단전은 丹의 田, 즉 단이 일구어지는 밭이라는 의미이다. 따라서 넓은 밭을 인위적인 호흡을 통하여 비옥하게 잘 가꾸는 것이 단전호흡이다. 단의 밭은 넓은 영역을 가지고 있으므로 어느 한 지점이나 침술에서 말하는 하나의 혈(穴)자리만을 가리키는 것이 아니다.

단전의 위치는 상·중·하 세 개가 있는데, 그냥 단전이라고 하면 보통 하단전을 의미한다. 丹 또는 丹田은 관념적인 것이므로 신체의 장기나 기관처럼 해부학적으로 관찰될 수는 없다. 그러나 수련을 오래 정성껏 하다 보면 개인의 신체의 특성과 단전호흡 방법에 따라 위치가 변하게 된다.

상·중·하 세 개의 단전 가운데 가장 근원적이며 먼저 자리를 잡아야 되는 곳이 하단전이다. 하단전의 위치는 기해(氣海: 기가 바다처럼 모인다는 의미), 석문(石門: 기가 드나드는 자리), 관원(關元: 선천적인 기운을 간직하는 오묘한 문), 또는 회음(會陰: 전신 에너지 저장창고이면서 기 순환의 시발점) 혈자리를 말한다. 그러나 초보자들은 배꼽으로부터 3~4손가락 아래인 기해혈을 하단전으로 잡고 수련을 시작하는 것이 가장 무난하다. 중단전은 가슴의 단중(단중) 혈자리를 말하고, 상단전은 인당(印堂) 혈자리를 말한다. 차크라(chakra)의 위치로 비교하여 볼 때, 하단전은 제1 차크라 또는 제2 차크라, 중단전은 제4 차크라, 상단전은 제6 차크라와 유사하다.

---

12) 청산선사. (1993). 국선도. 도서출판국선도. 84-86.

단전호흡을 시작하는 사람은 반드시 하단전을 중심으로 꾸준히 축기(縮氣)하여야 하고, 이것이 어느 정도 안정된 후에야 중단전 상단전으로 이동할 수 있음을 잊지 말아야 한다.

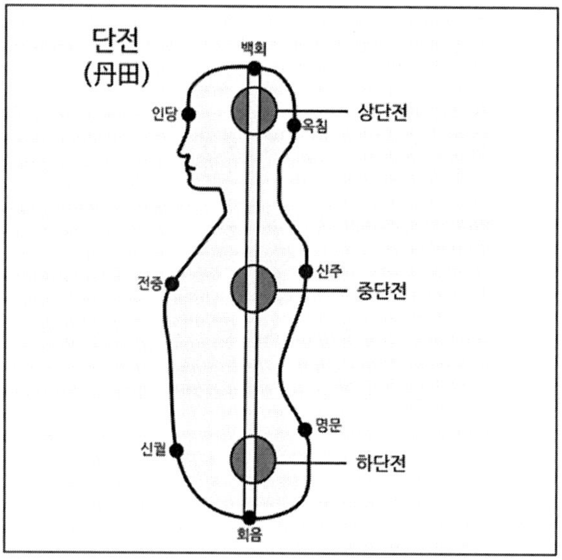

▲ 丹田의 위치

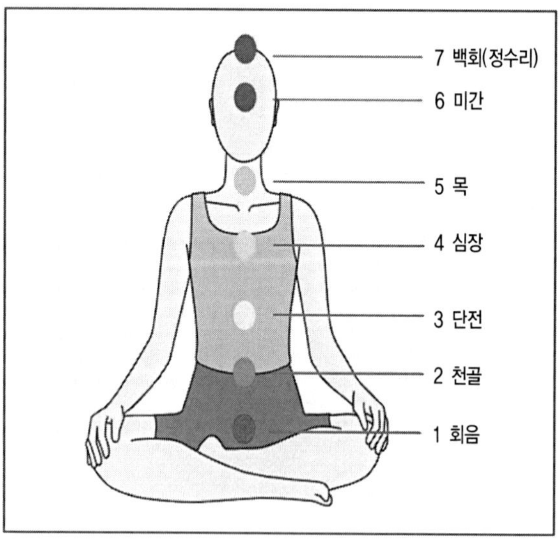

▲ Chakra 위치

2) 단전호흡의 원리

단전호흡은 하늘과 땅, 그리고 그 사이에 있는 기운을 관념적 믿음을 가지고 인위적(작위적) 호흡을 통하여 氣의 자리를 충실히 가꾸는 것이다. 그러나 단전을 효과적으로 단련하고 축기(縮氣)의 목적을 달성하기 위해서는 오로지 호흡만으로 이루어질 수는 없다.

음식물의 섭취를 통하여 가꾸어진 지기(地氣)의 바탕 즉, 건물의 기초가 튼튼하게 자리를 잡아야 하듯 곡기(穀氣)로 이루어진 정(精)이 충만해지면 비로소 氣의 활동도 왕성하게 된다. 단전호흡만을 중시하고 신체를 건강하게 가꾸고 유지하는 것을 소홀하게 할 경우에는 사상누각(沙上樓閣)과 같은 결과를 가져온다.

따라서 단전호흡을 하기로 작심한 때부터 음주 등으로 신체를 과도하게 혹사시키거나 음식물을 지나치게 탐하는 것은 삼가야 하겠다.

우주에 거대한 에너지가 있다는 논리는 영국의 물리학자 David Joseph Bohm(1917~1992)의 이론을 근간(根幹)으로 삼을 수 있다. 그는 홀로그램 우주 가설(Holographic Space Hypothesis)을 통하여 "우주는 에너지의 큰 바다이며, 만물(萬物)이나 만상(萬象)은 그 큰 바다에 일어나는 잔물결(일부분)과 같다."고 하였다.[13)]

단전호흡은 1인칭 호흡이며 가까운 곳에 다른 사람이나 동물 또는 나무, 강, 바위 등과 교감하지 않는다. 타인과 함께 수련한다는 것은 서로 간에 수련의지를 불태우고 격려하기 위함이다.

결국 단전호흡의 원리란 정(精)을 충만하게 하고 기(氣)를 장(張)하게 함으로써 신(神)을 밝고 깨끗하게 하는 것이라고 할 수 있다.

3. 단전호흡의 종류와 수련내용

단전호흡은 하나의 방법만 있는 것이 아니라 과거로부터 문서 형태나 구

13) 오태석. (2017). 데이비드 봄 양자론의 인문학적 검토. 한국중어중문학회 학술대회 자료집, 22-26.

전으로 유래한 여러 종류가 있고, 오늘날 각종 수련단체에서 그 원리나 근거를 내세우며 다양한 호흡방법을 주장하고 있다.

이들을 종합하여 다시 분류해보면 세 가지로 압축된다.

첫째, 편안한 호흡을 하는 상태에서 의식적 작용을 통하여 신체를 자각하게 하는 방법이다. 정신건강과의 연관성을 강조하며 수련의 정도 및 수준에 따라 고차원적인 내용을 담고 있다.

1) Meditation

① 특별한 자세가 없다. 일상생활 가운데 장소에 관계없이 마음의 준비가 되면 언제든 가능하다.

② 자신의 신체를 돌아보며 알아차리고, 자신의 공간을 둘러보며 알아차리고, 사신의 삶을 돌아보며 알아차리는 훈련을 한다.

③ '알아차림(aeareness)'과 '의식(consciousness)'이 점차 구별된다.

④ '알아차림'은 '의식'을 확장시킨다.

⑤ 존재의 여부조차도 자각하지 않는다.[14)]

▲ 명상 자세

14) Peter Wilberg. (2010). Meditation and Mental Health. an introductioin to Awareness based Cognitive Therapy. New Yoga Publication.

둘째, 지식(止息) 즉, 호흡을 들이마신 상태에서 일정 시간을 멈추었다가 다시 내쉬는 것을 반복하는 방법으로 어느 정도의 수련단계가 되면 하단전에 축기된 기운을 임맥(任脈)과 독맥(督脈)의 통로를 따라 인위적으로 돌리는 수련을 한다.

2) 흡지호지(吸止呼止) 또는 흡지호(吸止呼)

① 본격적 단전호흡인 조식(調息)을 위한 전단계로 조신법(調身)[15]을 실시한다.

② 조식(調息, 단전호흡)을 반복적으로 수행한다.

②-1: 초보자는 하복부에 호흡을 내리는 훈련을 한다.

②-2: 존재한다고 믿고 있는 무한한 기 에너지를 단전에 모으는 훈련을 한다.

②-3: 수련 기간 또는 수준에 따라 '들숨－멈춤－날숨－멈춤'을 반복한다.

②-4: 수련기간 또는 수준에 따라 '들숨－멈춤－날숨'을 반복하되, 하복부에서 기를 인위적으로 돌린다.

②-5: 때에 따라 임독맥(任督脈)을 인위적으로 돌리는 훈련을 한다.

▲ 국선도 조식(調息)수련 자세

③ 단전호흡이 종료되면 다시 조신법(정리운동)을 시행한다.[16]

15) 조신법의 원리: 손끝 또는 발끝 즉, 심장에서 먼 부위부터 점차 심장 가까이로 자극을 준다. 평상시 생활에서 자주 사용하지 않는 신체부위를 굴신(屈身) 동작을 통하여 자극한다.

16) 김성환. (2004). 덕당 국선도 단전호흡법. 도서출판 덕당.

이 단계의 수련이 완성되면 다음으로 진기단법(眞氣丹法), 삼합단법(三合丹法), 조리단법(造理丹法)의 높은 과정이 있다.17)

셋째, 지식(止息)이 없는 자연호흡을 강조하는 방법이다. 들숨과 날숨의 호흡 자체에 의식을 집중하는 방법으로 부작용이 거의 없고 혼자서 수련하기에 적합하다. 다음은 각 수련방법 중 초보자들에게 제시하고 있는 방법을 기술하였다.

3) 자연스러운 들숨과 날숨

북창(北窓) 정렴(鄭磏)선생이 지은 것으로 알려진 호흡방법 중에서 폐기(閉氣)를 폐식(閉息) 즉, 지식(止息)으로 보지 않고 기운을 머무르게 하는 유기(留氣)로 주장한다.

▲ 백두산 천지에서 천제(天祭)를 봉행한 후의 봉우(鳳宇) 권태훈 옹(翁)

① 조용한 장소에 단정히 앉아 무타념무타상(無他念無他想)한다.

② 천천히 숨을 들이쉬어 가슴과 폐에 가득 채우고 다시 천천히 숨을 내쉰다(약간의 여유를 두고).

③ 천천히 계속 호흡하면서 들이쉬는 시간과 내쉬는 시간을 같게 한다.

④ 여러 차례 반복하면 자연스럽게 호흡시간이 길어진다.

⑤ 하복부에 기운이 가득차면 조금씩 왼쪽으로 밀려간다.

⑥ 왼쪽으로 밀려간 것이 위로 올라가 명치에 이르게 된다.

⑦ 오른쪽 아래로 내려가면서 호흡길이도 점점 길어진다.

⑧ 수련의 깊이에 따라 전신에 기운을 보낼 수 있다.18)

17) 청산선사. (1994). 국선도 3. 도서출판 국선도.

4. 단전호흡의 효과

1) 명상을 통한 효과

명상의 방법에는 인도의 요기선생이 편찬한 요가 경전을 바탕으로 수행하는 요가 명상법, 종교적 의미의 불교 명상법, 현대의 초월명상, 마음챙김명상 등 다양한 종류가 있다. 그러나 이러한 다소간의 수련방법의 차이에도 불구하고 다음과 같은 연구결과에 의하면 유사한 효과를 가지는 것으로 나타났다. 대표적으로 심리적 건강 향상, 우울의 감소, 자기연민의 향상,[19)20)] 스트레스 관련 질병 치료 효과,[21)22)] 자기효능감 또는 자아존중감 향상,[23)24)] 집중력 강화[25)26)] 등의 효과에 관한 수많은 연구가 진행되었으며, 이 외에도 인지기능 향상, 경기력 향상, 약물중독 치료, 습관교정, 면역기능 강화 등의 효과가 있는 것으로 알려져 있다.

2) 지식호흡을 통한 효과

지식(止息)호흡에 관한 연구는 명상에 관한 연구보다는 적었으나 효과의 내용을 보면 고령자들을 대상으로 하였을 경우에는 신체적 능력향상에 관한 것이 많았고, 청소년을 대상으로 한 경우에는 정신건강과 관련한 연구가 많

---

18) 권태훈. (1990). 봉우수단기(鳳宇修丹記). 한국단학회 연정원.
19) 김완석, 신강현, 김경일. (2014). 자비명상과 마음챙김명상의 효과비교: 공통점과 차이점. 한국심리학회지: 건강, 19(2), 509-535.
20) 박성현, 성승연, 미산. (2016). 자애명상의 심리적 과정 및 효과에 관한 혼합연구: 자애미소명상수행집단을 대상으로. 한국심리학회지: 상담 및 심리치료, 28(2), 395-424.
21) 장현갑. (2004). 스트레스 관련 질병 치료에 대한 명상의 적용. 한국심리학회지: 건강, 9(2), 471-492.
22) 왕인순, 조옥경. (2011). 자애명상이 자기자비, 마음챙김, 자아존중감, 정서 및 스트레스에 미치는 효과. 한국심리학회지: 건강, 16(4), 675-690.
23) 염영란, 최금봉. (2013). 마음챙김 명상프로그램이 간호대학생의 스트레스 지각, 우울 및 자아효능감에 미치는 효과. 동서간호학연구지, 19(2), 104-113.
24) 김미한. (2012). 명상 캠프 프로그램이 아동 및 청소년의 우울, 불안, 자아존중감에 미치는 효과 비교. 한국콘텐츠학회논문지, 12(4), 338-348.
25) 이종현, 김향숙. (2018). 마음챙김 명상 프로그램이 우울한 대학생의 주의통제, 탈중심화, 반추 및 우울 증상에 미치는 효과. 한국심리학회지: 상담 및 심리치료, 30(4), 1035-1066.
26) 엄지원, 김정모. (2013). 마음챙김 명상에 기초한 인지치료(MBCT)가 고등학생의 주의집중력과 우울 및 불안 감소에 미치는 효과. 청소년학연구, 20(3), 159-185.

았다. 대표적으로 살펴보면 신체적 운동효과 향상,[27][28][29] 후경부 통증 완화,[30] 정신건강,[31] 우울 및 불안 감소, 자아존중감 향상,[32][33] 분노조절 및 공격성 감소 효과[34] 등이 있으며 이 외에도 산소섭취량이 증가하고, 혈액 순환 활동 증가, 두뇌기능 증가, 내장기능 운동 촉진, 신경계통의 질병 예방효과 등이 있는 것으로 알려져 있다.[35]

3) 입출식 자연호흡의 효과

지식(止息)이 없는 입출식(入出式) 단전호흡의 수련효과 역시 위의 명상이나 지식 호흡과 같이 유사한 연구결과가 나타났다. 정신건강 효과,[36][37] 심리건강효과,[38][39] 우울 및 불안감소 효과[40][41] 등이 있으며, 이 외에도 학습능력

27) 이광호, 이승범, 원영신. (2004). 사회체육학: 국선도 단전호흡 수련의 운동효과에 관한 연구(60세 이상 성인병이 있는 고령자를 대상으로). 한국체육학회지-인문사회과학, 43(5), 635-645.
28) 고광균. (2001). 국민 건강을 위한 국선도 수련. 한국정신과학회 학술대회논문집, 15, 174-177.
29) 조상우. (2010). 국선도 수련이 중년 여성의 신체구성, 혈액성분, 체력에 미치는 영향. 운동과학, 19(4), 401-412.
30) 노성원. (2013). 후경부통을 가진 컴퓨터 작업자에서의 국선도의 효과(Doctoral dissertation, 한양대학교).
31) 김달기. (2009). 국선도 수련이 대학생의 정신건강에 미치는 효과. 상담평가연구, 2, 1-16.
32) 김미한. (2012). 명상 캠프 프로그램이 아동 및 청소년의 우울, 불안, 자아존중감에 미치는 효과 비교. 한국콘텐츠학회논문지, 12(4), 338-348.
33) 김홍석. (2006). 명상, 요가 및 국선도 수련 참가 청소년의 자아효능감과 학교생활적응과의 관계. 한국체육과학회지, 15(4), 213-226.
34) 이경희. (2004). 국선도 단전호흡 수련을 통한 집단 상담이 중학생의 분노와 공격성 감소에 미치는 효과. 미간행 석사학위 논문, 동아대학교 교육대학원.
35) 김성환. (2004). 덕당 국선도 단전호흡법. 이론과 실제(초급편). 도서출판 덕당.
36) 박진성, 조춘호. (2000). 단전호흡 수련과 스포츠활동이 청소년의 정신건강에 미치는 효과. 한국사회체육학회지, 14, 155-165.
37) 현경선. (2001). 중년여성의 건강증진을 위한 단전호흡 운동프로그램의 적용 효과. 성인간호학회지, 13(3), 373-384.
38) 현경선. (2002). 단전호흡 운동프로그램이 중년여성의 폐기능과 심리건강에 미치는 효과. Journal of Korean Academy of Nursing, 32(4), 459-469.
39) 정진근, 김정완. (2001). 스포츠심리학: 단전호흡수련이 심리적 요인에 미치는 효과. 한국체육학회지-인문사회과학, 40(4), 219-228.
40) 김경원. (2011). 단전호흡 중재가 중년 여성의 체력과 인지기능 및 우울증상에 미치는 효과. 동서간호학연구지, 17(1), 24-30.
41) 정미현. (2012). 단전호흡이 혈액투석환자의 우울, 불안 및 피로에 미치는 효과. 한국콘텐츠학회논문지, 12(4), 292-303.

향상, 집중력 향상, 기억력 향상, 사고력 및 창의력과 직관력 향상 등이 있다고 주장한다.[42]

4) 단전호흡 후 혈액의 변화

단전호흡을 규칙적으로 꾸준히 행하게 되면 생리학적 측면에서 긍정적 변화가 나타난다. 물론 규칙적이고 반복적인 유산소 트레이닝의 효과로서 혈중 지질 및 지단백 콜레스테롤을 변화시키는데, 이는 HDL-C를 증가시키고, LDL-C는 감소시킴으로써 관상동맥질환(CHD)[43]의 위험성을 낮추게 된다.[44]

그러나 유산소 트레이닝이 아닌 단전호흡 수련을 이후에도 혈관의 건강에 매우 유용한 효과가 나타난다는 것을 알 수 있다. 다음은 주당 4회(1일 60분) 총 12주 동안 단전호흡을 실시한 이후의 변화를 수련하기 전과 비교한 것이다.[45]

Glucose는 포도당으로 불리며, 세포기능에 필요한 에너지의 원천으로서 대사조절작용을 한다.

그러나 과할 경우에는 인슐린의 분비를 자극하고 혈관질환을 유발하고 암의 발생을 높이는 등 인체에 부정적 역할을 한다.[46]

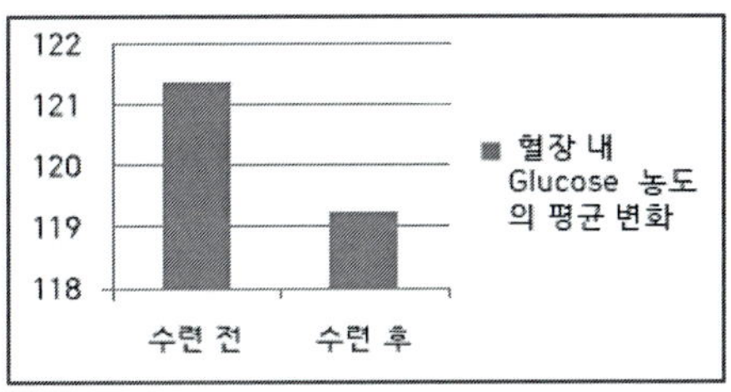

▲ 혈장 내 Glucose 농도의 평균 변화

---

42) 한국단학회 연정원. 2021.01.08. 검색

43) 관상동맥에 동맥경화증으로 인하여 협착이 발생하고 이에 혈류공급에 장애가 생기는 병변을 말한다.

44) HDL-C(High Density Lipoprotein-Cholesterol): 혈장의 HDL(고밀도 지질단백질)에 함유된 콜레스테롤의 농도를 말하며 동맥경화(arteriosclerosis)를 방지하는 역할을 한다. 즉, 혈관벽 및 세포로부터 콜레스테롤을 간으로 운송하여 과다 공급된 콜레스테롤을 제거한다. LDL-C(Low Density Lipoprotein-Cholesterol): 혈중 LDL(저밀도 지질단백질)에 포함된 콜레스테롤의 농도를 말하며, 이것이 과다하게 되면 혈관에 흡착하여 동맥경화의 원인이 된다.

45) 김갑수, 조석주 (2001). 단전호흡 수련 전 , 후 혈장내 질소화합물의 생화학적 변화. 한국사회체육학회지, 16, 187-198

46) 최세영, 이인규, 한승세, 김재현, 박창권, 이광숙, 유영선, 김기식, 김윤년, 김권배. (1999). 포도당, 인슐린 및 Angiotensin II가 흰쥐 대동맥평활근세포의 Plasminogen Activator

Triglyceride는 혈중 중성지방으로 불리우며, 일정 수치를 넘어서면 심혈관질환 또는 말초혈관질환을 일으키는 것으로 알려져 있다.

이는 유산소 운동을 통하여 나타난 효과와 유사한 결과를 보여주었으며 수련 전후의 굴신운동 등의 영향이 있는 것으로 볼 수 있다.

- 혈관의 기능을 향상시키는 좋은 결과를 보여주고 있다.
- 현저한 긍정적 변화를 보여주고 있다.

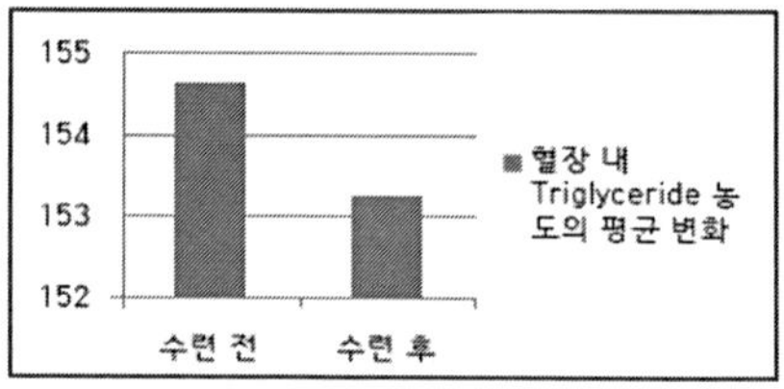

▲ 혈장 내 Triglyceride 농도의 평균 변화

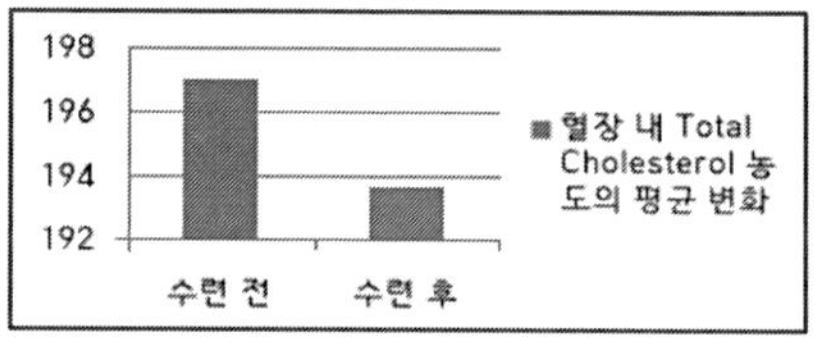

▲ 혈장 내 Total Cholesterol 농도의 평균 변화

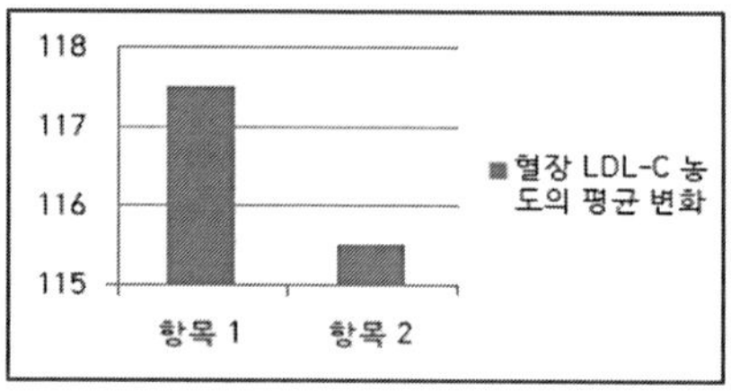

▲ 혈장 LDL-C 농도의 평균 변화

제3절 단전호흡 방법

이상을 통하여 명상 또는 단전호흡의 종류에 대하여 살펴보았으며 그 효과 면에서 놀라울 정도로 긍정적 결과가 있음을 간접적으로 알게 되었다. 그러나 우리나라의 청소년들이 누구나 명확하고 쉽게 이해하여 실행할 수 있는 방법이 있어야 하고, 이를 바탕으로 한 사람이라도 더 관심을 가지고 수련하여 개인의 신체적 및 정신적 건강을 유지하고 더 나아가 국가의 발전에 이바지하도록 하여야겠다는 일념으로 다음과 같은 방법을 제시하게 되었다.

Inhibitor-1 발현 및 성장에 미치는 영향. 대한흉부외과학회지, 32(4), 333-340.

1. 준비

1) 복장

어떤 무도복장이나 운동복도 가능하다. 하복부에 부담이 되지 않아야 하고, 손목이나 발목을 조이지 않는 느슨한 복장이면 모두 좋다. 가정에서 혼자 수련하는 경우에는 최대한 편한 복장이 유리하다.

2) 부착물 제거

시계, 팔찌, 반지, 목걸이, 귀걸이 등은 호흡 자체에서도 장애가 되지만, 호흡 전후의 굴신운동 및 경혈의 자극수련에도 방해가 된다.

3) 공복 상태

식사 직후에 단전호흡을 하는 것은 매우 좋지 않다. 만약 식사를 하였다면 충분히 소화가 된 이후에 수련을 시작한다. 단전호흡은 공복상태에서 수련하는 것이 이상적이다.

4) 음주와의 관계

음주 후에 단전호흡을 하면 신체적으로 치명적 부작용이 초래된다. 음주 후정신운동 저하에 대한 연구결과[47)48)]가 제시되었으며, 음주 후 신체기능 저하에 관한 연구결과[49)50)]도 다수 수행되었다. 이처럼 음주와 단전호흡은 특히 상극의 관계이므로 주의하는 것이 당연하다.

---

47) 류준범, 신용균, 이원영. (2012). 알코올이 정신운동 및 운전행태에 미치는 영향. 대한교통학회지, 30(6), 27-36.

48) 김용석. (1999). 청소년의 문제성 음주와 정신증상에 관한 연구. 정신건강과 사회복지, 7, 27-45.

49) 김상엽, 이선행, 문병연, 유동식, 조현국. (2008). 음주 후 시간경과에 따른 시력의 변화. 한국안광학회지, 13(2), 59-62.

50) 조봉오, 이인녕, 정균근, 장창현. (2014). 좌업 시간과 알코올 섭취가 30대 남자 사무직 근로자의 혈압과 혈관탄성에 미치는 영향. 운동과학, 23(3), 241-248.

5) 마음 준비

밝고 긍정적인 마음을 가지고 단전호흡을 하겠다는 마음자세가 필요하다. 일상생활에서도 긍정적 사고는 긍정적 행위결과로 나타나고 부정적 사고는 부정적 행위결과로 귀결된다고 하였다.[51] 요가에서는 초월적인 자아를 가꾸기 위하여 Atman이라는 맑은 영혼을 추구하고, Braman이라는 태양처럼 밝은 빛을 떠올리며 우주정신을 떠올려야 한다고 하였다.[52]

▲ 평화로운 마음

▲ 밝은 마음

▲ 맑은 마음

▲ 긍정적인 마음

유학(儒學)의 수신론(修身論) 관점에서 볼 때 지(智), 덕(德), 체(體) 가운데 덕성을 함양하기 위하여 개인, 공동체, 그리고 우주만물이 일체가 된다는 밝은 덕을 갖추어야 한다고 강조하였다.[53] 이처럼 밝고 맑은 긍정적인 마음은 단전호흡의 효과를 높이기 위한 필수적인 도구이다.

---

51) 오화미. (1998). 긍정적 사고와 부정적 사고가 심리적 안녕에 미치는 영향.
52) 강연숙, 제주대. (1998). [월든]과 요가: 초월적인 자아를 향한 세레나데. 동서비교문학저널, (1), 9-30.
53) 배수호. (2013). 유학(儒學)의 수신론(修身論) 관점에서 바라본 생태적 의식 전환 및 실천에 관한 소고: 행정학적 함의를 찾아서. 한국행정학보, 47(3), 1-22.

이상과 같이 준비가 완료되면 본격적인 단전호흡을 하기 위하여 세 가지 요소의 통합(三位一體)이 이루어져야 한다. 이 세 가지 요소는 신체의 자세, 의식을 집중하는 위치, 단전호흡의 방법이다. 이제 이들을 구체적으로 살펴보기로 한다.

2. 자세

단전호흡을 위한 자세는 기본적으로 정해진 것이 없다. 요가에서는 육체적 도는 정신적 목표에 적합한 여러 가지 자세가 있다. 지식(止息)을 위주로 수련하는 국선도 단체에서는 어느 정도에 도달할 때까지 각 단계마다 25개씩의 다양한 자세가 있으며 각 자세마다 신체기능의 강화와 연관이 있다고 주장한다.

자연을 존중하고, 소박한 생활방식을 유지하며, 긍정적인 태도 아래 신체(Body), 마음(Mind), 영혼(Spirt)을 함께 다스린다.[54]

모델: Christy Turlington
출처: celebrating the lunch of The World in vogue People Parties Places

54) Christy Turlington. 김은령 역. (2004). 행복한 사람으로 사는 법(Living Yoga: Creating A Life Practice). 명진출판사.

다양한 동작들을 바람직한 호흡과 함께 하면 오장육부를 충분히 자극시켜 그 기능을 활성화시키고 숙변을 배출시킨다.

또한 잘 사용하지 않던 근육을 풀어주고 신체의 피로물질을 배출하여 강인한 체력을 길러주며 신체의 불균형에서 생긴 여러 질환을 없애고 아름답고 자신감있는 모습으로 변모시킨다.[55]

국선도의 기초 수련자세로서 단전호흡과 함께 자연스럽게 동작을 이어간다.

55) 정경. (2005). 해인사 정경스님의 참선요가. 하남출판사.

1동작에 약 1분 30초를 호흡하는데 동작에 집중하다보면 단전호흡에는 소홀히 할 수 있다.[56)]

국선도를 장기간 수련한 사람들 중에는 질병으로 인하여, 입문 시에 부축을 받아야 계단에 오르내릴 정도로 허약했지만, 몇 년 수련 후에는 오히려 지도자의 길을 걸어가는 사람도 있다.[57)]

▲ 단전호흡과 함께 고난도의 자세를 취하고 있는 국선도 수련회원

많은 수련 자세 중에 가장 중요시하는 동작으로 5장6부의 기능을 강화하고 전신의 혈액순환을 촉진시키며 두통, 빈혈, 심장 질환에 효과가 있다.[58)]

56) 세계국선도연맹
57) 청산선사. (1994). 국선도 3. 도서출판 국선도.
58) 김성환. (2004). 덕당 국선도 단전호흡법. 도서출판 덕당.

▲ 단체로 단전호흡과 함께 두좌법(頭坐法, 물구나무서기) 자세로 수련을 하는 국선도 회원들

자연스러운 들숨과 날숨을 강조하며 호흡길이는 동일하게 하도록 노력한다. 신체의 자세보다는 기의 운용에 보다 집중한다.

따라서 정신적 또는 두뇌의 고차원적인 변화를 일으키며 신체적인 긍정적 변화는 부수적인 것이다.

들숨과 날숨의 1회 호흡길이가 20초가 되면 지적능력이 크게 상승된다. 그러므로 젊은 세대들이 이 단전호흡 수련을 하게되면 자신과 국가에 크게 이바지하게 된다.[59)]

▲ 단전호흡 중인 봉우 권태훈 옹(翁)

위에서 살펴본 것처럼 단전호흡을 위한 자세는 매우 다양하다. 이러한 많은

59) 권태훈. (1990). 봉우수단기(鳳宇修丹記). 한국단학회 연정원.

자세를 일주일에 1회 정도 수련하는 학교에서 지도를 받고 원래의 효과를 가질 수는 없으므로, 단전호흡의 기초 자격(수준)을 획득하면서도 혼자서 꾸준히 하게 되더라도 큰 성과를 이룰 수 있는 방법을 제시하고자 한다. 물론 더 고차원적인 수련은 여러 가지 여건이 허락될 때 전문가로부터 자세히 지도 받기를 권한다.

학교에서 단전호흡과 관련한 동아리 또는 학교외의 동아리에 가입할 경우를 제외하고는 별도의 공간에서 단전호흡을 한다는 것이 쉽지 않다. 그러나 하루 생활 속에서 마음만 굳게 다진다면 얼마든지 실시할 수 있고 좋은 효과를 거둘 수 있다. 전철이나 버스와 같은 대중교통을 이용할 경우에도 가능하며, 학교의 수업 전후에 교실 의자에서도 가능하다.

또한 길을 걸을 때에도 스마트폰에 집중하는 것보다는 단전에 집중하며(意守丹田) 걸어가거나 3보 내지 4보에 들숨과 날숨을 교대로 쉬게 되면 매우 좋다. 여기에는 한 가지 조건이 있는데, 그것은 아래 허리부분인 요추(腰椎)를 반듯이 세우는 것이다. 경추(頸椎)와 흉추(胸椎)는 자연스럽게 약간의 구부림이 있을 수 있으나, 요추는 단전호흡 시에는 반듯하게 세우는 습관이 중요하다.

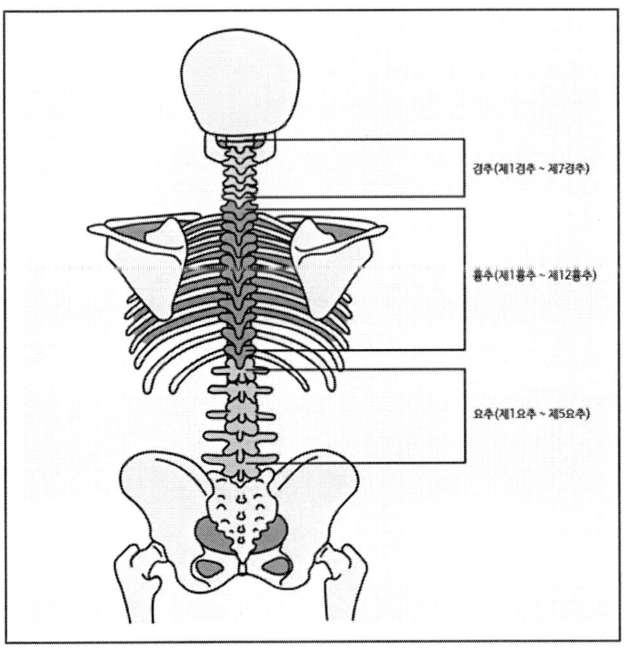

요추(요추, lumbar vertebra)를 세우면(C자 형) 어떤 생활 환경에서도 단전호흡이 가능할 뿐만 아니라 호흡도 원활해진다.

따라서 누운 상태나 엎드린 상태 또는 옆으로 누운 상태에서도 단전호흡이 가능하다.

▲ 지하철 또는 버스에서 손잡이를 잡고 단전호흡

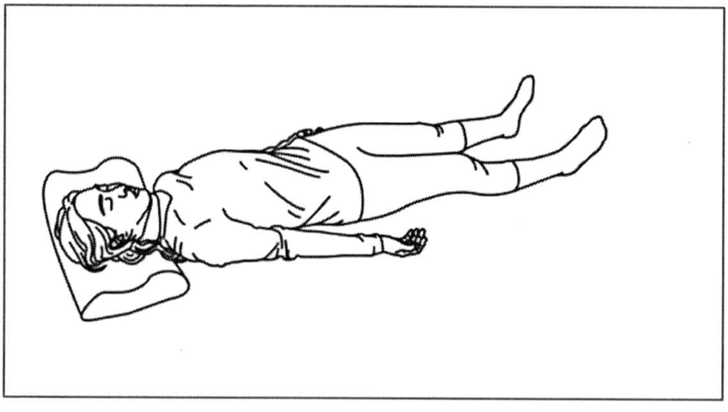

▲ 침대에 누워서 단전호흡

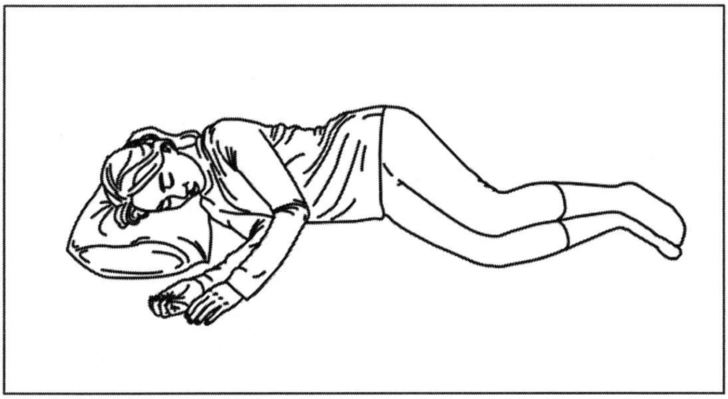

▲ 옆으로 누워서 단전호흡

위와 같은 자세는 일상생활에서 수시로 할 수 있는 것이지만, 지금부터는 학교에서 실시하는 단전호흡을 살펴보겠다.

학교에서는 시간적 제약이 있으므로 핵심적인 세 가지 자세를 설명하겠다.

1) 와법(臥法: 누워서 단전호흡하는 자세)

초심자에게 적합한 자세로서 양팔과 다리를 가볍게 벌리고 손바닥은 하늘을 향하며 엄지와 검지를 가볍게 붙이는 것이 수면에 들지 않게 돕는다.

오른손이나 왼손 중의 하나 또는 양손을 단전 위치에 손끝이 맞닿게 하여 올려놓으면 단전 자리를 자각하는 데 도움이 된다.

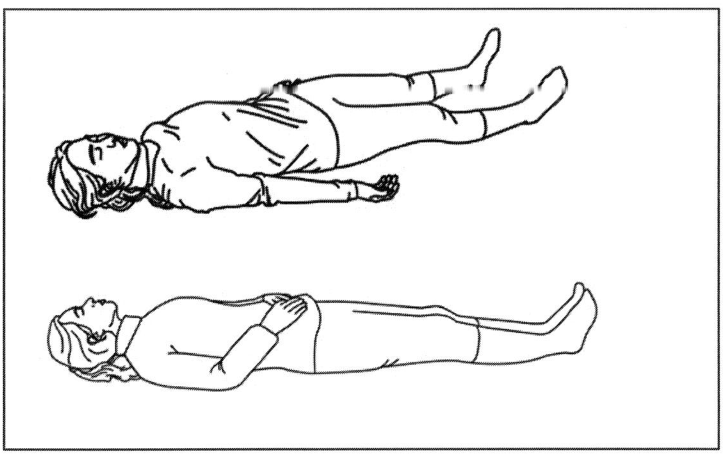

2) 입법(立法: 서서 단전호흡하는 자세)

양다리를 어깨너비 정도로 벌리고 발은 11자 형태로 하며, 손은 엄지 손끝이 배꼽 위에 닿게 하고 검지 손끝이 서로 맞닿게 하여 호흡한다.

항아리를 잡듯이 하고 무릎을 가볍게 굽혀서 참장공(站樁功)[60][61][62] 수련과 같은 동작으로 하는 것도 좋겠으나, 입문자들에게는 호흡하기가 쉽지 않다.

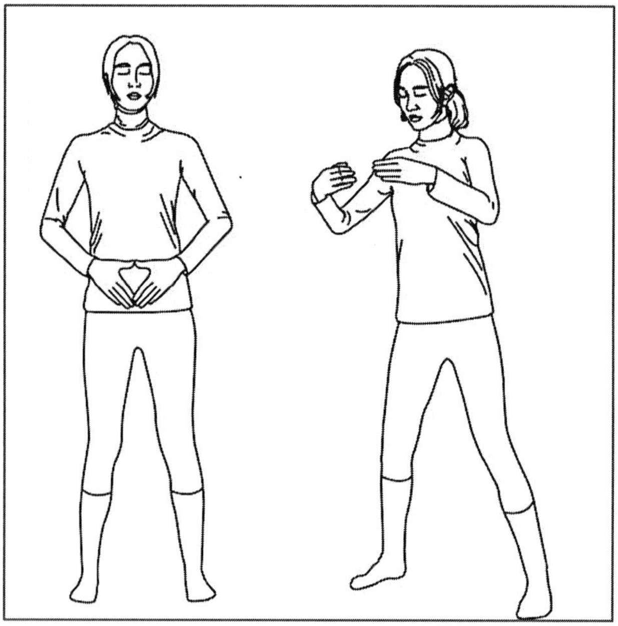

3) 좌법(坐法: 앉아서 단전호흡하는 자세)

단전호흡의 기본자세이면서도 가장 권장하는 자세이다.

단전호흡이 순조로워지게 되면 단전에 기감(氣感)이 충실함을 느끼게 되고, 무아의 경지에서 우주와 자신의 경계를 버리고 하나가 되게 하는 자세이다.

---

60) 서 있는 자세로 호흡을 고르면서 명상을 하는 수련방법으로서 심리적 건강과 신경계통의 치유효과가 있다고 알려져 있다.

61) 조문형, 황의형, 장인수, 양창섭, 강준원. (2011). 참장공이 악력 증가에 미치는 영향. 한방재활의학과학회지, 21(4), 219-226.

62) 이명복. (2005). 참장공(站樁功)의 요통(腰痛) 치유 효과. 국제통합보완대체의학회지, 1(1), 73-82.

손은 각 개인이 편안하다고 생각되는 모양을 만들어서 무릎 위에 가볍게 올려놓고 호흡을 하면 된다.

초보자들은 손바닥을 아래로 향하게 하여 무릎 위에 올려놓거나 가볍게 주먹을 쥐어 무릎 위에 올려놓고 하면 편하다.

수련의 경력이 많아지면 엄지와 검지를 맞대어 손바닥을 위로 향하게 하여 호흡하면 기감(氣感)이 강하게 감지된다.

합장을 할 경우에는 가슴 앞에서 손끝을 위로 향하게 하여 호흡하거나, 손끝을 눈높이로 올리고 코와는 주먹 하나 정도의 거리를 띄워서 호흡한다.

초심자인 경우에 눈은 감는 것이 좋은데, 눈을 뜨고 단전호흡을 하면 눈앞의 망막에 들어오는 다양한 사물들로 인하여 집중에 장애가 될 수 있기 때문이다. 눈을 감더라도 시선은 아래로 내려야 하고, 어느 정도 수련이 깊게 되면 반개하여 호흡하는 것을 권장하고 이 역시 시선은 아래로 하여야 한다.

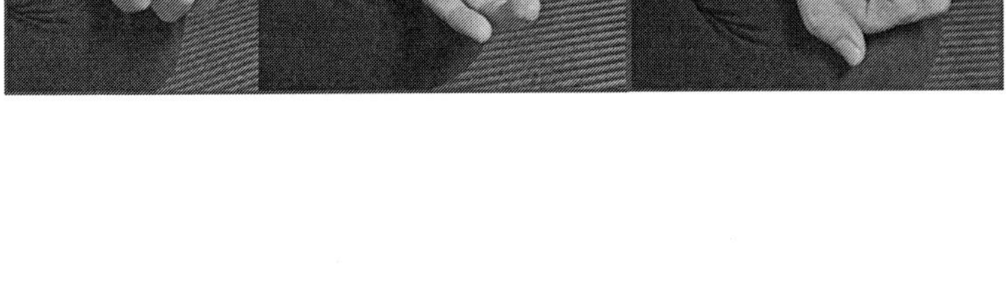

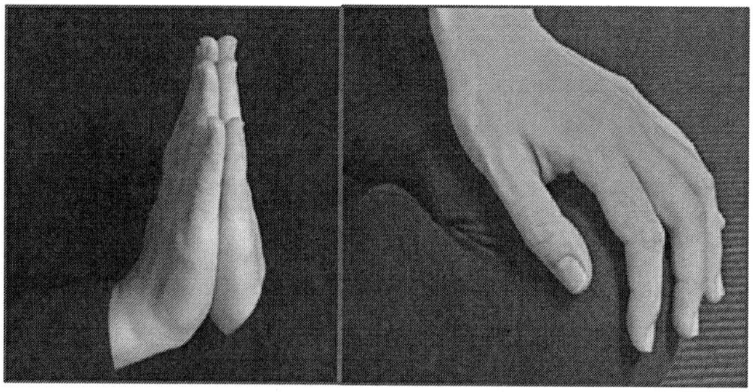

입법이나 좌법에 있어서 머리는 힘을 주지 않으면서 턱을 가볍게 당기는 것이 좋은데 상상으로 자신의 머리 위에 항아리를 이고 있다고 생각하면 저절로 바른 자세가 된다.

입은 가볍게 닫고, 어깨가 긴장이 되지 않도록 수시로 자세를 점검하는 것이 좋다.

3. 의식의 집중

단전호흡은 얼핏 보기에는 계속 반복되는 단조로움과의 싸움이라고 생각할 수 있으나, 실제 수련을 하다 보면 그 한 호흡마다 오묘한 감동과 기쁨이 있다. 단전호흡을 할 때 초심자들을 가장 괴롭히는 것은 평상시에는 생각지도 않았던 잡다한 상념들이 새롭게 일어난다는 점이다. “자! 이제 나도 한번 우주의 氣라는 것을 받아볼까!” 또는 “자! 지금부터 고요하게 편안한 호흡을 해보자!”라고 한 순간부터 온갖 생각들이 떠올라 집중을 집요하게 방해한다.

단전호흡은 하겠다는 의지만 있으면 누구든 무슨 일을 하는 사람이건 가능하다. 그러나 할 수는 있지만, 첫 번째 장애요소는 작심삼일(作心三日, The law of diminishing intent)이고 두 번째 장애요소가 바로 잡념(雜念, distracting thoughts)이다.

일체의 잡념이 없이 무아(無我)의 경지에 있다는 뜻으로 무념무상(無念無想,

freedom from all thoughts and ideas)이라는 말이 있다. 일상생활에서 많이 들어본 친숙한 말이다. 그러나 명상, 요가, 선(禪)수행, 단전호흡 등에서 무념무상이 얼마나 높은 수준(경지)의 상태를 나타내는 용어인지 수련자들은 알게 된다. 그래서 초심자들에게 무념무상 대신에 무타념 무타상(無他念 無他想), 즉 다른 것은 생각하지 말고 오로지 호흡에만 집중하라는 것이다.[63]

이 세상에 잡념이 없는 사람은 없다고 단정할 수 있다. 물론 어떤 좋은 일이건 나쁜 일이건 그 일에 얽매여 일을 때에는 잡념이 나타나지 않을 수 있다. 그러나 완전히 사라진 것이 아니고 일시적으로 양보한 것뿐이다. 생겼다가 사라지고 사라졌다가 생겨나는 것이 잡념이라는 끈질긴 존재이다.

방법이 있다. 자신의 의식을 잡념보다 강하게 단련하는 것이다. 이 의식을 강하게 키우는 것은 단전호흡 순간만이라도 의식을 가까이하면 된다. 의식을 멀리하였을 때 잡념이 그 자리를 채운다. 의식이라는 친구를 자주 가까이하다 보면 잡념은 설 자리를 잃어버리게 된다.

무념 무상

무타념 무타상

무아(無我)

무념무상(無念無想)

주객일체(主客一體)

물심일여(物心一如)

물아일체(物我一體)

무타념 무타상(無他念 無他想)

일묘연(一妙衍) 만왕만래(萬往萬來)

용변부동본(用變不動本)

---

63) 봉우 권태훈. (1990). 봉우수단기. 한국단학회 연정원.

그러면 시시각각 변화하는 의식을 자신의 어디에다가 가까이해야 하는가? 바로 호흡의 이동경로상의 시발점에서부터 함께 동행하면 된다. 들숨의 출발지인 코 앞에서부터 호흡기의 이동 통로를 따라 단전의 위치까지 함께 한다.

날숨이 시작되면 단전에 있는 의식을 서서히 위로 호흡과 함께 끌어올려 코 앞에서 호흡은 작별을 하고 의식은 그대로 둔다. 다시 새로운 기운을 가지고 새로운 호흡과 함께 의식을 동행한다. 자신의 의식은 동일하지만 들숨에서 호흡의 시작은 항상 새로운 동반자를 만나게 된다.

이러한 과정이 어떤 때에는 매우 순간적으로 인식되기도 하고 어떤 때에는 상당히 오랜 시간으로 느껴지기도 한다. 그러나 계속되는 반복은 시간 개념을 서서히 물러가게 하여 단전호흡을 그만해야겠다고 자각하는 순간 몇십 분 또는 몇 시간이 흘렀다는 것을 그제서야 알게 되는 경우도 있다.

4. 호흡 방법

1) 호흡계의 기능

인간의 신체는 물이 없으면 여러 날을 견딜 수 있지만 산소 공급이 없으면 불과 몇 분을 견디기 어렵다. 생명유지 또는 인체활동을 위한 에너지를 얻기 위하여 인체는 계속해서 코 또는 입을 통하여 산소를 보충해 주어야 한다. 폐에 들어온 산소는 혈액을 통하여 전신에 전달하고 신체활동과정에서 발생된 이산화탄소를 배출시킨다.

〈표 2-1〉 호흡중지로 인한 신체 반응[64)]

구분	시간	인체의 반응
임상적 사망	0~4분	두뇌손상의 가능성이 있다.
	4~6분	두뇌손상의 가능성이 높다.
생물학적 사망	6~10분	두뇌손상의 가능성이 확실하다.
	10분 이상	심한 뇌손상 또는 뇌사가 발생한다.

64) 정주호. (2020). 민간경비론. 백산.

건강관리를 위한 체력강화 운동, 근육강화 운동 또는 관련 유산소 운동은 폐활량을 늘리는 결과를 가져오고 총체적으로 건강을 향상시킨다.[65] 물론 혈관의 탄력을 높이고 또는 그 기능을 활성화시키는 효과가 있지만, 폐활량이 늘어나서 산소섭취율이 그만큼 증가한다는 것을 의미한다.

산소섭취율(OUR: Oxygen Intake Rate) = 분당 산소섭취량(㎖) / 분당 환기량(ℓ)

이러한 운동은 자극의 부위와 강도(强度)에 따라 많은 산소를 필요로 하고, 산소가 유입된 만큼 이산화탄소의 배출이 증가해야 한다. 평상시 사람의 분당 호흡수는 약 16~20회이다. 1회 호흡하는 공기의 양은 약 500㎖로 1분 동안에 호흡하는 공기의 양(분당 환기량, minute ventilation: VE)은 5~8ℓ 에 달한다. 격렬한 운동을 하게 되면 안정 시보다 10~20배의 산소를 요구하게 되고 1회 환기량은 2~3ℓ , 1분 동안의 호흡수도 30~60회로 증가하면서 산소섭취량은 약 3~4ℓ 까지 증가하면서 이와 함께 이산화탄소의 배출량도 매우 높아진다.[66]

그러나 단전호흡의 경우에 산소의 섭취량은 높아지는 반면에 이산화탄소의 배출은 극히 낮아진다. 즉, 배출해야 할 이산화탄소의 양은 안정 시와 변함이 없으면서 산소의 유입은 풍부하여지기 때문에 장점만을 살리는 효과가 있다. 이와 함께 혈관의 기능이 강화되고 혈액순환이 원활하게 이루어져 심폐능력이 크게 향상된다.[67]

이러한 산수섭취와 의식의 집중이라는 기본지식을 바탕으로 이제 본격적인 호흡에 들어가기로 한다. 기본적으로 단전호흡은 코를 통하여 흡입하고 코를 통하여 내쉰다. 들이마시는 것은 코로 하고 내쉬는 것을 입으로 하는 것은 단전호흡이 아니다. 여러 가지 산소호흡 방법 중의 하나일 뿐이다.

---

65) 김도희. (2001). 건강운동 프로그램이 중년여성의 신체조성과 심폐기능 및 체력에 미치는 영향. 보건교육건강증진학회지, 18(3), 177-186.

66) 천길영, 오경록, 오인석. (2002). 트레이닝 이론과 방법론. 대경북스.

67) 현경선. (2001). 중년여성의 건강증진을 위한 단전호흡 운동프로그램의 적용 효과. 성인간호학회지, 13(3), 373-384.

인체생리학(somatology, human physiology)적으로 볼 때, 코로 흡입한 공기는 폐의 폐포에서 산소를 모세혈관으로 보내고, 신체에서 생성된 이산화탄소를 몸 밖으로 내보낸다.[68] 즉, 폐호흡에 있어서 공기가 폐까지 도달하였다가 인체가 필요한 산소만 각 세포로 보내주고 다시 이산화탄소를 받아서 밖으로 운반한다.

폐호흡에서 들숨(左그림)에서는 횡경막이 아래로 내려가면서 폐가 확장되고, 날숨(右그림)에서는 횡경막이 위로 올라가면서 폐가 줄어든다.

따라서 외형적으로 볼 때, 들숨에서는 가슴이 불룩하게 나오게 되고 날숨에서는 가슴이 들어가게 된다.

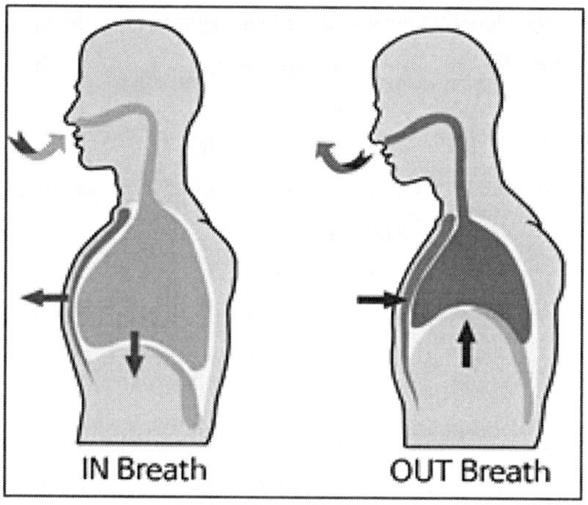

▲ 폐호흡(산소호흡)에서 횡경막과 폐 크기의 변화

이처럼 단전호흡도 같은 원리로서 우주의 氣가 공기와 함께 코를 통하여 폐에 들어가 산소는 원래의 외호흡 과정에 따라 처리되고 氣는 횡경막을 통과하여 단전에 이르게 된다. 인간이 평생 외호흡(폐호흡)을 하면서도 폐에서 산소가 다시 분리되어 각 세포에 전달되는 과정을 자각할 수 없듯이 일반적

68) 양서류 이상의 척추동물에서 나타나는 현상으로 외기의 공기를 폐까지 들여와 생체의 에너지 효율을 높이기 위하여 산소를 받아들이고 이산화탄소를 방출하는 외호흡을 말한다. 외호흡에서 추출된 산소를 이용하여 각 세포에서 에너지를 얻고 이산화탄소를 방출하는 내호흡이 이루어진다.

으로 단전호흡도 氣가 폐에서 횡경막을 지나 단전으로 내려가는 것을 알 수가 없다.

그러나 폐호흡과는 달리 단전호흡을 규칙적으로 장기간 하다가 보면 어떤 미묘한 기운이 단전까지 도달하는 것을 느낄 수 있다. 이러한 현상을 부정적으로 본다면, 반복적인 상상에 의한 착감(錯感)이라고 반박할 수 있으나, 이는 단전호흡을 해보지 않았거나 아직 초보에 머물러 있기 때문이다. 실제로 장기간에 걸쳐 수련을 해보았을 때, 단전호흡이 원활하게 되지 않을 경우에는 이러한 氣가 이동한다는 것이 감지되지 않는다. 그러나 단전호흡이 순조로울 경우에는 감사와 감동과 함께 엄청난 氣의 흐름을 느낄 수 있다.

2) 단전호흡

단전호흡은 자신의 신체 주변을 둘러싼 인간이 상상할 수조차 없는 큰 기운을 평상시의 흉식호흡이 아닌 하단전 위주의 인위적인 단전호흡을 통하여 끊임없이 반복 축기하는 과정이다.

우선 들숨을 통하여 흡입된 공기가 하복부에 이르고 다시 내보내는 것이 자연스럽게 되는 것을 훈련하여야 한다. 이것이 순조롭게 되었을 때 비로소 본격적인 기감(氣感)을 동반한 호흡을 하여야 한다.

복식호흡은 흉곽의 움직임이 없으면서 복부 전체가 들숨과 날숨에 따라 전후로 움직임이 있으나, 단전호흡은 흉곽의 변화가 없으면서 하복부에서만 전후로 움직임이 있다.

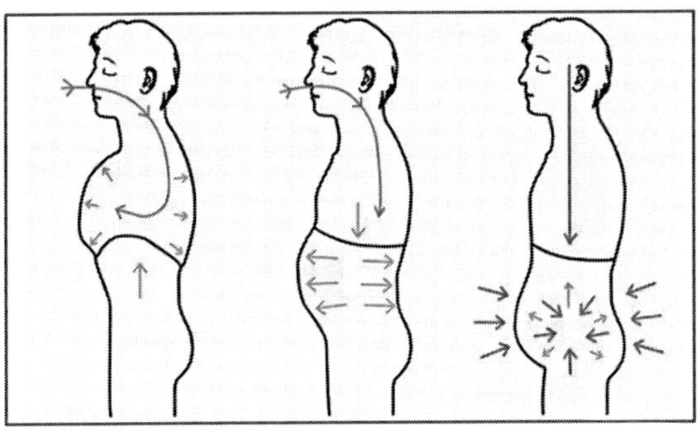

▲ 단전호흡과 복식호흡, 흉식호흡과의 신체적 비교

① 하복부 호흡: 제1단계

일반적으로 초심자의 경우에 위의 그림에서와 같이 단전호흡이 복식호흡으로 잘못 인식하는 경우가 있으나, 복식호흡과 단전호흡은 근본적으로 차이가 있다. 물론 복식호흡이 심리적 이완, 혈압의 정상화, 스트레스 해소 등 흉식호흡보다는 좋은 점[69][70][71]이 많이 있지만 단전호흡에 따를 수는 없다. 복식호흡을 단전호흡으로 오해하고 장기간 반복하여 습관이 되면 단전호흡으로 고치는 데 어려움이 발생한다. 따라서 단전호흡을 배우는 초기부터 정확한 방법을 숙지하여야 하겠다.

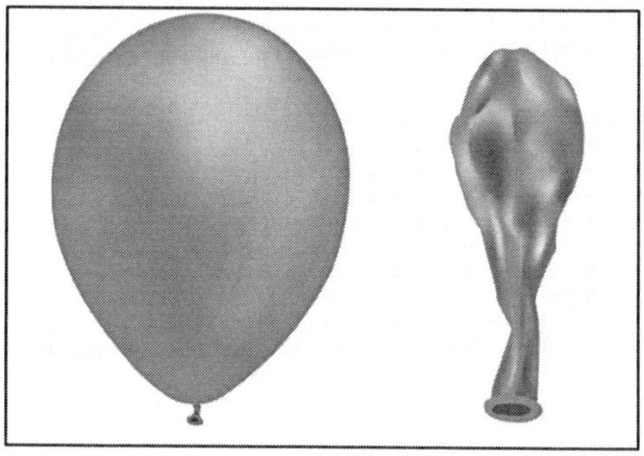

우선 단전의 위치를 관원혈로 잡고 그 혈자리 안쪽으로 氣를 저장하는 풍선이 있다고 가정한다. 기본적으로 들숨에서 풍선이 채워지고 날숨에서 풍선이 줄어든다.

여기서 중요한 것은 코 앞에서부터 기운을 공기와 함께 끌어서 하복부로 밀어 넣는 것이 아니라, 단전에 자리 잡은 풍선이 코 앞에 존재하는 기운을 진공청소기와 같이 흡입을 하는 것이다. 즉, 풍선에 의식을 두고 코－기관지－폐－명치(중완혈)－하단전(풍선)

69) 유수정, 송미순. (2001). 고혈압 노인에서 복식호흡 이완훈련이 혈압 및 스트레스 반응에 미치는 영향. 대한간호과학회지, 31(6), 998-1011.

70) 유우정, 송주은. (2010). 복식호흡이 조기진통임부의 상태불안, 스트레스, 진통억제제 투여량에 미치는 효과. 대한간호과학회지, 40(3), 442-452.

71) 유수정, 김금순. (2003). Biofeedback을 이용한 복식호흡 이완훈련이 고혈압 노인의 혈압과 스트레스반응에 미치는 영향. 기본간호학회지, 10(1), 14-22.

에 이르는 통로를 열어 놓고 풍선을 채우면서 기운이 빨려들어 가듯이 한다.

진공청소기의 모터 부분이 단전위치(關元穴)에 있는 풍선이라고 생각하고 중간 정도의 강도로 힘차게 흡입한다.

다음 날숨에서는 그냥 편하게 부풀었던 풍선이 자연스럽게 바람이 서서히 빠지듯 하면서 호흡의 통로로 밀려 나가게 한다. 이때에는 공장에서 굴뚝의 연기가 빠져나가는 것을 구체화하여 생각하는데, 이와 함께 자신이 평소 마음에 지니고 있던 상념(想念)의 찌꺼기도 같이 내보낸다.

이 방법이 단전호흡의 기초이면서도 평생을 걸쳐 수련을 한다면 신체적 정신적 건강 및 인지적 발달은 물론이고 세상을 보는 안목에 있어서도 큰 진전을 이루게 될 것이다.

단전호흡은 들숨(吸氣)과 날숨(呼氣) 가운데 후자가 더 중요하다.

인간이 살아오면서 쌓인 마음의 생활 폐기물을 밖으로 내보내고 맑고 청정한 정신상태를 유지하는 것이 말로 표현할 수 없을 만큼 가치가 있기 때문이다.

② 흡성대법(吸星大法): 제2단계

관원혈을 중심으로 한 하복부 단전호흡이 순조로워지고 들숨과 날숨의 과정에서 신체적 및 정신적 깊은 청량감이 느껴지고 자연에 대한 감사함과 감동스러움이 자신도 모르게 생겨날 정도가 되면 다음과 같은 시도를 해볼 수 있다. 물론 앞서 말한 것처럼 제1단계 단전호흡만으로도 충분한 다양한 효과를 이룰 수 있지만, 시간적 · 장소적 여건이 허락될 경우 좀 더 고차원적인 수련을 원한다면 이 방법을 권한다.

단전호흡의 3요소는 자세, 의식, 호흡방법이다. 자세는 요추를 세우는 것(C자 형으로 만드는 것)으로 잠시 젖혀두고 결국 호흡과 의식의 일치에 단전호흡의 성공 여부가 달려있다. 제1단계 단전호흡을 통하여 의식의 순도(잡념을 줄인)가 높아졌다고 판단이 되어야 제2단계 호흡이 효과를 거둘 수 있다. 이는 명상 수련기법에서 생각과 감정을 가지고, 동적 또는 정적인 상태에서 구체적으로 자신의 신체를 자각하며 마음을 열어두는 것[72]과 결을 같이한다고 하겠다.

제2단계에서는 가능한 조용하고 맑은 주변환경을 가진 장소를 선정하는 것이 좋다. 그렇게 하여야 긍정적인 에너지를 받을 수 있다. 청각적으로도 장해를 받으면 그만큼 집중에서 실패할 가능성이 높다. 제1단계는 앉아서, 서서, 누워서, 걸어가면서, 차를 타고 가면서, 강의실에서 수업 전후에, 잠시 화장실에서, 카페 등에서 하루에 5분이라도 실시한 만큼 좋다고 할 수 있지만, 제2단계에서는 적어도 한번 시작하면 30분 이상을 하여야 효과가 있다.

제2단계의 시작에서, 의식을 코앞에 두고 자신의 앞에 멀리까지 무한히 펼쳐져 있는 우주를 마음으로 그리며 감사의 마음을 담아 기운을 힘차게 끌어 당기는 것이다. 끌어당기는 마음의 힘과 펼쳐진 공간은 그간의 수련 결과에 따라 크기가 결정된다. 의식을 코 앞에 그대로 두고 흡입을 하여도 하단전이 볼록해지며 기운이 관원혈 주변 또는 회음혈 주변으로[73] 가득 차게 되는 것을 동시에 알게 된다.

이러한 수련을 반복적으로 장기간 하게 되면 자신의 몸 전체가 단전임을 느끼게 되나, 더 이상의 고차원적인 수련은 언어적 표현으로 할 수 없으며 진실한 높은 경지의 전문가에게 지도를 반드시 받아야 한다.

우주의 기운을 끌어당길 때 집중이 산란하여 끌어당김의 중단이 생기면 단전호흡의 의미가 없다.

이러한 단계에서 호흡이 순조롭게 되면 우주와 나의 구별이 없이 기운만

---

72) Pema Chödrön. (2013). How to Meditate: A practical guide to making friends with your mind. Sound True, Inc.

73) 제1단계 단전호흡에서 사람의 체질에 따라 관원혈을 단전으로 삼고 수련하다가 숙달이 되면 회음혈을 단전자리로 삼고 수련하는 경우가 있다.

오고 가는 것을 느낄 수 있다.

날숨에서는 가슴의 중앙에 위치한 단중혈(膻中穴)[74]을 출발점으로 서서히 내쉬면서 회음혈(會陰穴)까지 내려가 하반신을 통하여 다시 자연으로 돌려준다. 특히 날숨에서 자신의 신체를 생각하지 않고 오로지 자신의 자아만 존재한다는 관념을 가지면서 그 이외는 모두 버리는 시간을 가져야 한다. 이는 용호비결(龍虎祕訣)에서 말하는 폐기(閉氣) 또는 봉우 권태훈 옹이 주장하였던 유기(留氣) 방법과 일맥상통한 점이 있다.

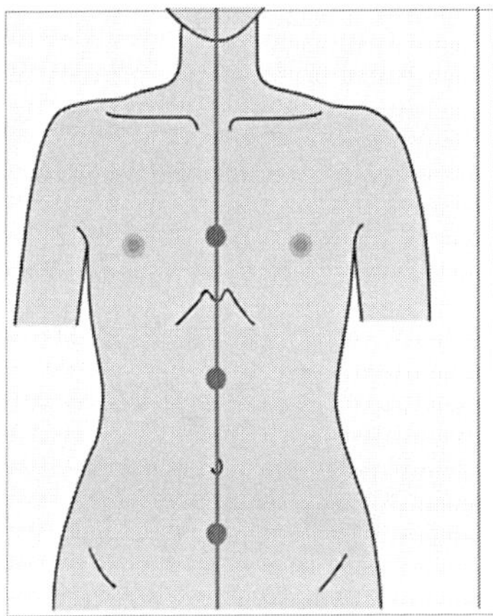

이제 이를 끊임없이 반복함으로써 아주 적게 또는 거의 알 수 없지만 언젠가 어느 순간 자신이 진정한 성장의 길로 가고 있다는 것을 알게 될 것이다.

한의학에서는 단중혈을 화병(火病)을 다스리고 생리통을 치료하는 중요한 혈자리로서 체질에 따라 침과 지압 또는 뜸을 활용하여 치료한다.

3) 연수법(軟酥法)

연수법은 인위적인 의식의 작용을 통하여 기의 흐름을 원활하게 하면서 현대의 복잡한 생활에서 발생하는 스트레스를 해소하고 신체 각 부위의 불균형적인 문제를 해소하는 매우 유익하면서도 간단한 수련방법이다.[75] 유사

74) 단중혈은 화기(火氣)를 다스리는 혈자리로서 이 혈을 잘 다스리면 심리적 스트레스를 해소하는 것으로 알려져 있다. 요가명상에서 단중혈 자리는 네 번째 차크라(4th Anahata Chkra)로서 감정에너지와 관련이 있다.

75) 하야시마 마사오. 김종오 역. (1994). 氣의 도인술. 정신세계사.

한 방법으로 국선도 단체에서는 이를 정화법(靜和法)이라 하여 자율훈련 또는 암시훈련 방법으로서 긴장, 피로, 스트레스를 긍정적인 마음으로 머리부터 발끝까지 하나하나 풀어나가는 훈련법이 있다.

자세는 팔과 다리를 모으고 누운 자세 또는 편한 차렷 자세로 서서 할 수 있다. 호흡은 단전호흡이 아닌 평상시의 편안하고 가벼운 호흡을 하면서 눈을 감고 의식과 함께 이동하면 된다. 우선 서서 시행할 경우에는 백회혈(百會穴) 위에 큰 계란 정도 크기이면서 치유 효과가 이 세상에서 가장 뛰어난 연유(軟乳)와 같은 상태의 액체 덩어리를 올려놓는다.

색상은 청량감이 있는 푸른색 또는 녹색이 좋다. 준비가 되면 하나!, 둘!을 세면서 셋!에서 덩어리가 가볍게 터지면서 머리부터 신체 전신으로 서서히 동일한 수위로 스며들며 퍼져 내려간다. 이때, 치유 능력이 가장 뛰어난 액체물질이 전신을 차례로 적시면서 문제가 있는 신체 부위를 강건하게 만들면서 결국 발끝으로 나가게 된다. 누워서 할 경우에는 이마 위에 동일한 방법으로 올려놓고 하면된다.

이 방법은 아주 간단하지만, 의도적(작위적)인 의식의 작용으로 자가치유 능력을 극대화시키는 매우 강력하고 효과적인 생활건강 양생법이다. 오장육부 또는 부인과 계통의 문제를 해소시킬 목적으로 연수법을 행한다면, 인체 해부도를 익혀 자신의 신체 위치에 어떤 장기가 있는지 알고 난 이후에 실시하여야 효과가 있다.

의식적으로 호흡과 관계없이 머리부터 천천히 동일한 수위로 스며들면서 고장나거나 약한 부위를 치료하고 내려간다고 믿음을 주는 것이 중요하다.

제3장

기초체력단련

(basic physical strength training)

기초체력단련
(basic physical strength training)

제3장

제1절 순발력 강화

1. 순발력이란?

1) 순발력(瞬發力, quickness, react quickly, quick adaptation)의 정의

순발력이란 순간적인 탄력을 이용하여 신체를 변형시키거나 힘을 발휘하는 능력을 말한다. 즉, 순간적으로 나타나는 강력한 힘을 통하여 신체를 최대한 빠르게 움직여서 달리거나, 뛰어오르거나, 물체를 던지는 능력이다.

2) 순발력의 측정

일반적으로 순발력을 측정하고 평가하기 위해서는 서전트 점퍼, 제자리 멀리뛰기, 100m 달리기, 윗몸일으키기 등이 있다.

경찰공무원 임용 체력시험(2021년)은 100m 달리기, 1,000m 달리기, 윗몸일으키기, 좌우 악력, 팔굽혀펴기 5가지 종목으로 지정되어 있다. 이 책에서는 경찰공무원 체력시험의 만점을 목표로 하여 체력단련의 내용을 구성하였다.

이 체력표 각각의 종목에 따라 1점부터 10점까지 점수에 차등이 있으며, 5가지 종목 중 1종목이라도 1점이 있거나 5종목의 합계가 19점 이하인 경우에는 불합격 처리가 된다. 100m 달리기에서는 소수점 둘째자리를 반올림하고, 1,000m 달리기에서는 소수점 첫째 자리에서 반올림한다. 좌우 악력에서는 소수점 첫째 자리에서 반올림하여 기입한다.

〈표 3-1〉 경찰공무원 체력시험 기준표

(경찰공무원 임용령 시행규칙 제34조의2 제2항 관련, 2019년 7월 개정)

구분		10점	9점	8점	7점	6점	5점	4점	3점	2점	1점
남자	100m 달리기(초)	13.0 이하	13.1 ~13.5	13.6 ~14.0	14.1 ~14.5	14.6 ~15.0	15.1 ~15.5	15.6 ~16.0	16.1 ~16.5	16.6 ~16.9	17.0 이상
	1,000m 달리기(초)	230 이하	231 ~236	237 ~242	243 ~248	249 ~254	255 ~260	261 ~266	267 ~272	273 ~279	280 이상
	윗몸일으키기(회/1분)	58 이상	57 ~55	54 ~51	50 ~46	45 ~40	39 ~36	35 ~31	30 ~25	24 ~22	21 이하
	좌우 악력(kg)	61 이상	60 ~59	58 ~56	55 ~54	53 ~51	50 ~48	47 ~45	44 ~42	41 ~38	37 이하
	팔굽혀펴기(회/1분)	58 이상	57 ~52	51 ~46	45 ~40	39 ~34	33 ~28	27 ~23	22 ~18	17 ~13	12 이하
여자	100m 달리기(초)	15.5 이하	15.6 ~16.3	16.4 ~17.1	17.2 ~17.9	18.0 ~18.7	18.8 ~19.4	19.5 ~20.1	20.2 ~20.8	20.9 ~21.5	21.6 이상
	1,000m 달리기(초)	290 이하	291 ~297	298 ~304	305 ~311	312 ~318	319 ~325	326 ~332	333 ~339	340 ~347	348 이상
	윗몸일으키기(회/1분)	55 이상	54 ~50	49 ~45	44 ~40	39 ~35	34 ~30	29 ~25	24 ~19	18 ~13	12 이하
	좌우 악력(kg)	40 이상	39 ~38	37 ~36	35 ~34	33 ~31	30 ~29	28 ~27	26 ~25	24 ~22	21 이하
	팔굽혀펴기(회/1분)	50 이상	49 ~45	44 ~40	39 ~35	34 ~30	29 ~26	25 ~21	20 ~16	15 ~11	10 이하

그러나 경찰간부후보생에 한하여, 100m 달리기는 50m 달리기로, 1,000m 달리기는 왕복 오래달리기로 변경되었으므로 이에 대한 평가 기준을 살펴보면, 1종목 이상 1점이 있을 경우에 불합격 처리가 된다. 50m 달리기에서는 소수점 셋째 자리를 반올림하고, 좌우 악력의 경우에는 소수점 첫째 자리에서 반올림한다. 일반 경찰공무원 임용 기준에 비하여 강화되었으며 점수 사이의 간격도 비교적 일관성이 높아졌다.

〈표 3-2〉 경찰간부후보생 체력시험 기준표

(경찰공무원 임용령 시행규칙 제34조의2 제2항 관련, 2019년 7월 신설)

구분		10점	9점	8점	7점	6점	5점	4점	3점	2점	1점
남자	50m 달리기(초)	7.0 이하	7.01 ~7.21	7.22 ~7.42	7.43 ~7.63	7.64 ~7.84	7.85 ~8.05	8.06 ~8.26	8.27 ~8.47	8.48 ~8.68	8.69 이상
	왕복오래달 리기(회)	77 이상	76 ~72	71 ~67	66 ~62	61 ~57	56 ~52	51 ~47	46 ~41	40 ~35	34 이하
	윗몸일으키 기(회/1분)	58 이상	57 ~55	54 ~52	51 ~49	48 ~46	45 ~43	42 ~40	39 ~36	35 ~32	31 이하
	좌우 악력(kg)	64 이상	63 ~61	60 ~58	57 ~55	54 ~52	51 ~49	48 ~46	45 ~43	42 ~40	39 이하
	팔굽혀 펴기(회/1분)	61 이상	60 ~56	55 ~51	50 ~46	45 ~40	39 ~34	33 ~28	27 ~22	21 ~16	15 이하
여자	50m 달리기(초)	8.23 이하	8.24 ~8.47	8.48 ~8.71	8.72 ~8.95	8.96 ~9.19	9.20 ~9.43	9.44 ~9.67	9.68 ~9.91	9.92 ~10.15	10.16 이상
	왕복오래달 리기(회)	51 이상	50 ~47	46 ~44	43 ~41	40 ~38	37 ~35	34 ~32	31 ~28	27 ~24	23 이하
	윗몸일으키 기(회/1분)	55 이상	54 ~51	50 ~47	46 ~43	42 ~39	38 ~35	34 ~31	30 ~27	26 ~23	22 이하
	좌우 악력(kg)	44 이상	43 ~42	41 ~40	39 ~38	37 ~36	35 ~34	33 ~31	30 ~28	27 ~25	24 이하
	팔굽혀 펴기(회/1분)	31 이상	30 ~28	27 ~25	24 ~22	21 ~19	18 ~16	15 ~13	12 ~10	9 ~7	6 이하

2. 순발력 기르기

1) 협응성(協應性, coordination) 운동

순발력은 극히 짧은 시간에 최대의 힘을 발휘하는 근육과 신경계통, 그리고 신체의 여러 부위들이 서로 신속하게 협조하는 협응성이 있어야 한다. 따라서 순발력=근력+속도+협응성이라고 할 수 있다. 순발력은 운동의 방향을 신체의 균형을 유지하면서 순간적으로 바꾸는 민첩성과도 연관성이 높다. 이러한 운동능력을 향상시키기 위해서는 바운딩 운동(Bounding Exercise), 박스 운동(Box Exercise), 왕복 달리기, 지그재그 달리기, 사이드 스텝 등이 도움이 된다.

2) 바운딩 운동

(1) 팔 벌려 높이 뛰기

① 차렷 자세에서

② 다리를 어깨너비로 벌리며 동시에 양팔을 수평으로 들어 올린다.

③ 다리를 중앙으로 모으면서 차렷 자세를 취한다.

④ 다시 다리를 벌리며 양팔을 머리 위로 올리며 손바닥을 부딪친다.

⑤ 다시 다리를 모으면서 차렷 자세를 취한다.

⑥ 20회 실시한다.

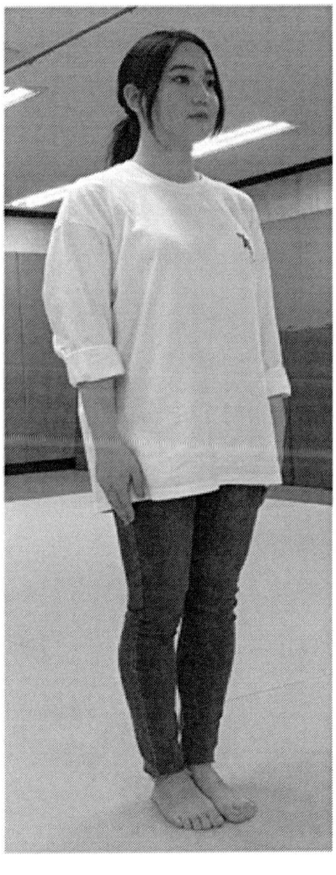

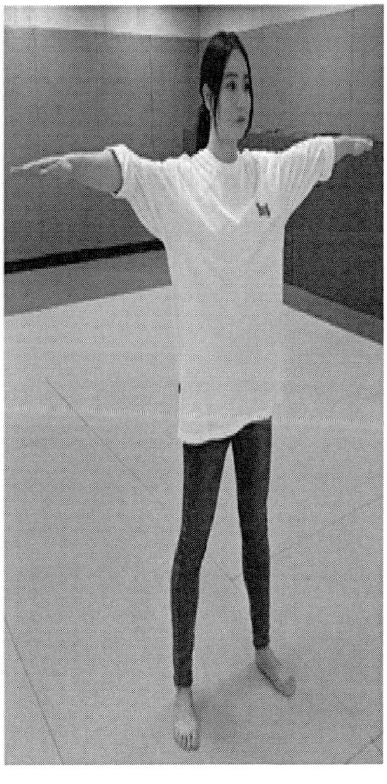

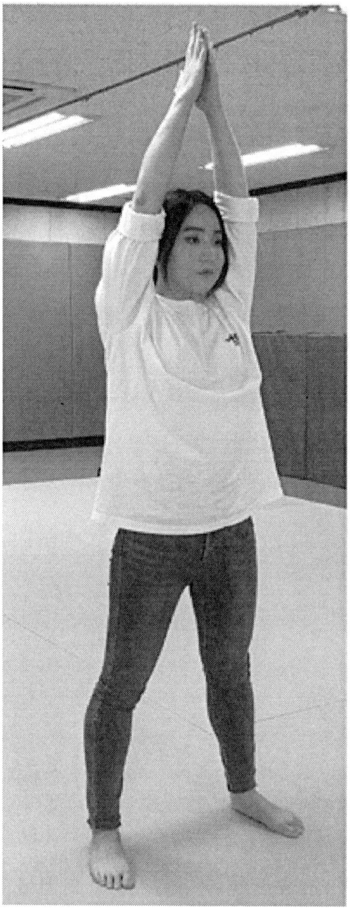

(2) 무릎 높이 올려 뛰기

① 양팔을 크게 흔들며 팔과 다리는 서로 교차하여 올린다.

② 무릎을 허리 높이까지 높게 올린다.

③ 상체를 바로 세우고 발목의 탄력을 이용한다.

④ 20회 실시한다.

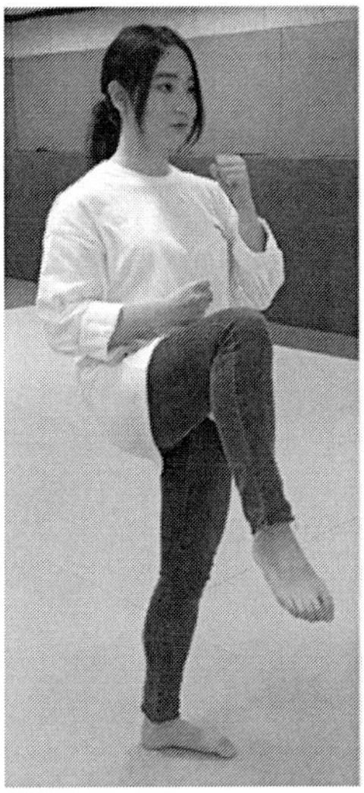

(3) 발 뒤로 높이 들면서 뛰기

① 양팔은 가볍게 옆으로 벌린 상태로 둔다.

② 무릎은 지면을 향하게 하고 발뒤꿈치를 엉덩이에 닿도록 위로 올린다.

③ 다리를 서로 교차하며 앞으로 나아간다.

④ 상체를 바로 세우고 다리의 탄력을 이용한다.

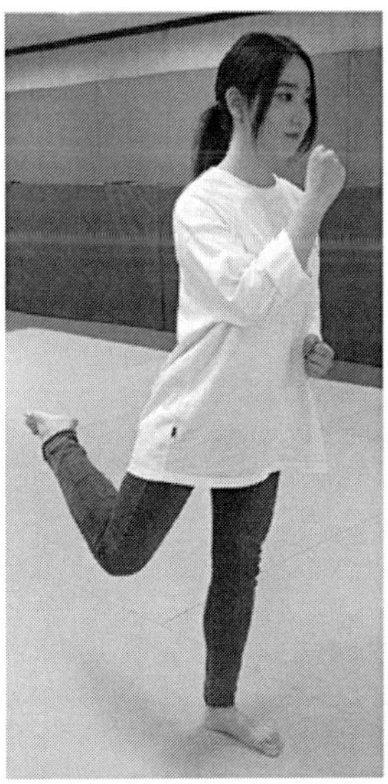

(4) 다리 교차하며 높게 뛰기

① 앉아서 머리 뒤로 깍지를 낀다.

② 일어서면서 다리를 교차하여 점프하고 다시 앉는다.

③ 최대한 높게 점프한다.

④ 10회 실시한다.

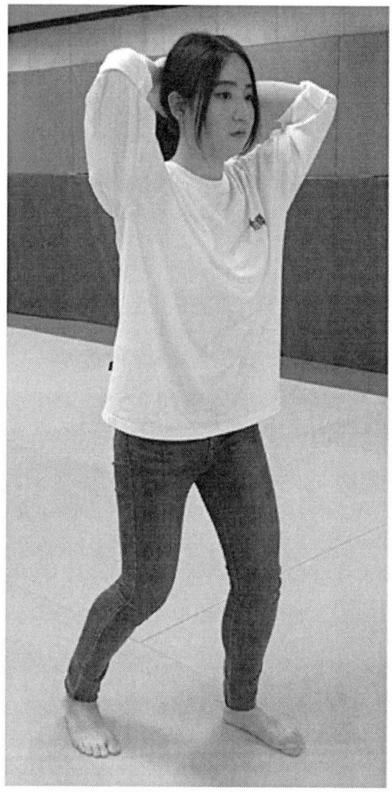

(5) 제자리 넓이 뛰기

① 앉은 상태에서 양팔을 뒤로 둔다.

② 발바닥으로 지면을 차고 높게 점프하면서 배를 앞으로 내민다.

③ 허리를 신속히 앞으로 숙이면서 양 발바닥을 동시에 착지한다.

④ 복근운동은 거리를 늘리는 데 도움이 된다.

⑤ 2회 실시한다.

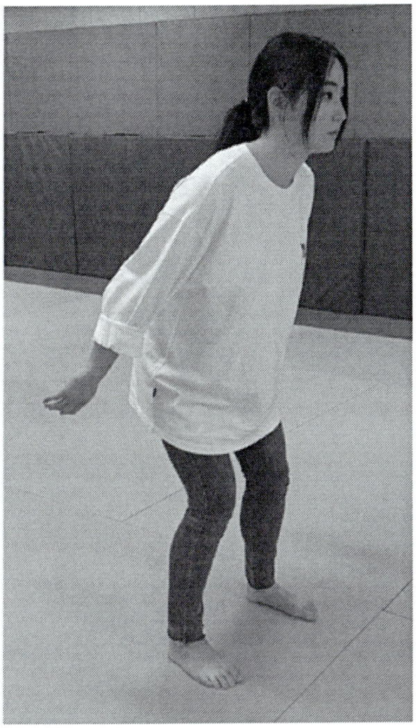

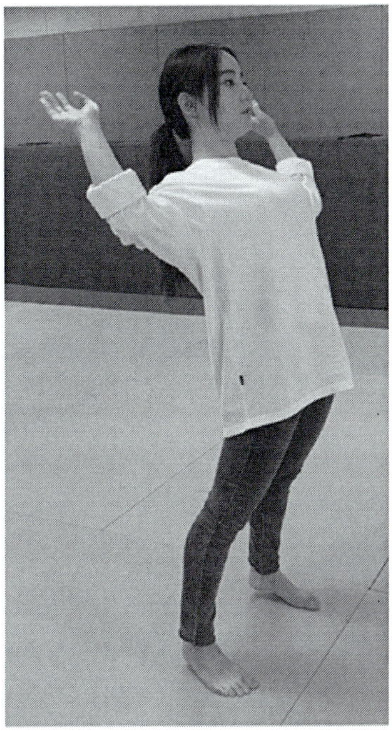

제2절 복근력 및 배근력 단련

1. 누워서 자유형 발차기

① 편안히 누운 자세에서 다리는 곧게 뻗고 팔은 45도로 옆으로 벌린다.

② 손바닥은 아래로 향하고 머리를 들고 시선은 발끝을 향한다.

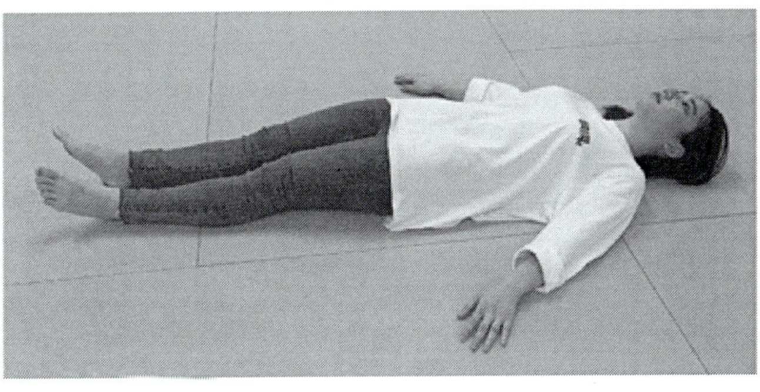

③ 왼 다리부터 위로 들어 올리고, 내리면서 오른 다리와 교체한다.

④ 20회 실시한다.

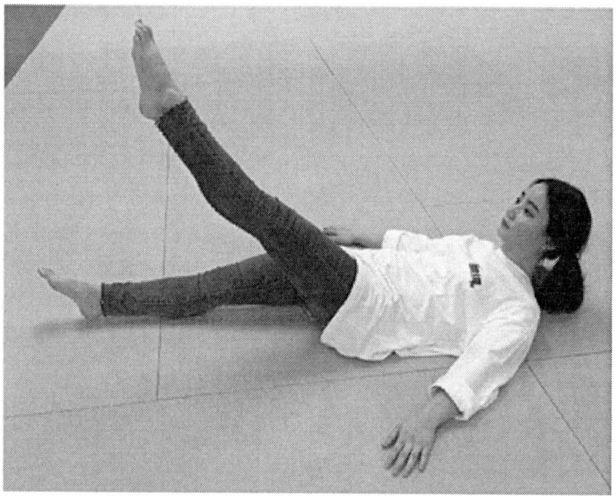

2. 누워서 다리 좌우로 교체

① 누운 자세에서 머리를 들고, 다리는 지면에서 45도 각도로 올린다.

② 다리는 90도 각도로 벌리고 손바닥을 바닥으로 향하면서 옆으로 벌린다.

③ 다리를 서로 좌우로 교차한다.

④ 20회 실시한다.

3. 누워서 자전거 타기

① 누워서 하체를 수직으로 올리고 양손으로 허리를 받쳐준다.

② 자전거를 타듯이 다리를 교차하면서 돌려준다.

③ 20회 실시한다.

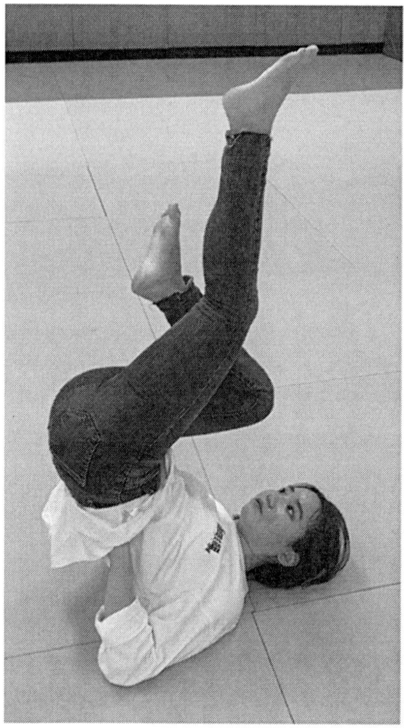

4. 누워서 머리와 다리 들고 좌우로 교체하기(PT체조 8번)

① 누운 자세에서 다리를 수직으로 들고 머리는 들어서 발끝을 향한다.

② '하나' 구령에 다리는 좌측으로, 머리는 우측으로 돌린다.

③ '둘' 구령에 원위치(①번 자세) 한다.

④ '셋' 구령에 다리는 우측으로, 머리는 좌측을 향한다.

⑤ '넷' 구령에 원위치(①번 자세) 한다.

⑥ 20회 실시한다.

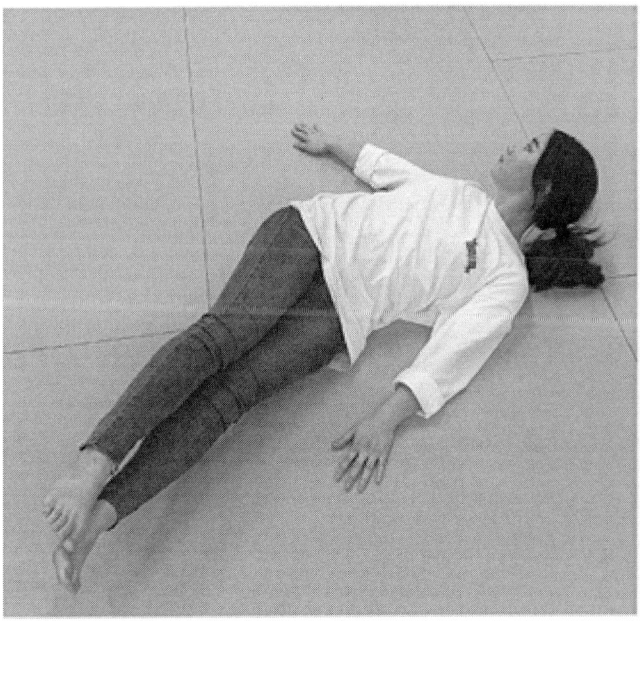

5. 엎드려서 손발 들어주기 1

① 팔과 다리를 펴서 엎드리고,

② '하나' 구령에 왼 다리와 오른팔을 서서히 든다.

③ '둘' 구령에 원위치(①번 자세) 한다.

④ '셋' 구령에 오른 다리와 왼팔을 서서히 든다.

⑤ '넷' 구령에 원위치 한다.

⑥ 20회 실시한다

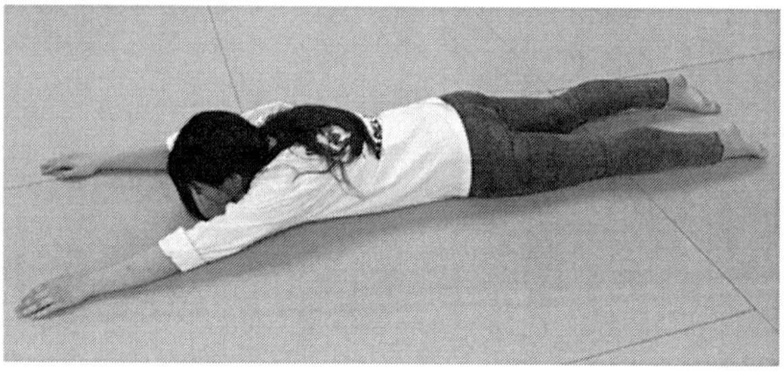

6. 엎드려서 손발 들어주기 2

① 팔과 다리를 펴서 엎드리고,

② '하나' 구령에 팔과 다리를 동시에 최대한 위로 든다.

③ '둘' 구령에 원위치(①번 자세) 한다.

④ 20회 실시한다.

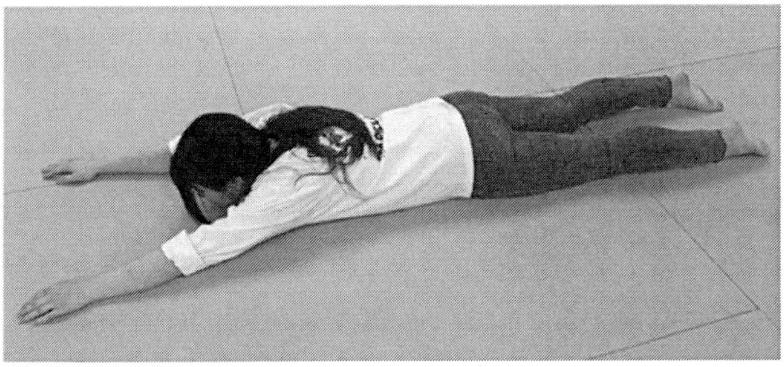

7. 상체 일으키기(Neck Pull-up)

① 누운 자세에서 양손을 머리 뒤에 깍지를 끼어 잡고, 어깨뼈를 바닥에 밀착시킨다.

② '하나' 구령에 하체를 고정시킨 상태에서 상체를 일직선으로 하여 지면에서 45도까지 들어준다.

③ '둘' 구령에 서서히 원위치(①번 자세) 한다.

④ 10회 반복한다.

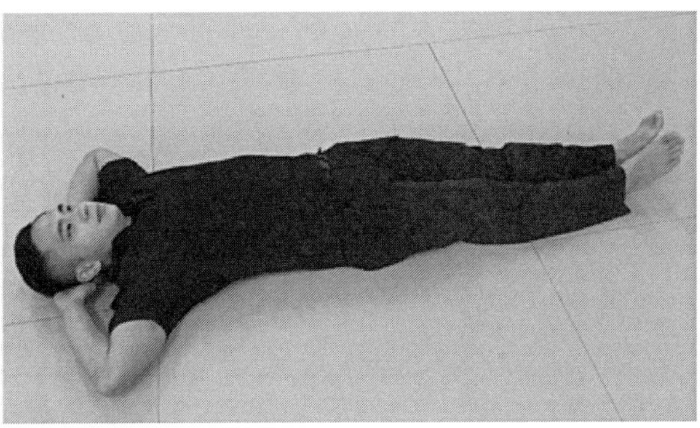

8. 하체 들어올리기(Legs Pull-up)

① 누운 자세에서 양손을 머리 뒤에 깍지를 끼어잡고, 어깨뼈를 바닥에 밀착시킨다.

② '하나' 구령에 상체를 고정시킨 상태에서 다리를 모아 일직선으로 하여 지면에서 90도까지 들어준다.

③ '둘' 구령에 서서히 원위치 한다.(내릴 때는 다리를 바닥에 닿지 않도록 한다.)

④ 10회 반복한다.

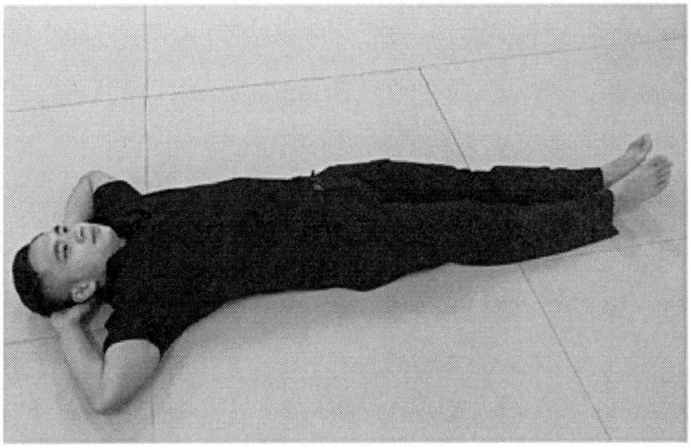

9. 다리 뒤로 들어올리기(Back Leg up & down)

① 팔을 지면으로 뻗어서 엎드린 자세에서,

② '하나' 구령에 몸이 일직선이 되게 하면서 왼 다리를 들어 올린다.

③ '둘' 구령에 왼 다리는 내려놓고 오른 다리를 올린다.

④ 20회 실시한다.

제3절 하체 단련

1. 발 뒤꿈치 들기

① 양다리를 어깨너비로 벌리고 팔을 앞으로 곧게 펴서 선다.

② '하나' 구령에 뒤꿈치를 최대한 든다.

③ '둘' 구령에 원위치(①번 자세) 한다.

④ 20회 실시한다.

2. 스쿼트(squat) 하면서 뒤꿈치 들기

① 양다리를 어깨너비로 벌리고 팔을 앞으로 곧게 펴서 선다.

② '하나' 구령에 자세를 낮추어 허벅지가 수평이 되게 한다.

③ '둘' 구령에 서서히 일어서면서 발뒤꿈치를 최대한 들어 올린다,

④ 다시 '하나' 구령에 자세를 낮추고(②번 자세), '둘' 구령에 다시 일어선다(③번 자세).

⑤ 20회 실시한다.

3. 사이드 런지 1

① 양다리를 어깨너비보다 1족장 더 넓게 벌리고, 팔짱을 끼고 자세를 낮춘다.

② 상체를 직립하여 세운 상태에서 좌측으로 무게중심을 옮긴다.

③ 같은 높이에서 우측으로 무게중심을 옮긴다.

④ 번갈아 가며 반복하여 20회 실시한다.

4. 사이드 런지 2

① 강화된 사이드 런지 훈련이다.

② 발을 바깥으로 벌리고 넓게 하고 무릎이 90도가 되도록 최대한 몸을 낮춘다.

③ 양손은 앞으로 뻗어주며 허리를 직립하여 세운다.

④ 서서히 좌측으로 무게중심을 옮겼다가 다시 반대 방향으로 천천히 이동한다.

⑤ 번갈아 가며 반복하여 20회 실시한다.

5. 무릎 꿇고 다리 뒤로 들기

① 무릎을 꿇고 양팔을 어깨너비로 벌려서 바닥을 짚는다.

② 얼굴을 들고 왼 다리부터 다리를 뻗어서 위로 최대한 들어 올린다.

③ 왼 다리를 서서히 내리고 반복하여 10회 실시한다.

④ 이어서 오른 다리를 같은 방법으로 10회 실시한다.

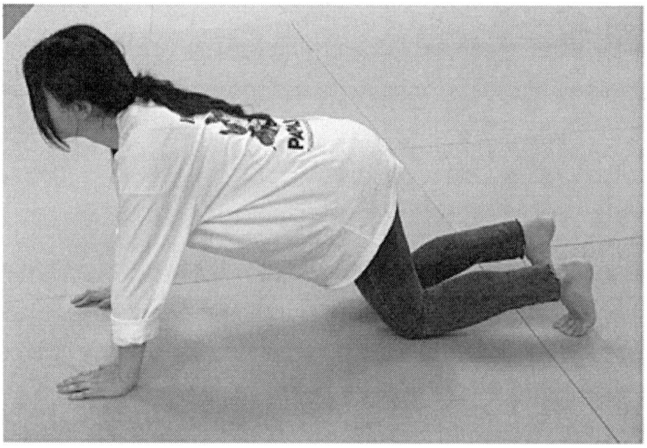

6. 허벅지 뒤쪽 강화 훈련

하체를 단련함과 동시에 신체의 균형감각에 도움이 된다.

① 양손가락을 각각의 발가락 밑에 고정한 채로 무릎을 접어 앉는다.

② 엉덩이를 서서히 위로 들면서 무릎을 최대한 펴준다.

③ 다시 처음 자세로 천천히 되돌아온다.

④ 10회 반복하여 실시한다.

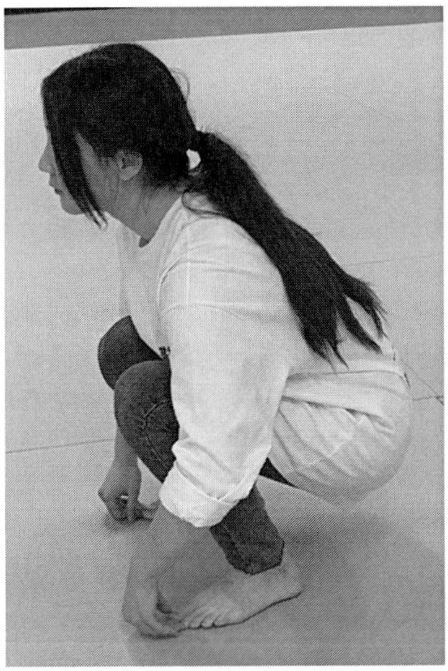

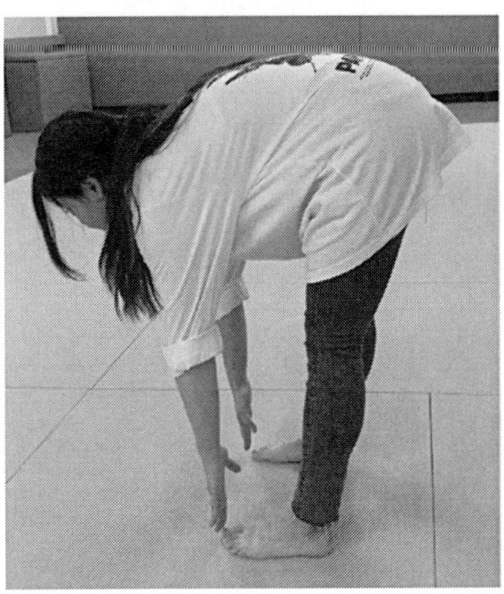

7. 정면 밸런스 차기

신체의 균형감각을 세우면서 하복부와 대퇴부의 전면을 강화한다.

① 차렷 자세로 하여 양손을 허리에 위치시킨다.

② 왼쪽 다리부터 뻗은 상태로 서서히 올리고 내렸다가 오른쪽 다리를 올린다.

③ 20회 반복하여 실시한다.

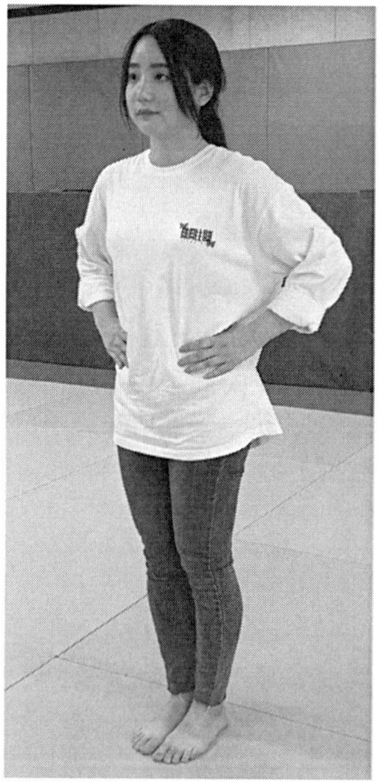

8. 측면 밸런스 차기

코어의 기능을 강화하고 신체의 균형감각을 일으킨다.

① 양팔을 뻗어서 수평으로 벌리고 먼저 왼쪽 다리를 오른발 앞으로 교차하여 위치시킨다.

② 팔을 수평으로 둔 채로 왼쪽 다리를 옆으로 벌리면서 올린다.

③ 왼쪽 다리를 서서히 내리면서 오른 다리 뒤쪽으로 교차하도록 내린다.

④ 다시 왼쪽 다리를 옆으로 벌리면서 올린다.

⑤ 같은 방법으로 우측 다리를 앞뒤로 교차하였다가 우측으로 뻗어서 올린다.

⑥ 좌우로 번갈아 가면 10회 실시한다.

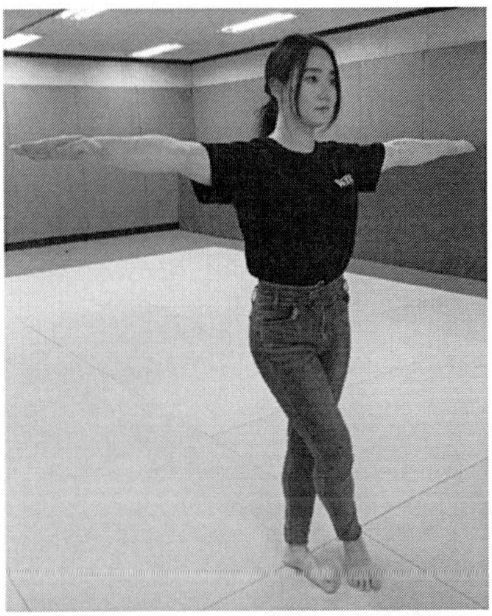

9. 후면 밸런스 차기

코어와 배면 근육을 강화시키면서 균형감각을 키운다.

① 차렷 자세에서 양손을 앞으로 나란히 한다.

② 천천히 왼쪽 다리를 뻗어서 뒤쪽으로 올린다. 동시에 팔은 아래로 내리면서 왼쪽 다리와 같이 평행하여 뒤로 뻗어준다.

③ 양쪽을 번갈아가며 20회 반복한다.

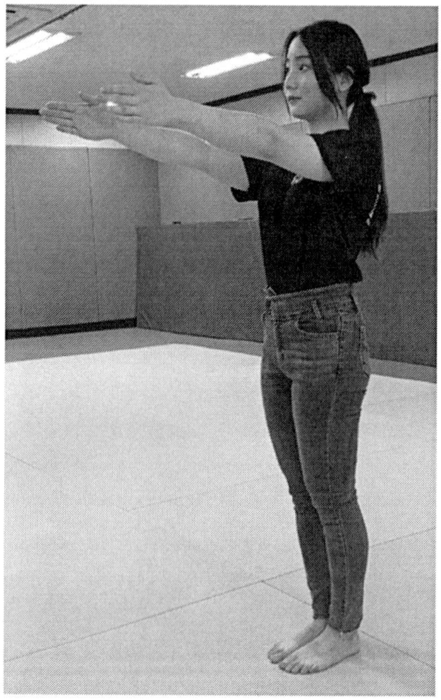

10. 골반 강화 차기

측면 근육과 고관절을 강화한다.

① 옆으로 누워 오른쪽 다리는 접어 바닥에 고정시키고 왼쪽 다리는 길게 뻗어준다.

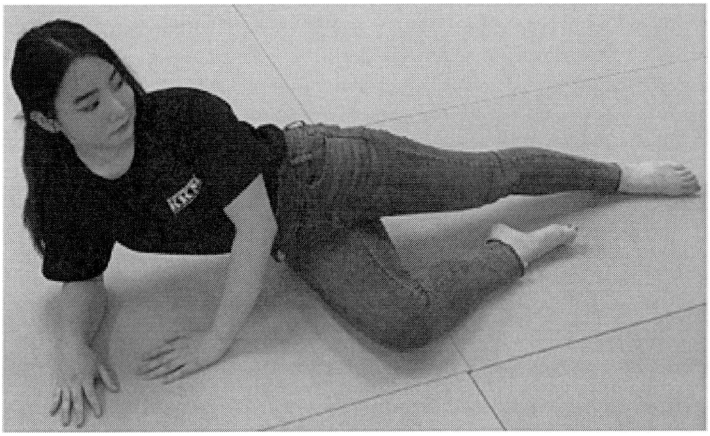

② 오른팔을 접어서 바닥에 지탱하고 왼쪽 다리를 수평으로 들어서 45도 앞으로 내민다.

③ 서서히 뒤쪽 45도가 되도록 밀어준다.

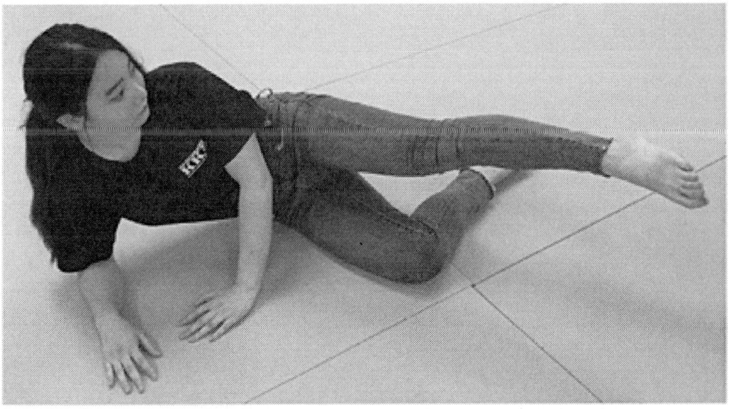

④ 한 쪽에 10회가 되도록 실시하고 자세를 반대로 하여 다시 10회를 실시한다.

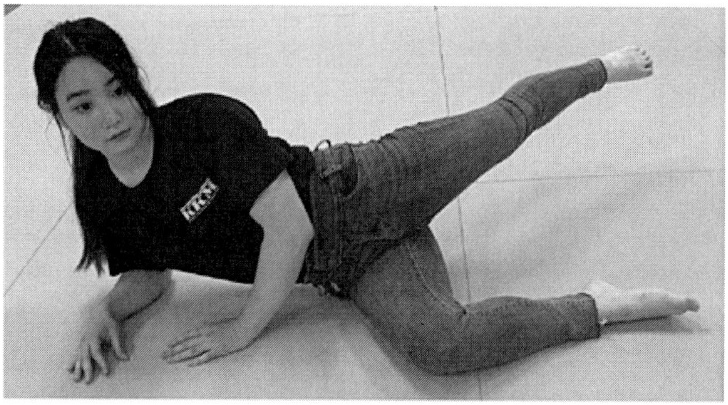

제4절 상체 단련

1. 손가락으로 지탱하여 팔굽혀 펴기

상체를 단련함과 동시에 손의 악력을 강화시키는 동작이다.

① 손가락을 벌리고 엎드려 지탱한다.

② 서서히 바닥으로 향하여 최대한 지면에 밀착시켰다가 천천히 올라온다.

③ 10회 반복한다.

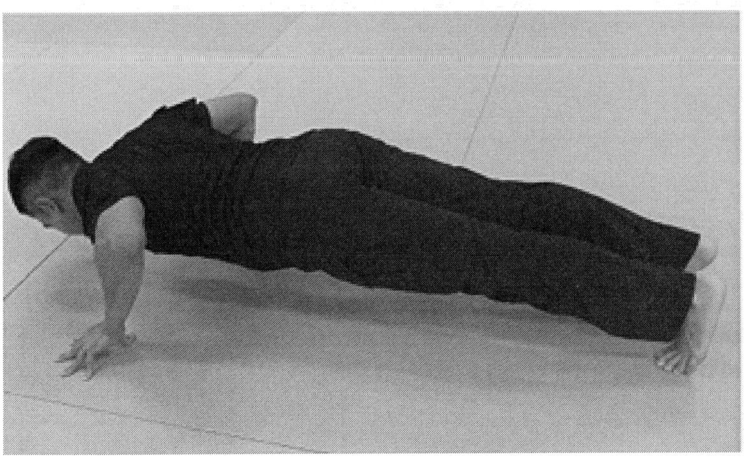

2. 엎드려 플랭크 자세 반복하기

① 엎드린 상태에서 먼저 왼팔을 아래로 내리고 다음 오른팔을 내린 다음 다시 왼팔부터 펴주면서 몸을 올린다.

② 이번에는 오른팔부터 내리고 다시 오른팔부터 몸을 올린다

③ 번갈아 가며 10회 반복한다.

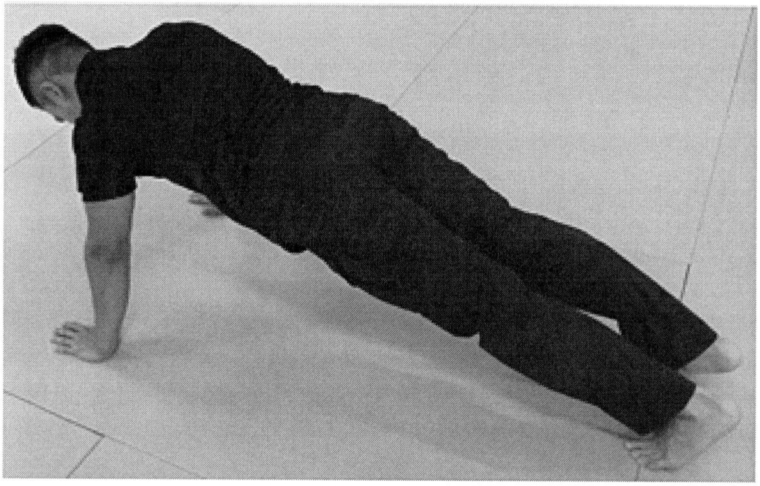

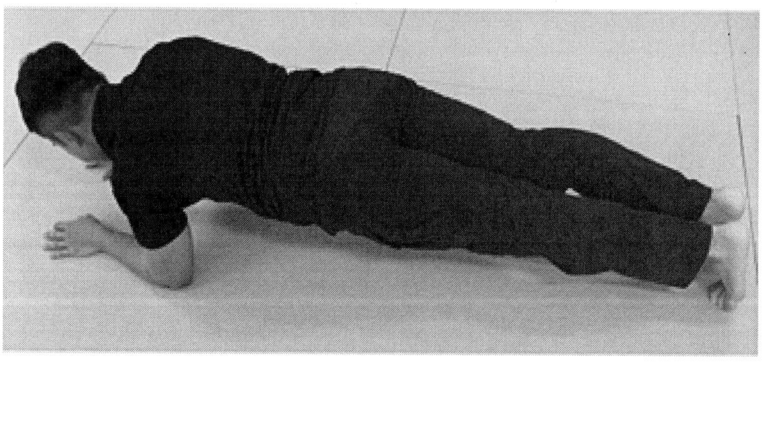

3. 엎드려 손 좌우로 어깨 짚기

4. 엎드려 좌우로 이동하기

① 이동 순서는 (왼쪽 다리−오른팔−왼팔−오른쪽 다리)와 같이 실시한다.

② 다시 반대로 (오른쪽 다리−왼팔−오른팔−왼쪽 다리) 순으로 실시한다.

③ 좌우측 이동을 10회 실시한다.

5. 팔굽혀 펴기

가장 널리 알려진 전신운동이자 상체 강화운동이다. 그러나 바른 자세가 매우 중요하다.

① 머리와 다리까지 일직선을 유지한다.

② 일직선을 유지하면서 최대한 바닥에 접촉할 정도로 내려간다.

③ 반복하여 10회 실시한다.

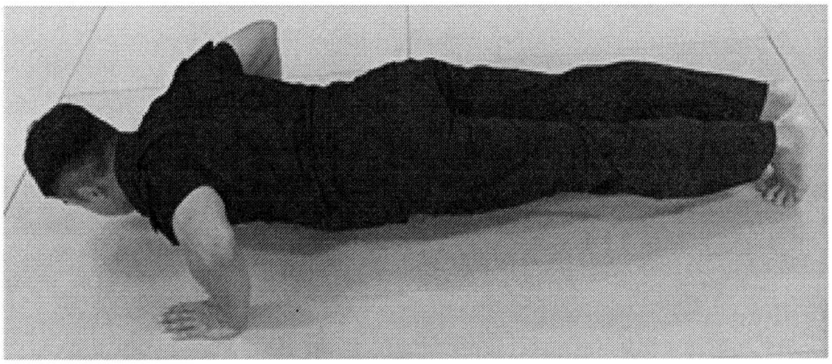

6. 파도 푸시-업

파도 푸시-업은 유도 팔굽혀펴기로도 알려져 있으며, 지구력과 심폐의 기능, 근력의 강화 이외에도 유연성을 길러준다.

① 팔과 다리를 기본 푸시-업보다 넓게 벌린다.

② 상체를 눌러주는 느낌으로 낮추었다가 앞으로 밀어서 위로 올린 다음 다시 처음 자세로 돌아간다.

③ 반복하여 10회 실시한다.

7. 팔로 걷기

① 팔을 어깨너비로 벌리고 보조자가 다리를 잡아준다.

② 신체를 최대한 수평으로 유지하고 전방으로 이동한다.

③ 10미터에 목표를 세우고 반환하여 되돌아온다.

8. 넓게 팔 벌려 푸시-업

삼각근이 발달한다.

① 팔을 최대한 넓게 벌리고 팔굽혀 펴기를 한다.

② 10회 실시한다.

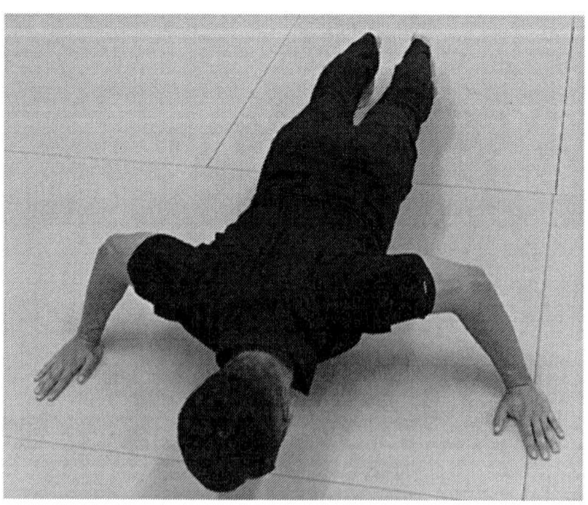

9. 좁게 팔 벌려 푸시-업

대흉근이 발달한다.

① 손바닥을 거의 밀착시키듯이 팔을 좁게 하여 팔굽혀 펴기를 한다.

② 10회 실시한다.

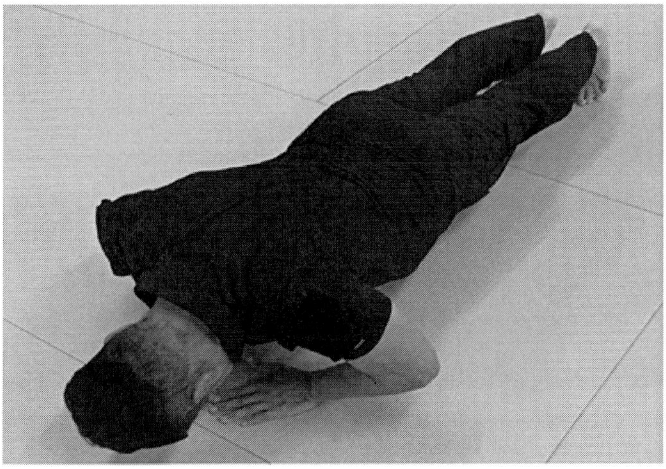

제4장

호신-체포술(護身-逮捕術, Self protection & Arrest technique)

호신-체포술(護身-逮捕術, Self protection & Arrest technique)

제4장

제1절 이론적 배경

1. 무술(武術), 무도(武道), 무예(武藝)

1) 술(術), 도(道), 예(藝)

'무(武)'라는 글자는 '창 과(戈)'와 '멈출 지(止)'의 회의문자로 중국 자전인 설문해자(說文解字)가 설명하고 있다. 그러나 '지(止)'의 의미를 '발 지(止)'로 간주하고 창을 들고 씩씩하게 나아가는 동작, 즉 무기를 들고 방해와 어려움을 뚫고 용감하게 나아가는 것을 '무(武)'로 해석하는 주장이 있다.[1] 이러한 해석은 '무'가 단순한 사회적 또는 문화적 의미를 넘어 정치적 신념을 달성하기 위한 이념적 성격을 가진다고 볼 수 있는 것이다.[2]

장립문(張立文, 1995)은 '도(道)'를 '우두머리 수(首)'와 '다닐 행(行)' 그리고 '멈출 지(止)'로 조성되었다고 하였다. '首'는 사람이 앞장서서 이동하는 것을 말하며, '行'은 사람의 의지적인 동작을 가리키고, '止'는 목표지점에 도달하는 것을 말한다. 따라서 '도'란 인간이 자신의 의지에 따라 행동하여 어떠한 목표를 위하여 나아가는 길 또는 방법을 의미한다. 이러한 개념은 인간의 본성

1) 김정행 · 김상철 · 김창룡. 무도론. (1997). 도서출판 대한 미디어.
2) 김창룡 · 양진방 · 허건식. (2001). 무술, 무예, 무도의 용어정립을 위한 과제. 무도연구소지 12(1). 61-73.

과 행위의 도덕적 방향을 제시하는 것으로 철학사상의 기반이 되는 것이라 할 수 있다.

'술(術)'은 '다닐 행(行)'과 '차조 출(朮)'의 조합으로서 바짝 달라붙어 뒤따라가는 방법 또는 일을 하는 방법을 말하는 것으로서, 방법, 수단, 계략, 술수, 책략, 기교, 재주 등의 뜻이 있다.

따라서 술(術)은 무(武)와의 관계에 있어서 무기를 다루는 기술 또는 맨손을 잘 사용하는 기술이나 전투의 형태 및 개인 간 격투형태를 의미하며, 실제 전투에서 활용할 수 있는 실전 전투기술을 중요하게 여긴다. 반면에 도(道)는 정신적, 철학적, 종교적 의미, 더 나아가 진리와 깨달음을 향하여 나아가는 심오한 의미를 내포한다.

일본에서 아이키술은 아이키도로, 검술은 검도로, 거합술은 거합도로 부르는 것처럼 많은 무도가 고유 명사에 술(術)을 붙여서 사용하다가 나중에는 도(道)로 변화하였다.[3] 미국의 철학자 Paul Weiss(1969)는 도(道)를 한마디로 dedication(전념, 헌신)이라고 명명하였다. 이 전념이란 결과에 매달리지 않고 결과가 요구하는 바를 성실히 따르는 것, 즉 결과에 이르는 길을 주저하지 않고 묵묵히 걸어가는 것이라 하였다.[4]

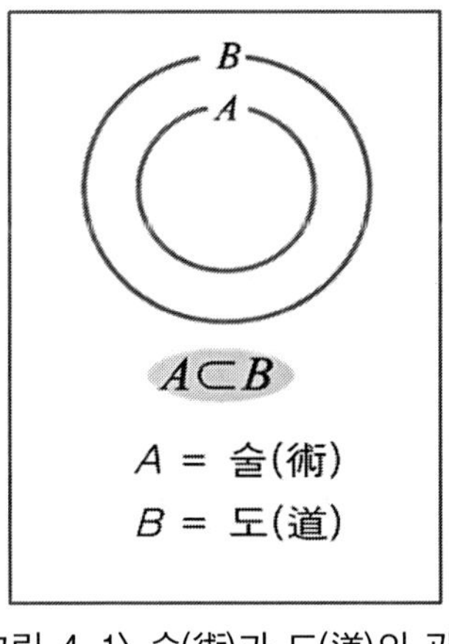

〈그림 4-1〉 술(術)과 도(道)의 관계

3) Corcoran, J., & Farkas, E. (1983). Martial Arts: Traditions, History, People.
4) Paul Weiss. (1969). Sport: a philosophic inquiry. Sourthern Illinois University Press.

도(道)는 끊임없는 훈련을 통하여 내적 완벽을 추구하며, 이를 위하여 그 지향성을 가지고 성취(목표 달성)를 포기하지 않는다.[5] 따라서 도(道)는 정신과 행동이 분리되지 않으며 그 과정에서 기술과 기법 등의 방법이 동원된다. 그러므로 도(道)에는 기술이 포함된다고 할 것이다.

술(術)이 어떠한 목적을 달성하는 기술적 과정이라고 한다면, 도(道)는 여기에 철학적 색상을 도포한 것이라고 할 수도 있다. 무(武)의 표현 색상이 각양각색이지만 그 근본 바탕은 같다고 해도 무리가 아니다.

이 책의 제목을 '호신체포도'라고 하지 않고 '호신체포술'이라 명명한 것은 그 내용이 단전호흡 또는 명상과 관련한 독립적 내용과 신체의 굴신운동을 포함하고 있으며, 다양한 무(武)의 기술을 제공하고 있기 때문이다. 그렇다고 하여 도(道)의 정신을 가볍게 여기는 것이 아님을 강조한다.

오늘날에는 우리나라에서 술(術)이나 도(道)의 개념에서 예(藝)를 다시 찾고자 하는 움직임이 일고 있다. 예(藝)의 뜻을 살펴보면, 우선 남에게 재주를 펼친다는 의미를 담고 있다. 다음으로 지켜야 할 법도나 규칙의 이행이라는 뜻이 있다. 또한 정성을 다하여 목표지점에 도달한다는 의미가 있음을 알 수 있다. 따라서 이 예(藝)에는 술(術)과 도(道)의 의미와 정신이 내포되어 있다고 볼 수 있다.

무(武)에서 예(藝)를 주장하는 움직임은 태권도 단체에서 나타나고 있다. 영어의 'Martial Arts'는 무술(武術), 무도(武道), 무예(武藝) 등 여러 가지로 표현되고 있다. 이와 관련하여 동양권에서는 각 나라마다 사용하는 용어가 다른데, 대표적으로 일본과 중국과 우리나라를 비교하여 보도록 한다.

2) 무술(武術), 무도(武道), 무예(武藝)의 본질(本質)과 변천(變遷)

한때, 우리나라의 무도 또는 무술계에서는 그들 각자의 뿌리를 찾고자 역사적 의미의 탐색에 심취하였던 적이 있었다. 이는 근본을 알고 지키려는 매우 바람직한 일로 볼 수 있었으나, 한편으로는 정통성 논란에서 우위를 점하

---

5) 역자: 김정행 · 최종삼 · 김창우(원저자: Daeshik Kim · Allan Bäck). (2005). 무도론. 교학연구사.

려는 의도가 다분했음을 부인할 수가 없다.[6)]

오늘날에는 문자의 계승 또는 형식적인 계승보다는 현실에 부합되는 과학적인 분석과 기술적 보완을 지향하고 있다는 점에서 매우 다행스럽다고 하겠다.

우리나라에서 학문적으로 무도론(武道論)에 관하여 설명할 경우에는 대체로 두 가지 방향으로 요약된다. 그 하나는 일본 무도와 중국 무술의 흐름을 참조하는 것이고, 다른 하나는 우리나라 고대 역사에서 무(武)의 의미를 찾고자 하였고 기록에 남아있는 불과 몇몇 무예서적(武藝書籍)에서 동작과 기술들을 재현해 내고 있다는 것이다.

비교법적 관점에서 먼저 일본 무도에 관하여 논하여 보겠다. 일본에서는 전쟁기술 또는 싸움기술(격투기술)이라는 의미를 담은 '격기(格技)'와 도덕과 정신적 수양의 의미를 담은 '무도(武道)'라는 문자의 활용에서 확실하게 무도(武道)가 우세하게 자리 잡았다고 할 수 있다.

1968년을 전후하여 전일본학교검도연맹과 전일본검도연맹, 그리고 전국고체련유도부에서 정부에 제출한 진성서에 따르면 '격기'라는 군국주의적 명칭을 '무도'로 고치도록 요구한 바 있다. 또한 무도에는 유도, 검도, 궁도, 스모, 나기나타{치도(薙刀)}, 공수도, 합기도 등을 학교무도에 포함시켜 줄 것을 청원하였다. 왜냐하면 이 이전에는 문부성 주최 전국격기지도자 강습회 강화, 현직체육교원 대상으로 장기적으로 격기 강습 실시, 보건체육 남성교원 심기 적성검사에서 격기과목 추가와 함께 임용 후 지도행정 강화 등을 추진하여 왔기 때문이다.

이 청원서가 제출된 시점으로부터 격기와 무도의 용어 및 활용상의 쟁점은 일단락되었으나, 무도가 체육 또는 스포츠인가 아니면 일본이 자랑하는 무사도(武士道)[7)] 정신에 입각한 무도인가에 대한 논의는 아직 진행 중인 것으

---

6) 장수옥. (1992). 특공무술교본. 도서출판 무림.

7) 角川新版日本史辭典(2010)에 따르면 무사도란 한마디로 무사의 생활양식과 마음가짐을 일컫는다. 중세시대에는 '궁시도(弓矢の道)'라고 하여 주군(主君)에 대한 헌신과 죽음을 각오한 전사(戰士)의 자세를 강조하였지만, 근세에 이르러 무사의 사회적 지위가 변하고 유교의 영향을 반아 리더십을 발휘하는 덕성으로 대변되었다.

로 보인다.

무사도의 본질에 관해서는 일본 내에서 많은 의견이 대두되었다. 니토베 이나조(新渡戸稲造) 박사는 무사도를 "경애(敬愛) · 관인(寛仁) · 동정 · 연민을 덕으로 삼으며, 인간 내면의 천성에서 가장 고귀한 것"이라고 하였고,[8] 이와세 호코타로(岩瀬鉾太郎, 1895~1987)와 요모기다 키이치(蓬田喜一)는 무사도를 "밝고 깨끗하고 올바른 마음을 참뜻으로 삼고, 충성과 효도, 절개, 의리를 존중하고, 명예를 중시하며, 질소(質素)를 바탕으로 자비심을 갖추고, 이러한 것들을 실행함에 있어서 신중하며 철저를 기하는 것"이라고 하였다.[9]

봉건주의 또는 군국주의 시대 무사도 정신을 대변하는 내용으로는 사에키 아리요시(佐伯有義)는 "위로는 부자의 정으로 오로지 군주 한 분을 받들고 전장에 나아갈 때에는 두려움 없이 맹렬히 돌진하고 단호히 빼앗으며, 어떠한 적이라도 중단하지 않고 무찌르며 나아간다. 이것이 무사도 정신 즉 야마토다마시이(大和魂)[10]라고 한다"라는 무시무시하고 긴장감이 넘치는 주장을 하였다.[11]

그러나 다음의 예를 살펴보면 스포츠로서의 무도가 우세하다는 것을 알 수 있다.

1999년 일본체육학회의 체육원리 전문분과회와 체육사 전문분과회 합동 심포지엄에서 발표된 내용을 살펴보겠다.

① 무도는 스포츠의 일종이다.

② 무도는 무도일 뿐 스포츠가 아니다.

무사도는 협의의 무사도 또는 전통적 무사도로 알려진 '하가쿠레(葉隠)'의 무사도와 청 · 일전쟁에 이어서 러 · 일전쟁의 잇따른 승리를 함축하는 '니토베 이나조'의 무사도로 구분된다(한석호. (2018). 우치무라 간조(内村鑑三)의 무사도 이해. 대한일어일문학회 학술대회 발표논문 요지집, 434-437).

8) 니토베 이나조(新渡戸稲造). (1899). 무사도(武士道). NHK出版.

9) 이와세 호코타로(岩瀬鉾太郎), 요모기다 키이치(蓬田喜一). (1938). 검도수필(劍道隨筆). 内田書店.

10) 야마토다마시이는 메이지(明治)시대(1868~1912) 이후 민족주의의 핵심적 요소로서 중요시되었고, 제2차 세계대전 시기에는 군국주의적 전투의지의 상징으로서 천황에게 충성하고 목숨을 초개와 같이 여기며 용맹하게 전투에 임하라는 정신이지만, 오늘날에는 문제해결을 가능하게 하는 생활 상식과 지혜라는 의미로 사용되고 있다.

11) 사에키 아리요시(佐伯有義). (1986). 武士道全書 總13券. 國書刊行會.

위의 두 가지 질문내용을 대학교 9개교 207명(유도 132명, 검도 75명), 고등학교 7개교 140명(유도 98명, 검도 42명)을 대상으로 설문조사를 실시하였다. 그 결과 대학생은 ①항 80.7% ②항 16.9%, 그리고 불성실 2.4%로 나타났고, 고등학생은 ①항 88.6% ②항 9.3% 불성실이 2.1%로 나타났다. 이러한 결과는 무도를 스포츠의 입장에서 이해하고 접근한다는 것을 명확하게 보여주는 것이다.

아베 시노부(阿部忍)는 무도가 현대의 스포츠가 가지고 있는 다양성을 바탕으로 진전되어야 한다고 강조하였다. 즉, 현대의 스포츠에는 본인의 의사에 따라 운동을 즐긴다는 오락적 요소가 있으나, 이와 함께 격렬한 신체의 고통을 수반하는 훈련에 의한 기술 추구, 상호 긍정적인 인간관계를 기반으로 하는 자주성 · 경쟁의식 · 협력 · 공정성 · 예의 등이 포함되어 있으며, 심신의 동시적 단련으로 개인의 성장과 사회인으로서의 적응을 육성할 기회를 가진다는 점에서 무도가 추구하는 철학으로서의 범주를 가진다고 하였다.[12)]

다음으로 중국 무술에 대하여 알아보겠다. 중국에서는 고대부터 주로 전투의 승리를 위하여 사용된 다양한 무기들의 활용이 중시되었고, 청동기가 발달하였던 하상서주시대에는 3인의 갑사(甲士)가 탑승하는 전차전(戰車戰)이 주목되는데, 1명은 '어(御)'라고 하여 전차를 모는 역할을 하고, 다른 1명은 '차좌(車左) 또는 갑수(甲首)'라 하여 3인의 지휘자로서 원거리 전투를 위하여 활을 쏘는 담당이었고, 마지막 1명은 '차우(車右)' 또는 '참승(驂乘)'이라 하여 갑수를 보좌하고 과나 모를 잡고 근접전 전투를 하는 형태를 갖추었다.[13)]

주(周)나라 시대에는 겨울철 군사훈련이나 평상시에 무사를 선발할 때 격투무술을 활용하였다고 〈예기(禮記)〉[14)]에 나타나 있다. 실제 전투를 위

12) 박홍식 역서. (2000). 체육 · 스포츠 · 철학론 · 무도론. 대경북스.

13) 송일훈 · 김산. (2008). 한 · 중 · 일 격투무예의 어원 및 기원에 관한 연구(2): 고대 중국의 원시시대부터 진한삼국시대를 중심으로. 체육과학연구 19(4). 104-116.

14) 중국 고대 유가의 경전으로 총 49편(대성의 소대예기)으로 이루어져 있으며, 예(禮)에 관한 경전을 보완하거나 주석하였으므로 예경(禮經)이 아니라 예기(禮記)라고 하였다. 무술과 관련된 내용으로는, "맹동지월(孟冬之月), 천자내명장사강무(天子乃命將師講武), 습사어각력(習射御角力), 범집기론력(凡執技論力), 괄사방(适四方), 나고굉(裸股肱), 결사어(決射御)"에서 잘 알 수 있다.

한 기초무술로서 맨손무술은 상고시대(上古時代)부터 중요한 역할을 하여 왔다.

그러나 총포류(銃砲類)의 등장으로 중국 군인의 창, 도검류 등 냉병기(冷兵器)[15]를 중심으로 하는 전술의 퇴조와 함께 맨손무술은 실전적인 가치를 상실하게 되는 위기를 맞이하게 되었다. 이러한 시대적 변화에 따라 맨손무술도 건강무술(健康武術), 호신무술(護身武術) 또는 맨손 격투무술로 변화하게 되었다.[16]

중국의 맨손무술은 주로 메치기를 위한 중국식 씨름인 솔각(摔角), 손으로 상대방의 손목이나 팔꿈치를 꺾거나 낚아채는 금나(擒拿) 또는 금나수(擒拿手), 태극권(太極拳), 팔괘장(八卦章), 외가권(外家拳), 내가권(內家拳) 등의 다양한 권법(拳法) 등이 무술이라는 단어에 포함되어 있다.

중국무술 명칭은 중국의 수많은 왕조시대와 넓은 영토만큼이나 다양하고 복잡하다. 초기에는 기격(技擊), 무예(武藝), 격자(擊刺) 등으로 불렸다가, 1928년 국민당 정부가 공식적으로 '국술(國術)'로 지칭하였고 이후 중화인민공화국 정부에서 '무술(武術)'로 사용하면서 오늘에 이르게 되었다.

일본과 중국이 무도의 본질을 실제 생활과 문화 속에서 발견하여 정립하여왔다면, 우리나라는 무도의 근본을 고대 역사로부터 한 점 또 새로운 한 점의 자취를 찾아 그 가치와 본질을 가꾸어 왔다고 할 수 있다. 이러한 방향에서 우리나라 무예의 역사를 살펴보기로 한다.

흔히 인류의 역사는 전쟁의 역사 또는 후계자의 역사라고 말하고 있다. 전자는 그렇다 하더라도 후자 역시 후계자를 둘러싼 크고 작은 대립이나 전쟁, 전투가 끊이지 않고 발생하였으니 안타까운 일이기도 하다. 이는 과거와 현재가 다르지 않고 동양과 서양에서 차이가 나타나지 않는다.

---

15) 화약을 사용하는 화기류(火器類)와 비교하여 '차가운 무기류'라는 의미로 사용되고 있는 신조어이다.

16) 김용수 · 박기동 · 윤대중. (2012). 중국 맨손무술의 변천 과정과 유형에 대한 스포츠인류학적 탐색. 스포츠인류학연구 7(2), 115-145.

〈표 4-1〉 중국의 왕조시대에서 사용된 맨손무술의 명칭{김용수 · 박기동 · 윤대중(2012) 재구성}

구분	맨손무술 명칭	비고
춘추전국(春秋戰國) (BC 768~BC 221)	기격(技擊), 수박(手搏)	기격술(技擊術)은 전장에서 전투를 위한 중요한 수단이다.
진(秦), 한(漢) (BC 221~AD 220)	수박(手搏), 각력(角力), 각저(角觝)	규칙이 없는 신체의 모든 것을 활용한 싸움기술을 말한다. 각력(角力)은 전국시대(戰國時代)부터 악기, 노래, 춤과 조화되어 예술화되었으며, 진시황(秦始皇)의 통일 이후에는 각저(角觝)를 무술훈련의 예절로 삼았다.[17]
위(魏), 진(晋), 남북조(南北朝) (AD 220~AD 581)	각력(角力), 상박(相博), 상복(相扑)	민간무술 또는 군사무술 여부에 따라서 용어상 차이가 많았던 시대이다.
수(隋), 당(唐), 송(宋), 원(元) (AD 581~AD 1368)	쇄수(碎首), 수권(手拳), 수박(手搏), 각저(角觝), 상박(相撲), 상박(相博)	어떠한 특정 무술형태의 발전보다는 문화와 지역적 특색에 따른 다양한 무술이 풍습, 습관, 심리, 감정 등의 요소를 포함하면서 생성되고 발전하였다.
명(明), 청(淸) (AD 1368~AD 1911)	32식(式) 6보권(步拳), 후권(猴拳: 원숭이권), 파자권(巴子拳), 소림권(少林拳)	무술의 집대성기로 동물의 동작과 특징을 모방하거나 기(氣)의 운용을 기준으로 내가권(內家拳)과 외가권(外家拳)으로 구분된다. • 내가권: 태극권, 팔괘장, 형의권 • 외가권: 소림권

전쟁과 전투는 비슷하기도 하지만 의미상에 차이가 있다. 전쟁은 전략적 차원의 군사작전이며, 전투는 전술적 차원의 집단 무력충돌이다. 대부분의 역사가들은 전투보다는 전쟁에 초점을 맞추어 서술하기를 좋아하였는데, 이는 전쟁 당사국 또는 당사자들을 둘러싼 정치적 · 외교적 긴장감이 그들의 집필 욕구를 충족시키기 때문이다.[18]

---

17) 조로자(調露子). (1990). 각력기(角力記). 人民體育出版社: 北京.
18) 김주성. (2011). 7세기 삼국 고대 전투모습의 재현. 국방부 군사편찬연구소, 군사(81).

몽고메리(1887~1976)는 전쟁이 인간관계에 있어서 합의를 도출할 다른 방법이 없을 때 항상 중재자 역할을 한 것은 다름 아닌 전쟁이었다고 하였다.[19] '손자병법(孫子兵法)'의 제1편인 〈시계(始計)〉에는 병법의 상위개념으로 병도(兵道)를 강조하고 있다. 즉, "전쟁은 백성의 생사와 국가의 존망에 직결되는 군국기무(軍國機務)이므로 신중히 생각하여야 한다"고 하였다. 가능하면 전쟁을 피해야 한다는 의미인데, 이 병도 가운데에서 무도(武道)[20]에 주목할 필요가 있다. 무도란 뛰어난 무위(武威) 자체를 통하여 싸움을 멈추게 하는 무(武)의 기본 이념을 실현하는 도리를 말한다.[21]

우리나라를 비롯한 동양의 무도(武道) 또는 무술(武術)에 관한 근본이념은 바로 이 무위(武衛)에 의한 무도(武道)를 말한다. 뛰어난 무(武)의 실력을 바탕으로 인간의 목숨을 앗는 것이 아니라, 오히려 생명을 살려내는 활인도(活人道)를 가리키는 것이다. 따라서 무도이건 무술이건 아니면 무예(武藝)라는 이름으로 수련을 한다는 것은 활인도(活人道)라는 본질을 깊이 새기고 인간관계에 있어서 이타적 사고의 발현이 이루어지도록 부단히 노력하여야 함을 뜻하는 것이다.

이러한 무도의 본질과는 다르게 실제 군사 훈련에서는 공격 또는 방어를 위하여 적을 살상하는 방법을 주로 다루게 되는데 이것이 전투라고 할 수 있다. 전투를 위한 훈련은 자신의 생존을 위해서이기도 하지만, 민족 또는 국가의 생존을 위한다는 거시적 목적을 가지도록 강조되기도 한다. 이와 함께 불굴의 투지, 정신력, 체력, 전우애 등을 필요로 한다.

전략과 전술의 입장에서 우리나라 역사를 살펴보면, 고조선 시대에는 백두산을 중심으로 서쪽으로는 중국 전국시대(기원전 403년~기원전 221년) 연나라

---

19) 승영조 역. (2015). 전쟁의 역사(A History of Warfare). 원저자: Bernard Law Montgomery. 책세상.

20) 신동준의 무경십서에는 전쟁을 최대한 피하는 대원칙을 병도라 하고 그 내용은 난세에 적용되는 치도인 난세지도(亂世之道), 위에서 말한 무도(武道), 먼저 주어야 얻는다는 도가의 사상을 적용한 여취지도(予取之道), 폭력을 힘으로 제압하여 천하를 호령한다는 취천하지도(取天下之道), 힘으로 난세를 평정하는 패자(霸者)의 도리를 일컫는 패도(霸道) 등을 제시하였다.

21) 신동준. (2012). 무경십서. 위즈덤하우스.

의 경계인 지금의 난하 유역인 만주지역과 북동쪽으로 헤이룽강 유역인 연해주에 이르기까지 광대한 영토를 통치하였고,[22)23)] 남으로는 을지문덕 장군의 살수대첩으로 알려진 청천강을 직접 다스리고 그 이남을 간접 통치하였다.[24)]

삼국시대에도 고구려의 영토는 요동반도 전역과 만주 일대에 걸쳐있었고, 고구려의 계승자로서 고려 또한 이 영토를 인식하여 왔음은 서희와 소손녕의 담판에서도 나타나 있다.[25)] 신라와 백제는 대마도와 일본 본토에까지 영향력을 행사하였고,[26)] 한때(근초고왕, 재위 346~375년) 백제는 중국 요서와 진평을 점령하여 백제군(百濟郡)을 설치하기도 하였다.[27)]

고대국가에 있어서 이와 같은 영토나 세력의 확장은 대범한 전략적 전술적 능력뿐만 아니라 강력한 전투적 능력 없이는 불가능한 일이었으며, 이는 강인한 불굴의 투지력과 상무정신(尙武精神)을 바탕으로 한다.

화약이 발명되기 이전의 전투능력은 활이나 칼 또는 창과 같은 무기에 의존할 수밖에 없는 것이었고, 이를 활용하기 위해서는 우선 강인한 정신력을 바탕으로 체력과 무기를 잘 다루는 기술, 즉 무술(武術)이 필요하였다. 따라서 고대국가 때의 우리 선조들의 기개와 전투능력을 짐작하게 하는 것이다.[28)]

무기의 능숙한 사용뿐만 아니라 맨손을 활용한 수박(手搏), 각희(脚戱), 상박(相撲), 태껸 등에도 뛰어난 기량을 가지고 있었음을 641년 당(唐)나라 사자(使者)인 진대덕은 봉사복명서(奉使復命書)인 봉사고려기(奉使高麗記[29)])에서 밝히고 있다.[30)] 이 같은 맨손무술의 실체는 중국 길림성 집안현에 있는 고구려 벽화고분 각저총(角觝塚)과 무용총, 안악(安岳) 3호 고분에서 그 증거를 찾아볼 수 있다.

22) 최원태. (2018). 고조선과 전국시대 연의 국경. 역사와 융합(3), 87-126.
23) 윤내현(1989)은 고조선의 서쪽 영토를 만리장성까지라고 주장한다.
24) 윤내현. (1989). 고조선의 영토-고조선은 한반도와 만주 전지역을 통치하였다-. 월간 샘터 20(07), 111-115.
25) 윤경진. (2020). 고구려·고려의 영토의식과 한강-고구려의 한강이남 영유 문제에 대한 새로운 접근-. 서울학연구(81), 73-106.
26) 이병로. (2020). 8세기 일본과 신라의 공무역과 사무역에 대한 고찰. 국제학논총(31), 5-33.
27) 박남수. (2019). 고구려·백제의 요하(遼河) 유역 진출과 對中 交易. 한국고대사탐구, 45-99.
28) 장수옥. (1992). 특공무술. 도서출판 무림.
29) 중국에서는 여러 차례 변란에 의하여 소실된 것으로 알려졌으나, 1922년 경도제국대학(京都帝國大學) 나이토오코난(內藤湖南)이 세상에 처음으로 소개하였다.
30) 김효진. (2019). 『高句麗』와 高句麗情勢. 중원문화연구 27, 225-257.

〈그림 4-2〉 고구려 고분 각저총 벽화[31)]

〈그림 4-3〉 각저총 씨름도[32)]

31) 강현숙. (2015). 시공을 뛰어넘은 고구려 고분벽화. 고구려발해연구 59, 275-296.
32) 매일경제. 각저총 씨름도가 말하는 고구려의 전통과 개방성. 2017. 11. 30.

〈그림 4-4〉 안악3호 수박도[33)]

〈그림 4-5〉 무용총 수박도[34)]

고려사(高麗史) 두경승전(杜景升傳), 이의민전(李義旼傳), 최충헌전(崔忠獻傳)에서는 수박(手搏)을 무술의 근간으로 삼고 있다는 내용이 있으며, 정중부전(鄭仲夫傳)에서는 의종이 수박희(手搏戲)를 즐겨 관람하였다. 조선왕조실록에서 초기 태종실록(太宗實錄), 세종실록(世宗實錄), 세조실록(世祖實錄)에는 수박(手搏)을 통하여 병사를 선발하거나 수박(手搏)에 능통한 병사를 연회에 등장시켜 관람하기도 하였다.

33) 한성백제박물관 고구려고분벽화전(2017).
34) 세계무술박물관(2019).

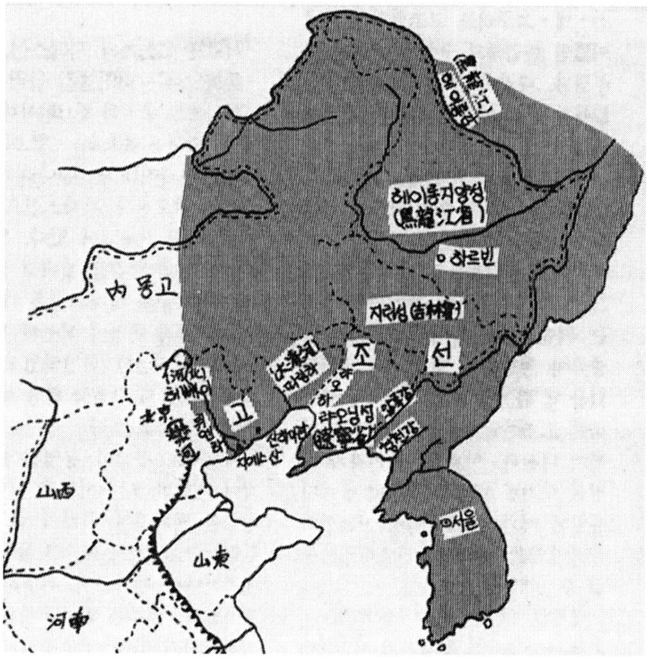

〈그림 4-6〉 고조선의 영토(윤내현, 1989)

우리나라의 역사를 돌아보면 끊임없는 외침의 연속이었으며 이에 대한 항전(抗戰) 속에서 자연스럽게 상무정신(尙武精神)이 자리하게 되었다. 나라가 위기에 처하여 있을 때에는 군인뿐만 아니라 선비와 농부, 승려들이 활과 검, 창으로 무장하여 적군을 향하여 돌진하였다. 이들이 평상시에 무예에 대한 관심이 전혀 없었다면 이러한 결사항전(決死抗戰)의 정신이 행동으로 이어지지 못하였을 것이다.

이러한 무예에 대한 구체적 기록은 1790년 조선 제22대 왕 정조의 명에 의하여 편찬한 '무예도보통지(武藝圖譜通志)'[35]를 제외하고는 안타깝게도 남아 있는 것이 없다. 신라 혜공왕 때 김암의 '둔갑입성법', '무오병법', '화령도' 등

---

35) 임진왜란과 병자호란을 겪으면서 외부의 적들에 비하여 취약한 무예를 연구하여 작성한 것으로, 당대의 문장가였던 규장각 박제가와 이덕무 그리고 장용영의 무관 백동수가 편찬에 참여하였다. 기존의 병법서는 전략과 전술을 운용하는 거시적 관점에서 집필되었다면, 무예도보통지는 개인의 무예를 강조하는 미시적 관점의 무예 교본이라는 점에 의의가 있다.

이 저술되었고, 고려시대에는 '김해병서', '팔진삽십육변도보'가 저술되었으나 실존하지 않는다. 조선 개국공신인 정도전은 '오행진출기도', '강무도', '진법'을 저술하였으나 남아있지 않고, 다만 1791년(정조 15년)에 왕명으로 정도전의 병법서를 보완하여 '삼봉집'을 저술한 것이 유일하게 남아있다.

임진왜란 이후에 지속된 평화로운 시대는 국난극복(國難克服)의 바탕이 되는 무예가 문(文)에 의하여 밀려나게 되었는데, 이는 침략의 기억을 망각한 안일함과 당시의 문(文)을 숭상하고 무(武)를 천시하던 유학사상(儒學思想)의 영향을 받은 것으로 볼 수 있다.

제국주의 일본에 의한 침략과 강점 시기에는 우리나라의 전통 무예를 그들의 명칭으로 개조하고자 하였다. 무예(武藝)는 무도(武道)로, 검술(劍術)은 검도(劍道), 궁술(弓術)은 궁도(弓道), 유술(柔術)은 유도(柔道)라 하여 오늘날 대부분의한국인들이 자연스럽게 사용하는 용어가 되었다. 따라서 우리민족 고유의 전통적 명칭을 다시 되살려야 하며, 이에 대한 국민적 합의와 무예인들의 적극적 동참이 필요한 시점이다.

2. 폭력과 호신-체포술

1) 폭력

폭력(暴力, violence, aggression)이란 신체적 · 정신적 공격행위 등, 불법한 방법으로 행사되는 물리적 강제력을 말한다.[36] 형법 제257조부터 제262조에는 이러한 폭력을 상해 및 폭행죄로 다스리고 있다. 폭력에는 다분히 공격적 행동을 동반하는데 이 공격성에는 신체적 공격과 언어적 공격(Buss, 1971), 명백한 직접적인 공격과 은밀한 간접적인 공격(Loever & Loever, 1987), 그리고 반사회적 공격과 친사회적 공격 등으로 구분된다.

공격성의 발현은 오늘날에서는 대체로 3가지로 요약된다. 첫째는 프로이트(S. Freud, 1930)는 공격적 행동이 타나토스(tanatos) 즉, 공격적 욕동(aggressive

---

36) 두산백과. 2021.8.16. 검색.

drive)인 인간의 본능에 의하여 나타나는 것으로 보았고, 로렌츠(K. Lorenz, 1973)의 동물행동학적 관점(view of ethology)에서 음식, 물, 영토를 지키기 위한 동물의 유전적 본능을 이해하면 인간의 본능을 알 수 있다고 하였다.

다음으로 달라드(Dollard, 1939), 베르코위츠(Berkowitz, 1989) 등은 좌절, 위협 또는 의도적 비의도적 방해가 있을 때 공격적인 행동이 발생한다고 하였다. 세 번째로는 반두라(Bandura, 1973)는 개인적 학습에 의하여 공격성이 나타난다고 보았으나 결국 사회적 상호작용에 영향을 받는다고 하였다.

폭력은 신체적 손상을 일으키고 심리적 상처를 남긴다. 직접적인 신체적 손상 이외에도 유기, 감금, 협박, 약취, 유인, 성범죄 등도 불법으로 간주하고 처벌하고 있다.

2) 공공적 사명으로서의 호신-체포술

이 서적은 공공안전기관의 공무원을 대상으로 불법 폭력행위에 대한 대처방안에 초점을 두고 집필되었다. 대표적으로 국민과 가장 가까이 접촉하게 되는 경찰 공무원의 업무수행과 관련하여, 경찰은 위법 행동을 통제 및 제지할 수 있으며, 범죄자를 제압하는 과정에서 일정한 정도의 물리력을 행사[37)]할 수 있는 합법적 공격성을 나타낼 수 있다. 이러한 특성으로 인하여 시민들에게 불가피하게 피해를 입히기 쉬운 입장에 있지만, 다른 한편으로는 직무수행 중에 시민들로부터 저항과 반발을 당하거나 위험에 노출되어 심각한 피해를 입을 수 있다.[38)]

특히 우리 사회는 공권력을 경시하는 풍조가 만연하여 경찰업무를 수행함에 있어서 여러 부작용이 발생하고 있다. 시민들로부터 욕설이나 협박을 받거나 멱살을 잡히고, 손발이나 흉기에 의하여 신체적 손상을 당하는 등, 이와 관련하여 직무스트레스나 우울증과 같은 부적응적 현상이 높게 나타나고 있다.[39)] 이러한 실정임에도 불구하고 범죄자의 인권에 대해서는 매우 엄

37) 박순진. (1999). 경찰의 폭력범죄 피해에 관한 고찰. 피해자학연구 7, 174.
38) 이재영. (2021). 경찰공무원의 폭력피해 영향요인 분석. 경찰학연구 21(2), 75-104.
39) 김재운 · 송봉규. (2013). 경찰관의 직무 중 폭력피해경험이 직무스트레스에 미치는 영향. 한국공안행정학회 50, 37-60.

격하게 보장을 요구하면서도 경찰공무원의 폭력피해에 대해서는 사소하게 여기거나 오히려 그 공무원의 자질부족이나 관리자의 지휘력 부족 등으로 치부하여 비난이나 질타를 가하는 사회적 시각이 있는 것이 현실이다.[40)]

미국의 경우에는 경찰공무원이 다른 일반 공무원보다 시민의 공격에 의하여 더 많이 사상하였다고 보고된 바 있으며,[41)] 우리나라에서도 폭행에 의한 공무상 재해의 직종별 점유율에서 경찰 및 소방직 공무원이 다른 직종의 공무원에 비하여 88.1%나 높게 차지하는 것으로 확인되었다.[42)]

〈표 4-2〉 경찰관 공상 원인별 현황(경찰청 통계자료, 2020)

구분	총계	2015	2016	2017	2018	2019
	8,503	1,833	1,864	1,620	1,791	1,395
범인피습	2,470	525	538	452	526	429
교통사고	1,945	396	466	406	421	256
안전사고	3,876	875	802	716	798	685
질병	212	37	58	46	46	25

2015년부터 2019년까지 최근 5년간의 경찰관 총 공상인원은 8,503명으로 이 중에서 범인피습에 의한 공상은 2,470명(29.1%)으로 다른 사고에 의한 공상에 비하여 30%에 달하고 있으며, 연평균 494명이 신체적 피해를 당하고 있는 것으로 나타났다. 이러한 통계수치는 경찰공무원이 직무 중에 얼마나 폭력피해에 노출되어 있는가를 단적으로 보여준다고 하겠다.

경찰공무원의 순직 또는 공상에 대한 구제제도의 개선 또는 보완을 요구하는 목소리가 다수의 연구자들에 의하여 개진되고 있으며,[43)] 이 중에서 개인

40) 신성원. (2010). 경찰관의 폭력피해경험이 탈진감 및 직무만족에 미치는 영향. 한국경찰학회보 12(1), 117-142.

41) Violanti, J. M., Vena, J. E., & Marshall, J.R., (1996). Suicides, homicides, and accidental death: A comparative risk assessment of police officers and municipal workers, American Journal of Industrial Medicine 30, 99-104.

42) 신성원. (2010). 전게서,

43) 그동안 제시되었던 내용들은 사전적 구제제도와 사후적 구제제도로 나누어 살펴볼 수

호신술 향상을 위한 프로그램이 실현되기를 기대해 본다.

이와 같은 상황을 감안하여 국가 공공안전기관의 예비 근무자들은 입직하기 이전에 호신체포술에 대한 개념을 이해하고 숙달할 필요가 있는 것이다.

3. 현대의 무도

1) 현대무도의 다양성

1945년 광복 이후 우리나라는 온갖 다양한 무술을 직 · 간접으로 접하고 있다. 1995년까지 시행되었던 「국민체육진흥법」 제11조에 의하여 국가공인 3급생활체육지도자과정으로 인정되고 문화체육부에서 인정하는 체육도장은 모두 31개로 나타났다.[44)45)] 2015년부터 개정된 새로운 자격제도에는 기존의 '경기지도자', '생활체육지도자' 자격증 명칭이 '스포츠지도자'로 통합되면서 자격의 종류를 지도 분야(전문체육 또는 생활체육), 지도 대상(유소년, 노인, 장애인), 지도 내용(스포츠 종목 또는 운동처방), 자격 수준(1급 또는 2급)을 기준으로 세분화되었다. 자격제도의 변경과 관련하여 개정 이전의 자격취득자는 별도의 과정을 신청하지 않아도 새로운 자격을 보유한 것으로 인정한다.

2019년에 개정된 「국민체육진흥법 시행령」 [별표 1] 체육지도자의 자격종목은 전문스포츠지도사인 경우에 검도, 궁도, 레슬링 등 문화체육부장관이 정한 심사기준과 심사절차에 따라 자격 종목으로 인정하여 고시하는 종목이고, 생활스포츠지도사의 자격종목은 검도, 복싱, 레슬링, 우슈, 유도 등 문화체육부장관이 정한 심사기준과 심사절차에 따라 자격 종목으로 인정하여 고

있다. 사전적 구제제도는 피해예방 및 대처교육 프로그램 강화, 과다한 업무량 조정, 복리후생을 통한 업무상 스트레스의 완화, 개인 호신술 향상을 위한 프로그램의 강화, 주취자 비보호조치의 개선 등을 들 수 있고, 사후의 구제제도로는 보상관련법의 개선 및 공상자 처우에 대한 개선 등을 들 수 있다.

44) 권투, 레슬링, 유도, 검도, 합기도, 십팔기, 육체미, 우슈, 요가, 궁중무술, 태수도, 국선도, 권격도, 킥복싱, 활기도, 수박도, 격투기, 공권도, 통일무술, 한무도, 화랑도, 왕도특수무술, 십팔반무예, 도봉술 등

45) 박순진 · 홍장표 · 김의영 · 장재이 · 최종균. (1999). 현대무도(武道)의 지향과제에 대한 논의. 무도연구소지 10(1), 195-204.

시하는 종목이며, 장애인스포츠지도사의 자격종목은 공수도, 레슬링, 유도 등 문화체육부장관이 정한 심사기준과 심사절차에 따라 자격 종목으로 인정하여 고시하는 종목이다.

유소년스포츠지도사의 자격종목은 검도, 복싱, 레슬링, 우슈, 유도, 태권도, 궁도 등 문화체육부장관이 정한 심사기준과 심사절차에 따라 자격 종목으로 인정하여 고시하는 종목이며, 마지막으로 노인스포츠지도사의 자격종목은 검도, 복싱, 레슬링, 우슈, 유도, 태권도, 궁도 등 문화체육부장관이 정한 심사기준과 심사절차에 따라 자격 종목으로 인정하여 고시하는 종목이다.

그러나 최근에는 사회단체에 대한 규제완화로 국가 관리의 영역에서 제외되면서 새로운 수련단체가 국가에 신고조차도 없이 생겨나고 상업적 활동을 하는 경우가 많아졌다.

〈표 4-3〉 체육지도자 자격제도 개정 내용(1)

분야	개정 전	개정 후
운동수행방법 지도 및 관리	1급 생활체육지도자	건강운동관리사
생활체육	2급 생활체육지도자	1급 생활스포츠지도사
	3급 생활체육지도자	2급 생활스포츠지도사

〈표 4-4〉 체육지도자 자격제도 개정 내용(2)

체육지도자	전문스포츠지도사	1급, 2급
	생활스포츠지도사	1급, 2급
	장애인스포츠지도사	1급, 2급
	유소년스포츠지도사	구분 없음
	노인스포츠지도사	구분 없음
	건강운동관리사	구분 없음

이미 1994년에 조사한 바에 따르면 전 세계에 1,158개의 각종 무술의 유파가 있음을 확인하였던바,[46] 오늘날에는 그 수가 훨씬 많아졌다는 것을 쉽게 짐작할 수 있다. 또한 세계화의 영향으로 무술의 한 유형 또는 유파가 어느 국가의 전유물이 아니라 전 세계적으로 빠르게 전파 및 공유하게 되어 무술 수련 선택의 폭이 매우 다양해졌음을 알 수 있다. 특히, 기존의 전통무술 유형보다는 상업적 접근을 통하여 대중화에 성공한 격투기 단체나, 군 특수부대의 인체 살상용 무술에 관심이 증폭되고있는 실정이다.

과거의 전통무술을 충분히 존중하되 한편으로 이러한 변화에 대한 긍정적 인식을 바탕으로 어떤 무술이 호신 및 체포기술을 습득하는 데에는 열린 자세를 가질 필요가 있다.

2) 무도의 수련 및 숙달방법

무예 또는 무도, 무술의 형태는 매우 다양하게 분화되거나 신설되고 있고, 참가형태도 참가방법이나 참가시간 및 참가장소에 따라 달라지지만, 그 수련방법에는 비교적 공통적인 구조를 가지고 있다. 수련 구조 및 과정은 다음과 같은 일련의 순서를 따른다.

① 예의(禮意, 禮儀, manners, etiquette, politeness)

예의는 서양의 악수처럼 흔하게 사용되는 인사법 중의 하나이다. 무도수련장에서 예의를 취하는 것은 첫째, 스승, 선배, 동료, 후배 상호 간에 존경을 나타내는 즉, 사람에 대한 존경을 표시하는 일이고, 다음으로 수련장의 전통과 규칙에 대한 존중을 담고 있으며, 셋째, 수련자 자신의 수련장 내·외의 행동에 대한 사회적 약속을 확약하는 깊은 의미를 가지고 있다.

단체 무도 수련이 매우 관습적이고 습관적이고, 이 예의 의식이 반복적이라 하여도 실제 생활과 분리되지 않는다는 점에서 단순한 인사와는 차원이 다르다고 보아야 한다. 사전적 의미에서 예의는 '올바름'을 나타내는 단어이

---

46) John Corcoran. (1994). The Martial Arts Sourcebook, Harper Perennial, Harper Collins Publishers, Inc.

기도 하다. '거짓'이 아닌 '참'의 마음을 가지고 수련에 임하여야 한다는 뜻을 가지고 있다.[47)]

② 굴절운동

굴절운동은 명상이나 단전호흡을 보다 효율적으로 하기 위하여 신체를 굴절(屈折, stretching)시키는 동작을 위주로 실시하며, '심장과 폐'로부터 먼 곳에서부터 가볍게 시작하였다가 점점 가까워지면서 강도를 높여준다. 그러나 지속성을 유지하며 충분히 단련하기 전까지는 무리한 동작은 피하는 것이 좋다.

굴절운동은 근육의 긴장을 풀어주고 이와 함께 심리적 스트레스를 해소하는 효과가 있다.[48)] 단전호흡을 할 경우, 굴절운동 실시 여부에 따라서 호흡의 길이가 크게 차이가 나는 것은 신체적 이완이 정신적 작용에 영향을 미치기 때문이다.

③ 명상(冥想, meditation, contemplation) / 단전호흡(hypogastric breathing)

태권도, 검도, 합기도 등의 많은 무도 수련장에서 예의 다음으로 명상을 하고 있는데, 실제로 명상에 대하여 자세히 설명하거나 이해를 시키고 실시하는가에 대해서는 의문이 있다. 명상은 의식, 지각, 주의, 정서, 자율신경계 등의 변화를 가져오는 복잡한 정신 작용이다. 동양에서는 일부 종교의 전통적인 수행 방법 중의 하나로 알려져 있으며, 서양에서는 제2차 세계대전 이후 종교적 색채는 옅어지고 요가, 참선, 기공 등 명상의 정신적 · 신체적 효과를 강조하는 실용주의적 접근으로 많은 사람들의 관심을 끌고 있다.

이와 함께 1960년대부터 명상 등의 의학적 효과를 과학적으로 증명하기 시작하였는데, 주로 미국 하버드 의대가 깊이 참여하여 초기에는 생리적 변화를 밝혀냈고, 1990년대에 발견된 기능성 자기공명 영상촬영(functional MRI),

47) 김정행 · 최종삼 · 김창우 역. (2005). 무도론. 교학연구사.
48) 김성한. (2004). 덕당 국선도 단전호흡법. 도서출판 덕당.

단일광자 방출 단층촬영(SPECT), 양전자 방출 단층촬영(PET) 등의 첨단 장비를 활용한 뇌의 변화를 증명하고 있으며, 특히 미국국립보건원(NIH)의 지원 아래 심층적 연구가 진행되고 있다.[49]

지금까지 알려진 초월명상(Transcendental Meditation, TM), 마음챙김 명상 등의 효과를 살펴보면, 맥박, 혈압 등 심혈관계 기능과 혈중지질과 혈당이 안정되며, 스트레스 호르몬인 코르티솔의 혈중 농도가 감소되고, 명상 중에는 멜라토닌 수치가 가파르게 상승한다.[50] 또한 통증경감과 함께 통증경감을 위한 약물 사용이 감소되고 자긍심이 향상된다. 면역계통의 지표가 정상화되거나 강화되는데, 일례로 인플루엔자 접종 후 항체가 더 많이 생성된다는 연구 결과가 있었다. 이 외에도 우울, 불안, 분노감, 피로감, 스트레스 증상을 감소시키고, 긍정적인 정서 및 활력감을 증가시키며, 잠재력이나 창의력 향상에 기여한다.[51] 집중력, 단기 기억력, 시각-운동속도, 작업 기억력 등의 인지기능을 높이며, 많은 사람들이 관심을 두고 있는 노화예방에도 긍정적 영향이 있을 것으로 보고 있다. 이러한 과학적 연구의 결과물들은 명상이 더 이상 모호한 신비주의나 비과학적 대상이 아닌 소중한 인류의 정신적 자산으로서 시대적 패러다임 변화의 주체가 되고 있다. 명상은 이처럼 과학적이고 합리적인 가치를 일깨워 준다.

명상이나 단전호흡의 효과는 이처럼 인간에게 정신적 또는 신체적으로 많은 긍정적 변화를 이루게 한다. 이 두 가지 방법이 혼자서 스스로 이루어지는 것은 아니며 전문가의 도움이 필수적일 뿐만 아니라, 이를 위하여 무도 지도자를 위한 의무적인 교육 이수 프로그램이 요구된다고 하겠다.

④ 준비운동

본격적인 훈련에 앞서 하게 되는 준비운동은 심신의 긴장을 풀어주고 근육부상의 위험을 방지한다. 이를 위하여 각각의 훈련 특징에 적합한 부위를 중심으로 동작을 한다.

---

49) 한국뇌과학연구원 편집부. (2019). 명상의 과학. 브레인 76, 8-11.
50) 박상규. (2008). 마음챙김과 자기-조절. 한국심리학회 학술대회 자료집 1, 16-17.
51) 강호중. (2021). 명상의 효과를 뇌파 측정으로 확인할 수 있나?. 브레인 87, 18-20.

⑤ 무도훈련

훈련은 혼자서 하는 훈련과 상대가 있는 훈련이 있다. 자세를 수련하는 훈련은 주로 혼자서 하게 되고, 겨루기 또는 약속대련에는 수련 동료가 필요하다. 이는 각각 고유한 무도의 종류에 따라 정형화된 훈련을 한다. 훈련을 반복적으로 하게 되면 자신도 모르게 경직되었던 동작이 부드러워지고 힘의 강약조절이 쉽게 된다.

⑥ 체력단련

체력단련은 무도의 수련 이후에 하는 것이 바람직하다. 무도 수련 전에 체력단련을 하게 되면 근육의 피로로 인하여 무도기술의 습득 또는 단련에 지장을 초래한다.

⑦ 예의

무도 수련과 체력단련이 종료되면 숨쉬기 운동으로 호흡을 고른 후에 처음과 같은 예의로 훈련시간을 마감한다.

제2절 낙법

1. 낙법의 의미

낙법은 의도적 또는 비의도적 낙상(落傷) 시에 신체에 받는 충격을 줄이기 위하여 만들어졌으며,[52] 유도와 합기도 등 많은 무도종목의 기본기술로서, 넘어지거나 강제적 힘으로 메쳐질 때에 신체에 가해지는 충격을 줄이고 궁극적으로 머리 또는 심장을 보호하여 치명적인 부상을 방지하고자 하는 동작들이다. 넘어지는 방향이 일정하지 않으므로 다양한 각도에서 넘어지는

52) Sabick, M. B., Hay, J. G., Goel, V. K., Banks, S. A. (1999). Active responses decrease impact forces at the hip and shoulder in falls to the side. Journal of Biomechanics, 32, 993-998.

것을 고려하여 그 낙법의 자세가 다르게 구성되어 있다.53)

넘어지는 방향의 빈도를 살펴본 김성현(2009)의 연구에 의하면 전방이 58%, 측방이 30%, 후방이 12%로 나타나 전방으로 넘어지는 것이 훨씬 많다는 것을 알 수 있다. 또한 신체의 골절빈도에서는 전방낙상에서는 팔과 손목의 골절, 측방낙상의 경우에는 어깨와 엉덩이 부분, 그리고 후방낙상에서는 고관절의 골절발생 빈도가 다소 높게 나타났다.54)

안전을 고려하면서 효과적으로 훈련하기 위해서는 ① 낮은 자세에서 높은 자세로, ② 제자리에서 훈련하다가 점차적으로 이동하면서 훈련, ③ 숙련수준에 따라 느린 동작에서 빠른 동작으로 훈련을 진행한다.55)

전방낙법에서 신체의 충격력을 감소시키기 위하여 낙법할 때에 신체의 여유를 갖고 가능하면 넘어지는 소요시간을 길게 하는 것이 중요하다. 또한 팔꿈치와, 어깨 그리고 손목관절의 가동범위를 크게 하는 것이 효율적인 동작이다.56)

측방낙법에서는 엉덩이에 가해지는 충격력을 최소화하기 위하여 넘어짐이 발생하는 순간, 손의 충격속도를 엉덩이보다 빠르게 하여야 한다.57)

2. 낙법의 종류 및 자세

1) 전방낙법 1

전방낙법을 숙달하기 위한 기초자세로서 계속 반복하다 보면 담력이 길러지고 서서 하더라도 두려움 없이 자신감을 가지고 실시할 수 있다.

---

53) 신의수 · 오정환 · 홍수영 · 박찬호. (2014). 무도 전방낙법 동작 시 충격력 감소 요인의 운동역학적 분석. 한국사회체육학회지 57(2), 835-847.

54) 김성현. (2009). 낙상의 감지 및 골절방지 시스템에 관한 연구. 박사학위논문, 전북대학교 대학원.

55) Kodokan. (1994). KODOKAN JUDO. Tokyo, New York, London: KODANSHA INTERNATIONAL.

56) 신의수 · 오정환 · 홍수영 · 박찬호. (2014). 무도 전방낙법 동작 시 충격력 감소요인의 운동역학적 분석. 한국사회체육학회지 57(2), 835-847.

57) 이세환 · 신의수. (2017). 경호무도 숙련도에 따른 측방낙법 동작 시 충격력과 운동학적 요인 비교분석. 한국체육과학회지 26(3), 1331-1343.

① 무릎을 꿇고 상체를 세워서 양손을 가슴 앞으로 가지런히 삼각형으로 만들어 손바닥이 전방을 향하도록 위치시킨다.

② 얍! 하는 기합과 함께 상체를 앞으로 넘어뜨리며 가슴이 지면에 닿지 않도록 하면서 얼굴은 좌 또는 우측으로 돌린다.

③ 손과 팔이 동시에 닿도록 연습을 한다.

2) 전방낙법 2

앞의 기초 동작이 숙달되면 선 자세에서 전방낙법을 실시한다.

① 다리를 어깨너비로 벌리고 선다. 손과 팔은 기초 자세와 동일하다.

② 얍! 하는 기합과 함께 신체를 앞으로 쓰러뜨린다.

③ 팔과 발끝을 제외하고는 신체를 지면으로부터 이격시킨다. 엉덩이를 높게 하고 얼굴과 팔의 동작은 기초 자세와 동일하다.

④ 이것이 숙달되면 얍! 하는 기합과 함께 신체를 공중에 띄웠다가 전방낙법을 할 수 있다.

3) 전방회전낙법 1

전방으로 넘어질 때 신체를 보호하기 위한 동작으로서 유도의 기본낙법이다.

① 양발을 어깨너비로 벌렸다가 우측 발을 1족장 앞으로 딛는다.

② 양손을 V자 형태로 모아 오른발 안쪽으로 하여 바닥에 밀착시킨다.

③ 오른손-오른쪽 팔꿈치-오른쪽 어깨-(대각선으로 등을 타고 넘어가서)-왼쪽 엉덩이-왼쪽 바깥다리 순으로 지면에 접촉하게 된다.

④ 왼쪽 팔과 왼쪽 다리는 30도 정도 좌측으로 평행이 되게 하고 우측 다리는 세우고 오른손은 명치를 보호하고 머리를 들어서 시선은 단전을 향한다.

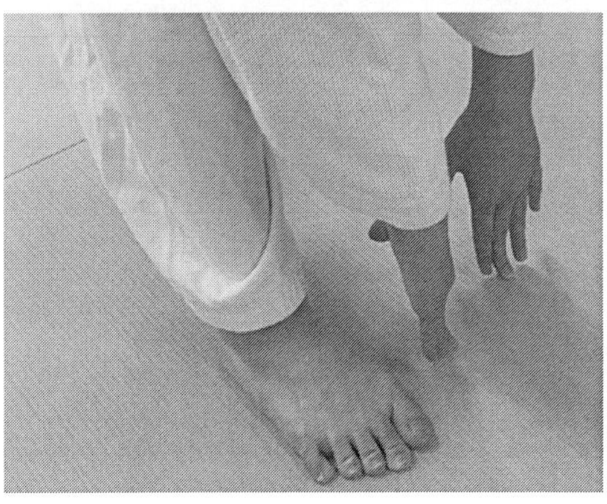

4) 전방회전낙법 2

① 일명 고양이 낙법이라고도 불린다.

② 준비 자세와 구르는 동작은 앞의 과정과 동일하다.

③ 구르고 난 이후의 다리 자세가 유도의 기본 전방회전낙법과 차이가 있다.

④ 빠르게 넘어질수록 신체의 대미지 없이 신속하게 굴러서 일어선 자세가 되며, 동시에 방어 또는 공격 자세가 가능하다.

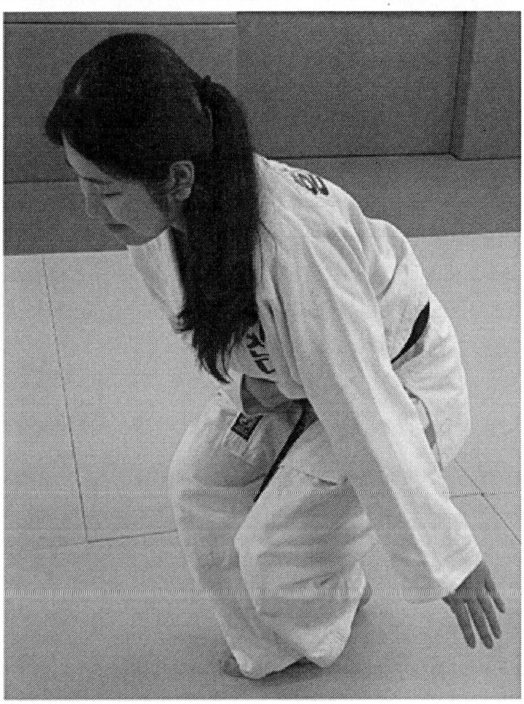

5) 좌(우) 측방낙법

옆으로 넘어질 경우 신체를 보호하기 위한 동작으로서 좌우 측을 번갈아 훈련한다.

① 다리를 어깨너비로 벌리고 정면을 주시하면서 선다.

② 오른팔을 수평으로, 왼팔은 단전 부위에 위치시킨다.

③ 얍! 하는 기합과 함께 오른쪽 다리를 왼쪽 다리 앞으로 이동하면서 오른쪽으로 넘어진다.

④ 넘어지는 자세는 전방회전낙법과 동일하다.

6) 후방낙법

뒤편으로 넘어질 경우에 신체를 보호하는 자세로서 머리가 지면에 부딪혀 충격을 받지 않도록 한다.

① 무릎을 꿇고 앉아 팔을 전방으로 뻗어준다. 이때 뒤꿈치를 조금 드는 것이 좋다.

② 얍! 하는 기합과 함께 힘차게 뒤로 넘어지며 낙법을 한다.

③ 여러 차례를 반복한다.

7) 후방회전낙법

앞의 후방낙법을 기본으로 하되, 신속히 뒤로 구르며 일어서서 즉시 방어 또는 공격이 가능하도록 하는 동작이다.

① 준비 자세는 앞의 준비 자세와 동일하다.

② 뒤로 구르면서 낙법 함과 동시에 좌측 또는 우측 어깨와 머리 사이로 넘어간다.

③ 무릎을 꿇고 앉은 자세가 된다.

제3절 탈포술(脫捕術, How to get away from someone else's grip)

1. 손목 빼기술 기초

1) 제1수

손목 빼기술은 적대적 공격자로부터 손목이 잡혔을 경우에 탈포하여 탈출하는 기술로서 가장 기본이 되는 것은 손가락을 힘을 주며 넓게 펴서 손목에 기운이 스미도록 하는 것이며, 손의 특성상 한쪽은 벌어지게 되는 취약성을 노리는 것이다.

제1수는 상대방 왼손으로 자신의 오른쪽 손목이 잡혔을 경우 또는 상대방 오른손에 자신의 왼 손목이 잡혔을 경우에 실시한다.

구분 동작으로 우선 충분히 연습한 후에 연속동작으로 빠르게 실시한다.

[오른 손목이 잡혔을 경우]

① 손을 살린다.

② 왼쪽 다리를 뒤로 빼낸다.

③ 무게중심을 왼쪽 다리로 옮기면서 허리와 팔꿈치를 회전하면서 팔을 빼낸다.

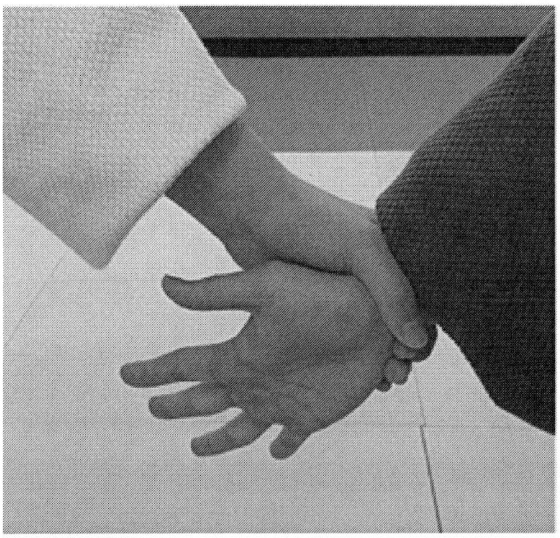

2) 제2수

제1수와 비슷하나 조금 공격적으로 방어하는 기술이다.

앞으로 전진하면서 탈포하는 기술으로서 손목을 빼냄과 동시에 상대방의 명치, 목, 안면 또는 관자놀이의 급소를 가격할 수 있는 동작이다.

구분 동작으로 우선 충분히 연습한 후에 연속동작으로 빠르게 실시한다.

[오른 손목이 잡혔을 경우]

① 손을 살린다.

② 오른쪽 다리를 앞으로 한발 전진한다.

③ 무게중심을 오른쪽 다리로 옮기면서 허리와 팔꿈치를 회전하면서 팔을 빼낸다.

④ 필요시 명치 등을 가격한다.

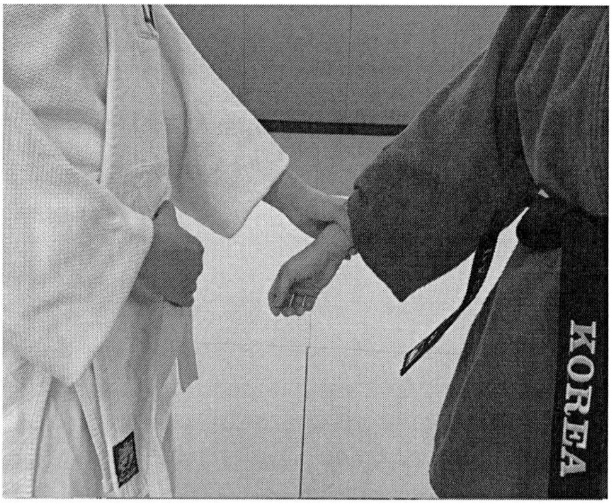

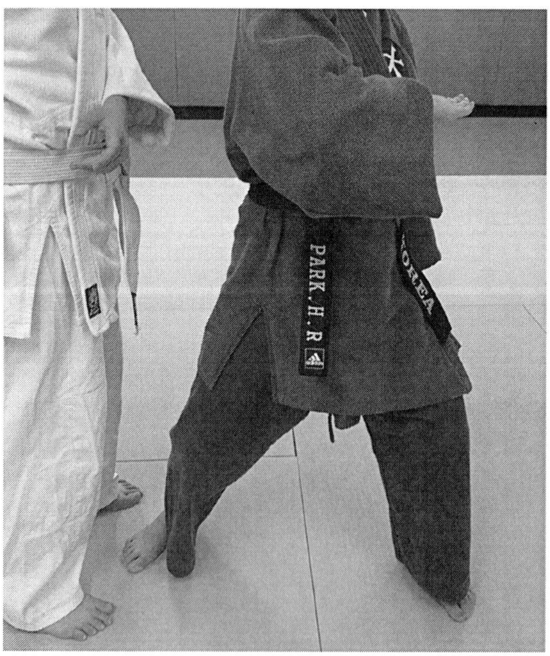

3) 제3수

제1수와 유사하지만 기술을 사용한 후에 장심으로 상대방의 턱이나 목을 공격할 수 있다.

[오른 손목이 잡혔을 경우]

① 손을 살린다.

② 오른쪽 다리를 뒤로 후퇴시키면서 동시에 오른손을 시계방향으로 돌리면서 빼낸다.

③ 빼낸 손으로 상대방에게 공격한다.

④ 팔의 원을 크게 하도록 연습을 한다.

KOREA

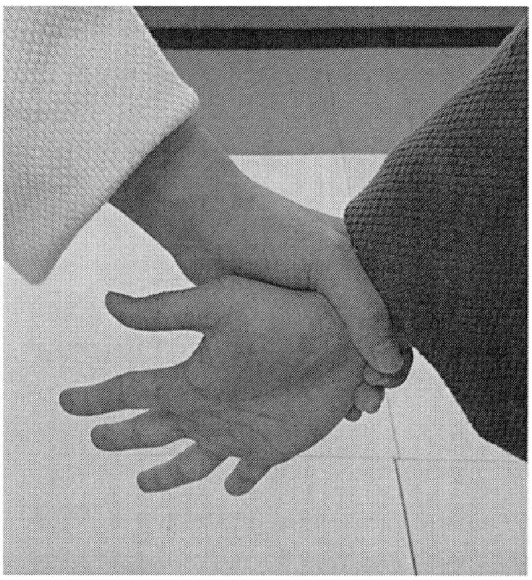

4) 제4수

위에서 오른 손목이 잡혔을 경우에 탈포하는 기술이다.

탈포 이후에 정권 공격이 유리한 기술이며 정권 공격의 경우에 왼발의 신속한 전진이 중요한 관건이 된다.

[오른 손목이 잡혔을 경우]

① 손을 살린다.

② 오른쪽 다리를 뒤로 후퇴시키면서 동시에 왼손을 오른손의 엄지손가락 아래를 감싸 쥐면서 아래를 향하도록 힘차게 돌린다.

③ 빼낸 손으로 정권을 만들어 왼발이 신속하게 전진하면서 상대방의 명치를 공격한다.

④ 힘으로 빼는 것이 아니라 양 손목이 원이 그려지도록 아래로 내린다.

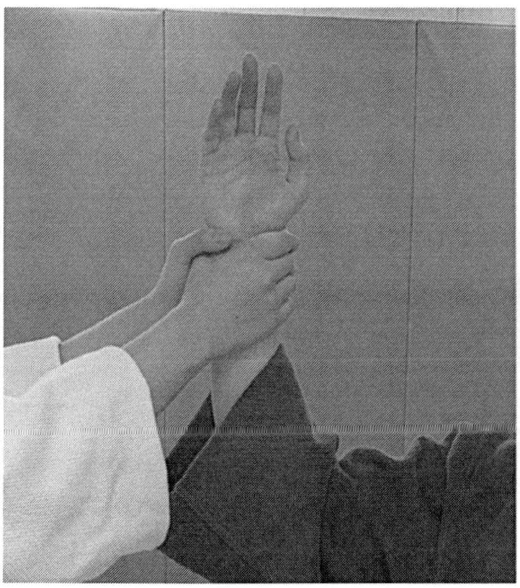
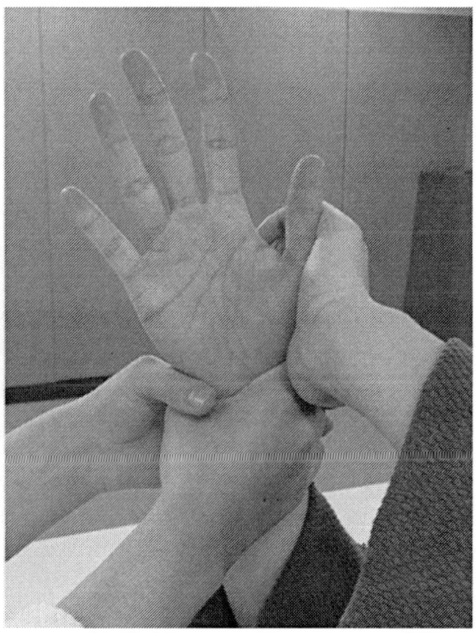

기찬

5) 제5수

자신의 오른손을 상대방이 뒤에서 잡았을 경우에 탈포하는 기술이다.

[오른 손목이 잡혔을 경우]

① 손을 살린다.

② 왼쪽 다리를 앞으로 전진시키면서 무게중심을 이동시키고 동시에 상대방의 무게중심은 흔들리게 한다.

③ 시계방향으로 원을 크게 그리면서 양팔을 회전시킨다. 왼손으로 상대방의 팔을 제지하면서 오른손은 빼낸다.

④ 오른손을 등주먹을 만들어 상대방의 턱 또는 관자놀이를 가격한다.

2. 손목 빼기술 응용

1) 바깥 손목수 제1수

손목 빼기술을 응용하여 상대방을 체포 또는 제압하는 기술이다.

너무 무리하게 기술을 사용하면 어깨의 탈골이 되기 쉬우니 유의하여 적절한 힘으로 훈련한다.

[오른손이 잡혔을 경우]

① 손을 살린다.

② 오른손을 시계방향으로 회전하여 손바닥이 자신의 얼굴 앞으로 향하도록 위치시키면서 동시에 왼손으로 집게손가락을 펴면서 상대방의 손목을 감싸 잡는다.

③ 계속 시계방향으로 원을 그리면서 오른손을 빼면서 자신의 손목 날이 상대방의 관절 안쪽으로 미끄러지듯 위치시키면서 꺾어준다.

④ 무리하게 돌리면 어깨가 탈골되니 유의한다.

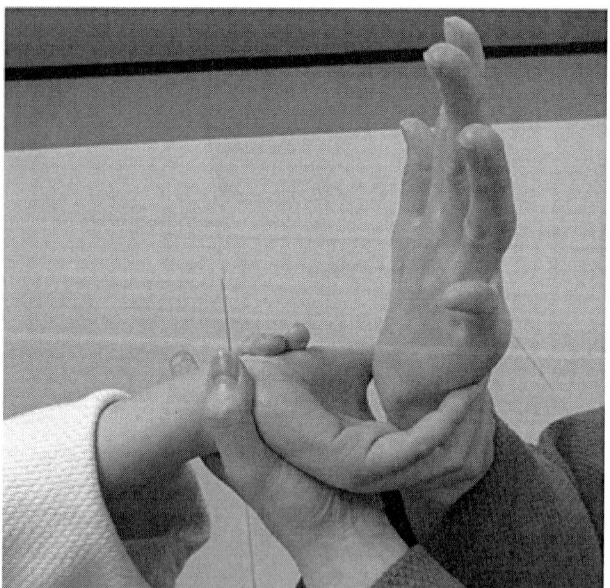

2) 바깥 손목수 제2수

손목 빼기술을 응용하여 상대방을 체포 또는 제압하는 기술이다.

너무 무리하게 기술을 사용하면 어깨 또는 팔꿈치의 탈골이 발생하기 쉬우니 유의하여 적절한 힘으로 훈련한다.

[오른손이 잡혔을 경우]

① 손을 살린다.

② 오른손을 반시계방향으로 회전하여 손등이 자신의 얼굴 앞으로 향하도록 위치시키면서 동시에 왼손으로 집게손가락을 펴면서 상대방의 수도를 감싸잡는다.

③ 오른발을 중심으로 왼쪽 다리를 반시계방향으로 크게 원을 그리면서 돌려주며 동시에 상대방도 같은 방향으로 힘차게 돌린다.

④ 왼손으로는 상대방의 왼손목을 계속 꺾은 상태로 돌려주며, 오른쪽 손목 날은 상대방의 관절 안쪽으로 밀어주면서 제압한다.

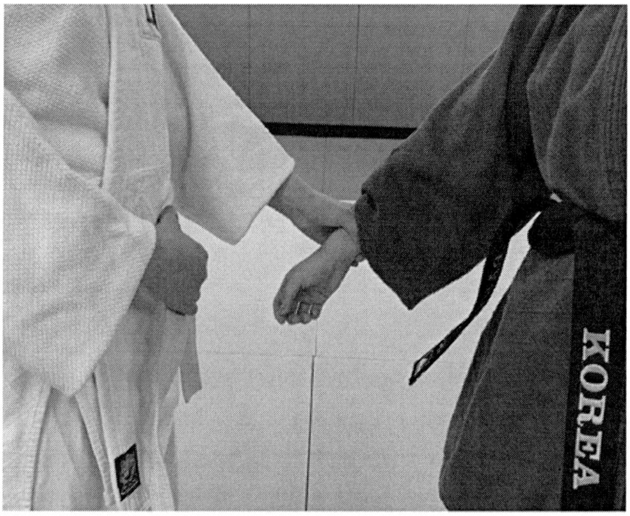

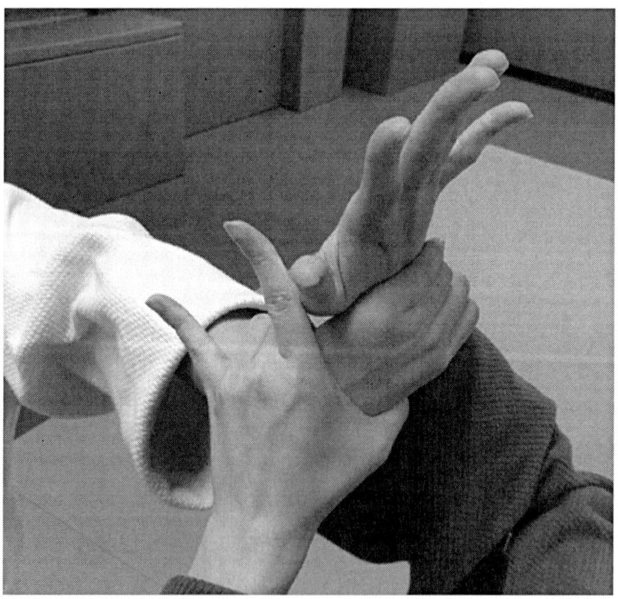

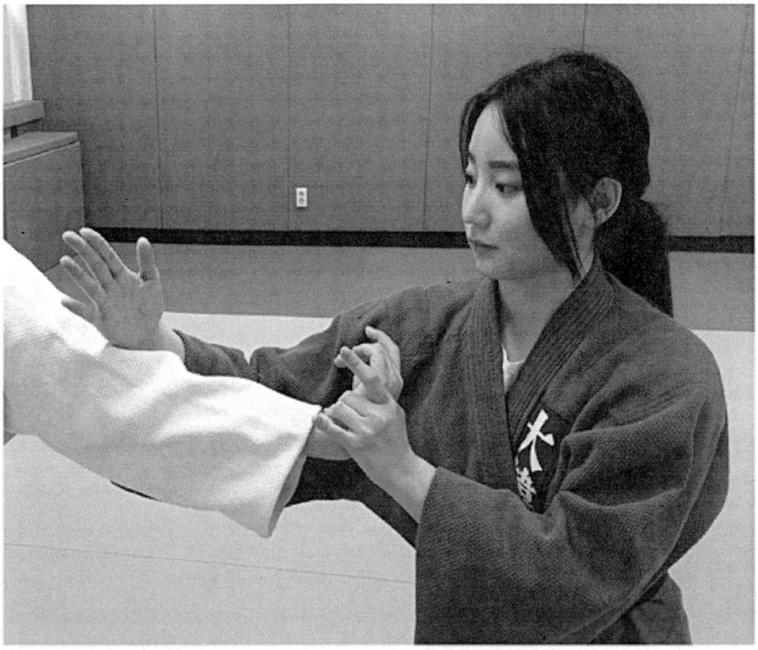

3) 안 손목수 제1수

상대방이 자신의 손목을 안쪽에서 잡았을 경우에 탈포하면서 제압하는 기술이다.

[오른손이 잡혔을 경우]

① 손을 살린다.

② 오른손을 시계방향으로 회전하여 엄지손가락 부위가 자신의 얼굴 앞으로 향하도록 위치시키면서 동시에 자신의 손목으로 상대방의 손등을 꺾어준다.

③ 오른발을 중심으로 왼쪽 다리를 반시계방향으로 원을 그리면서 돌려주며 동시에 상대방도 같은 방향으로 힘차게 돌린다.

④ 왼손으로는 상대방의 왼손목을 계속 꺾은 상태로 돌려주며, 오른쪽 손목 날은 상대방의 관절 안쪽으로 밀어주면서 제압한다.

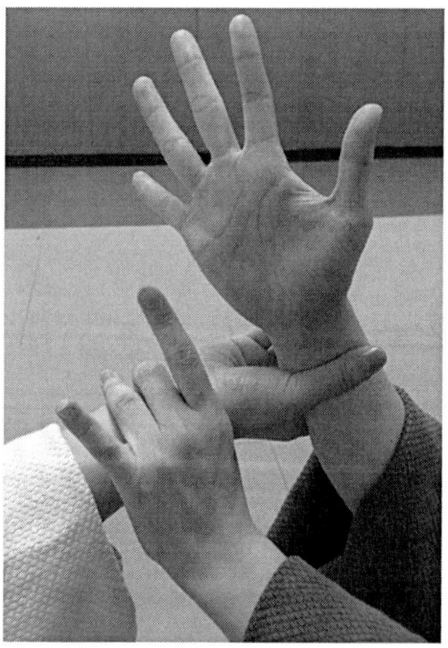

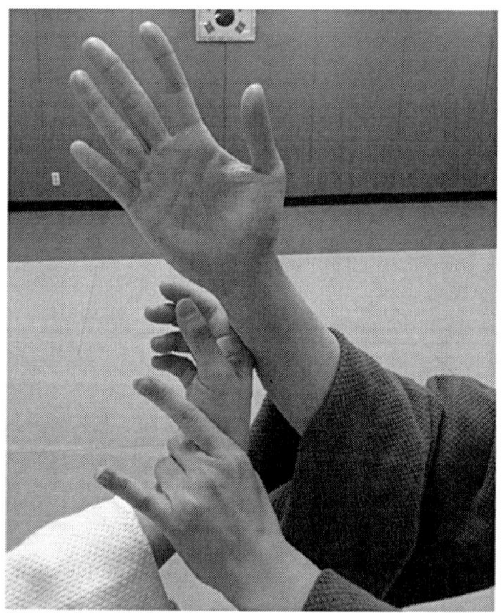

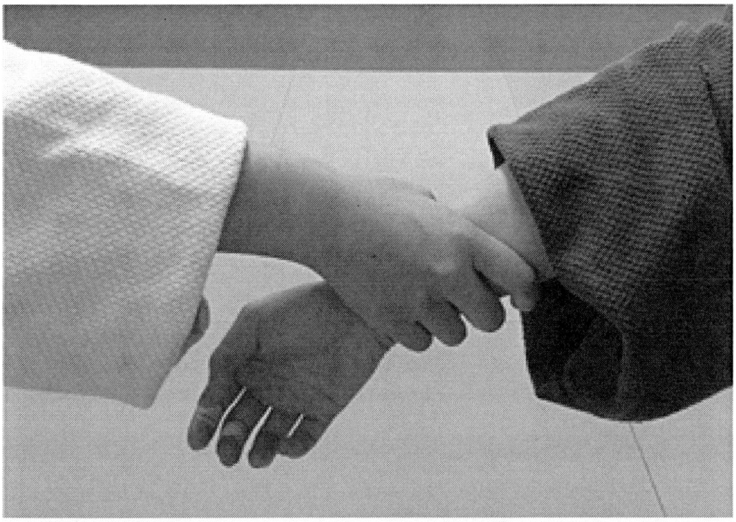

4) 안 손목수 제2수

상대방이 자신의 손목을 안쪽에서 잡았을 경우에 탈포하는 동시에 제압하는 기술이다.

[오른손이 잡혔을 경우]

① 손을 살린다.

② 오른손을 시계방향으로 회전하면서 동시에 왼손으로 상대방의 손가락

전체를 감싸잡는다.

③ 오른손을 호미 고리로 만들어 상대방의 팔목을 감싸잡는다.

④ 오른발을 뒤로 이동시키면서 아래로 누르며 상대방을 제압한다.

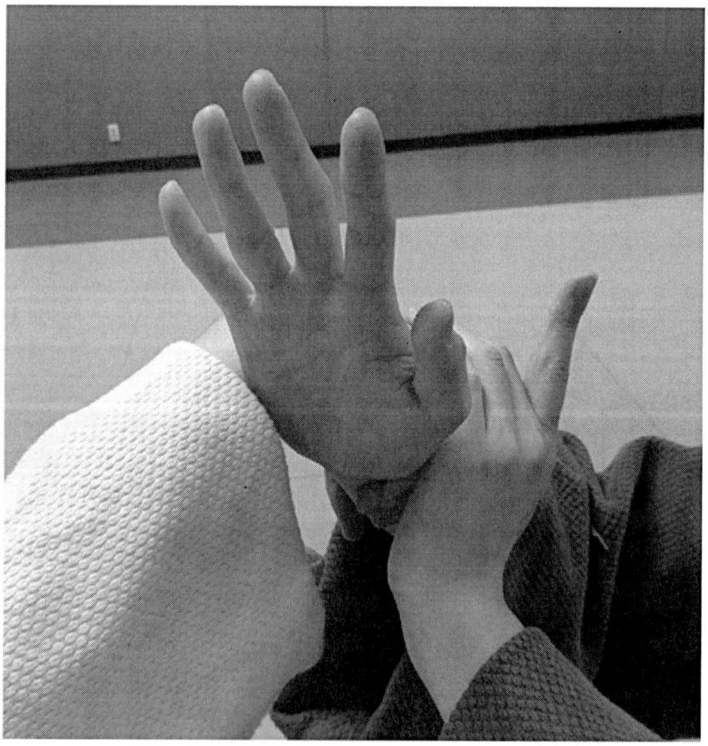

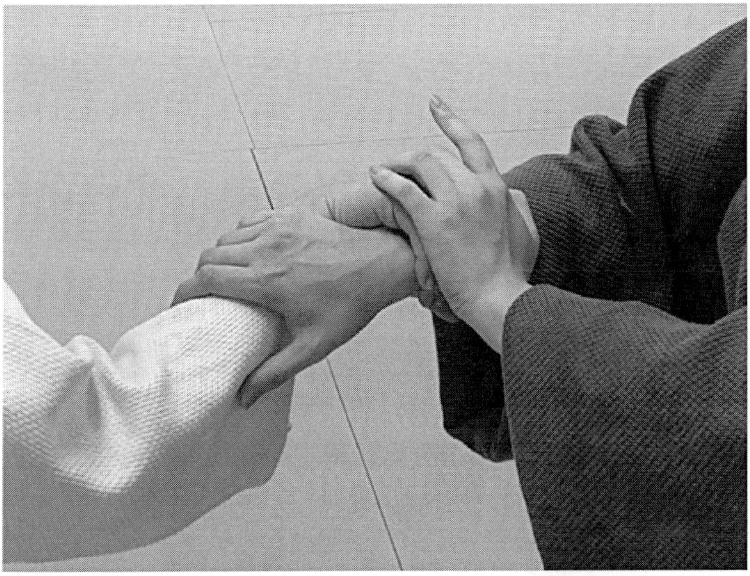

3. 탈포술(脫捕術)

1) 윗머리가 잡혔을 때

① 자신의 양손으로 상대방의 팔목을 잡는다.

② 오른 다리를 중심으로 왼 다리를 반시계 방향으로 크게 회전시키면서

동시에 상대방의 팔을 아래로 누르고 동일한 방향으로 힘이 가도록 회전한다.

③ 머리를 함께 숙이면서 상대방의 팔을 꺾어준다.

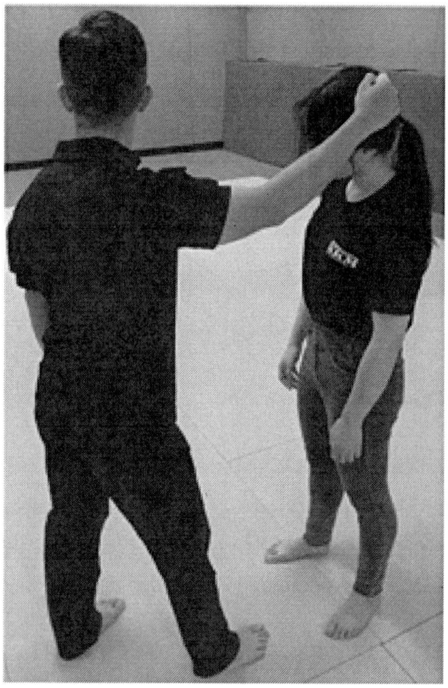

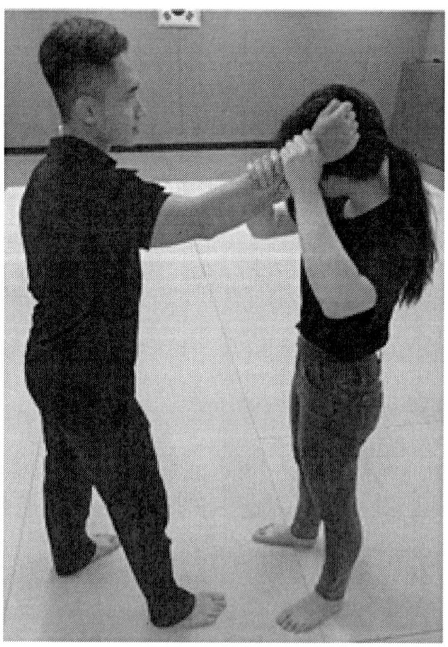

2) 뒷머리가 잡혔을 때

① 자신의 양손으로 상대방의 팔목을 잡는다.

② 오른 다리를 중심으로 왼 다리를 반시계 방향으로 크게 회전시키면서

동시에 상대방의 팔을 아래로 누르고 동일한 방향으로 힘이 가도록 회전한다.

③ 머리를 함께 숙이면서 상대방의 팔을 꺾어준다.

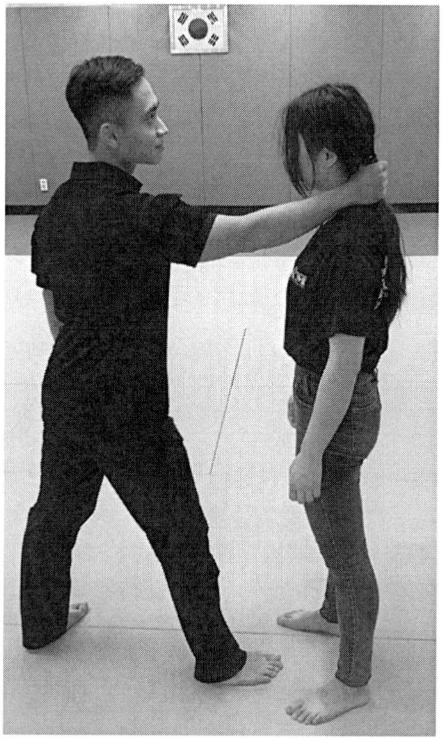

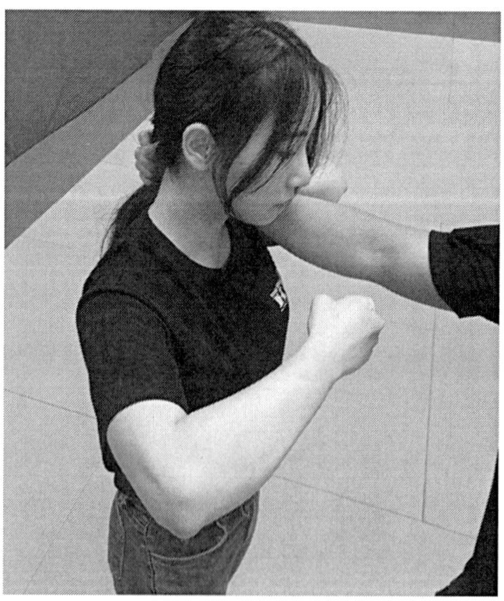

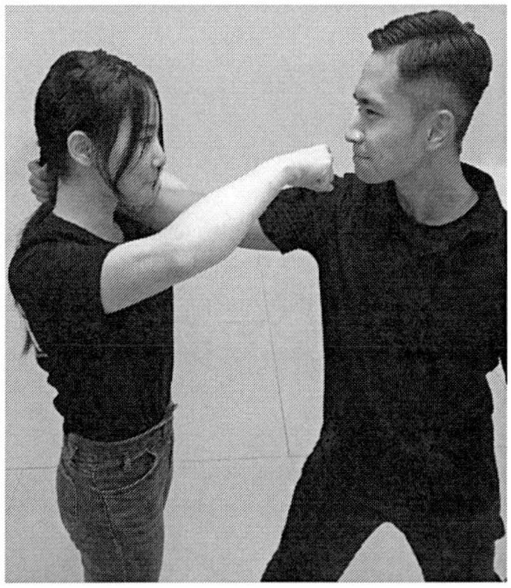

3) 양손으로 멱살이 잡혔을 때

① 상대방의 양 팔목을 감싸잡는다.

② 왼발을 좌측으로 1보 이동시키면서 동시에 밭다리 걸기를 한다.

③ 밭다리 걸기로 넘어뜨린 후, 오른 무릎으로 상대방의 허리를 누르고, 손목을 자신 방향으로 꺾어서 제압한다.

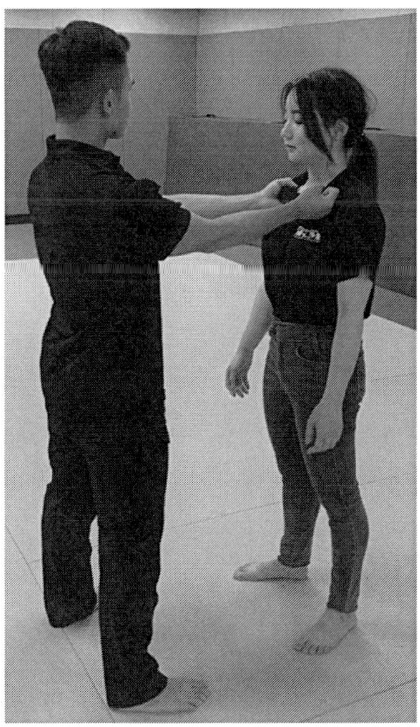

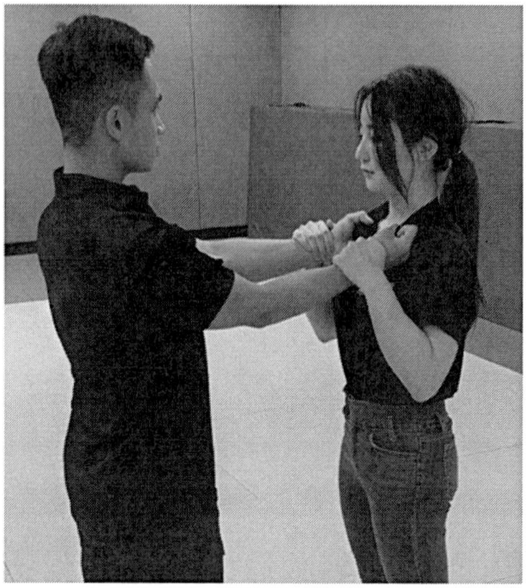

4) 한 손으로 멱살이 잡혔을 때 1

① 오른손으로 상대방의 팔꿈치를 우측으로 잡아서 당긴다.

② 왼손날로는 상대방의 인중을 눌러주면서 자신의 오른발을 중심으로 뒤로 넘어뜨린다.

③ 오른 무릎으로 상대방의 허리를 누르고 오른손으로 상대방의 팔꿈치를 강하게 꺾어준다.

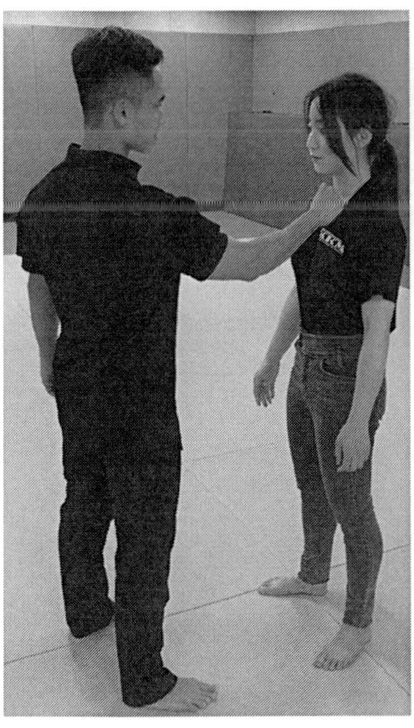

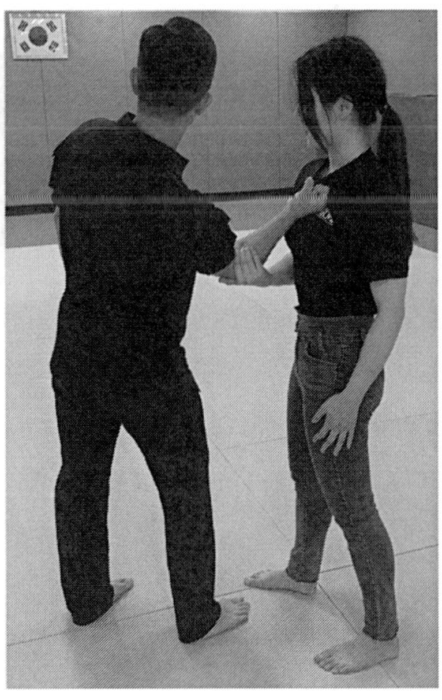

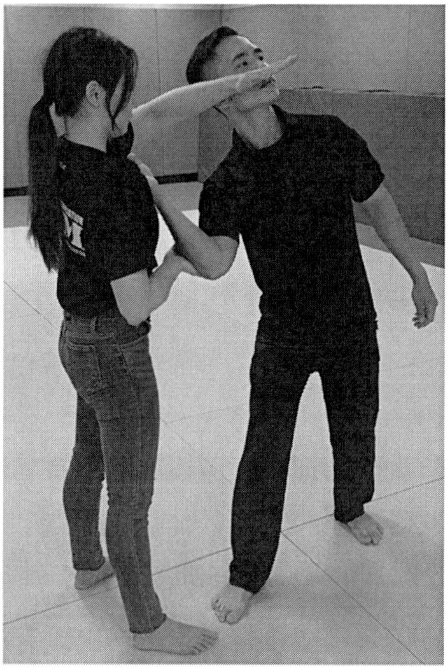

5) 한 손으로 멱살이 잡혔을 때 2

[바깥 손등 누르기]

① 오른손으로 상대방의 오른손 손목을 잡는다.

② 왼손을 밤주먹(중지의 둘째 마디가 돌출)을 만들어

③ 상대방의 바깥손등 또는 손목을 강하게 눌러준다

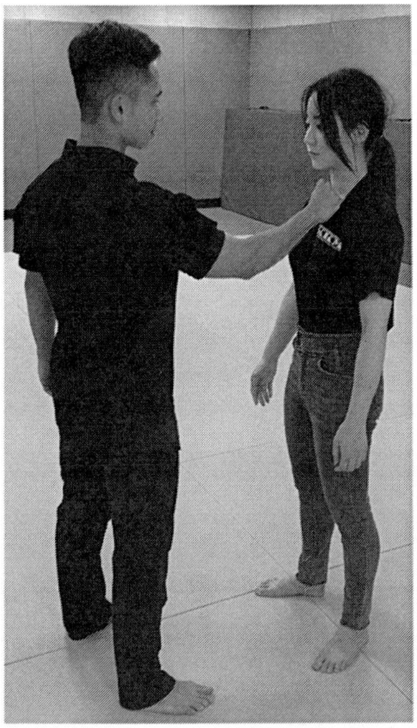

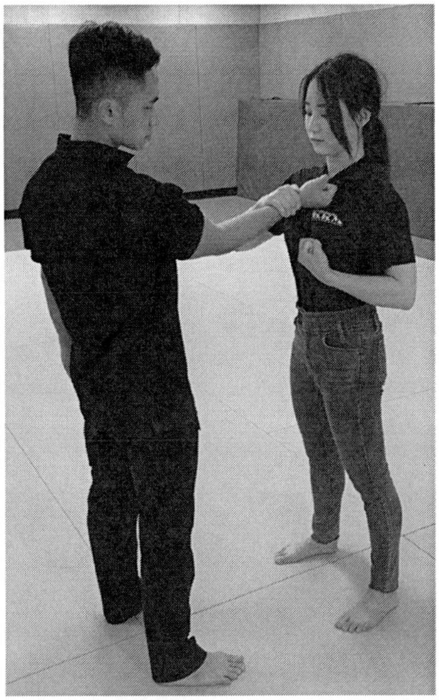

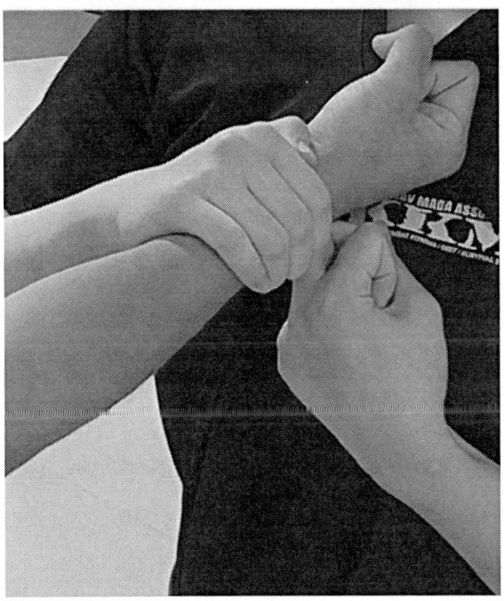

6) 한 손으로 멱살이 잡혔을 때 3

[팔꿈치 눌러주기]

① 오른손으로 상대방의 오른손을 자신의 옷과 함께 잡고,

② 동시에 왼손은 상대방의 왼손목을 잡아준다.

③ 왼 다리가 왼쪽으로 빠지면서 동시에 오른 다리는 시계방향으로 돌려 주면서,

④ 자신의 왼쪽 팔꿈치로 상대방의 오른쪽 팔꿈치를 눌러준다.

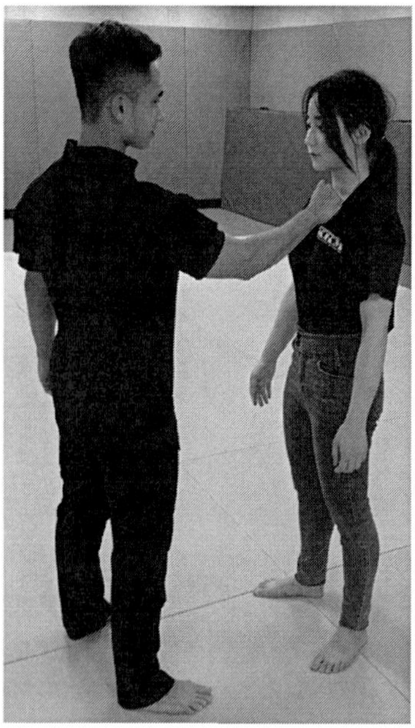

7) 어깨가 잡혔을 때 1

[팔 감아 돌리기]

① 왼손을 상대방의 팔 안쪽 방향의 수직으로 올린다.

② 팔을 바깥쪽으로 크게 돌려 상대방의 팔꿈치 부근으로 내리면서 계속 회전하여 준다.

③ 팔을 뿌리치면서 탈출하거나, 왼쪽 발로 상대방의 오른쪽 무릎을 누르면서 제압할 수도 있다.

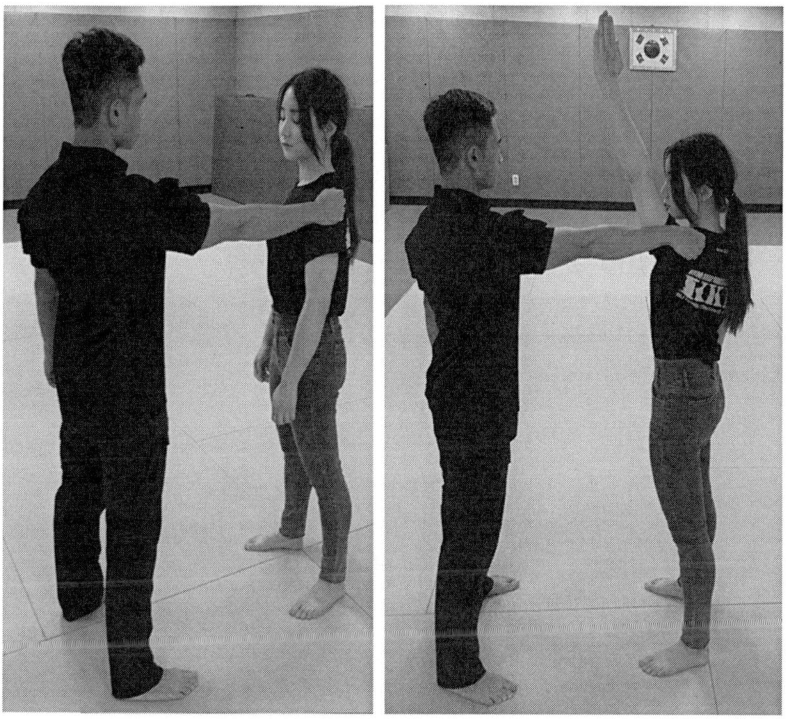

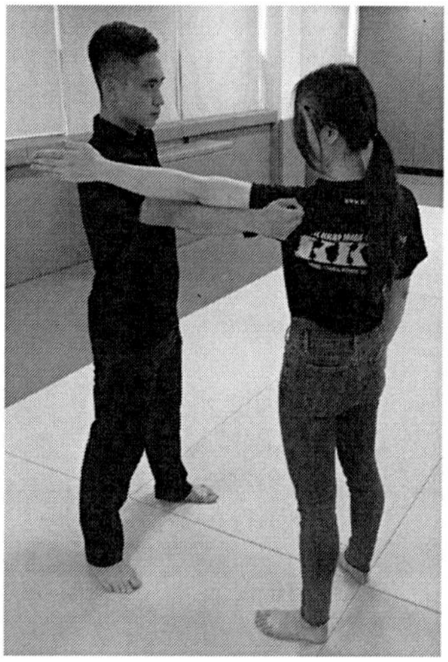

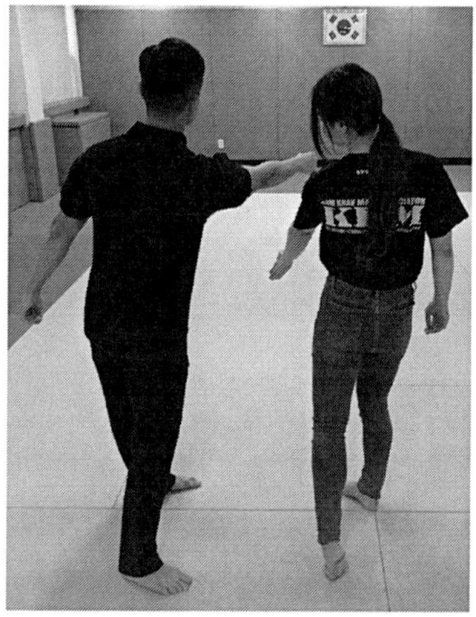

8) 어깨가 잡혔을 때 2

[수도로 내려치고 손목 틀어주기]

① 왼손으로 상대방의 손목을 잡고, 오른손 수도로써 상대방의 팔꿈치를 강하게 내려친다.

② 오른손으로 상대방의 왼손을 잡고 꺾어주고, 오른발을 중심으로 왼쪽 방향으로 회전하면서 상대방을 잡아당기듯이 돌려준다.

③ 오른쪽 무릎으로 상대방의 허리를 누르며 제압한다.

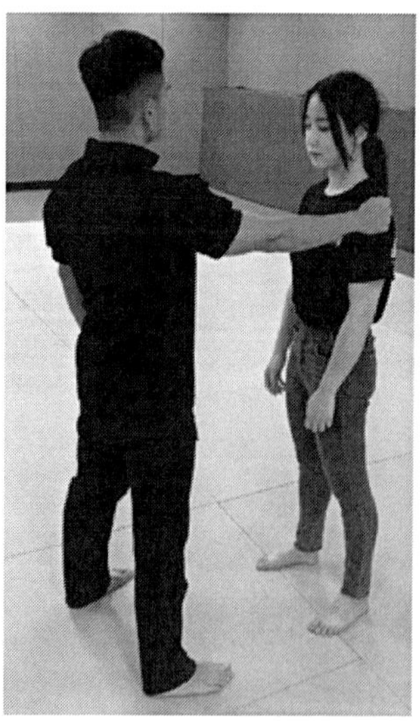

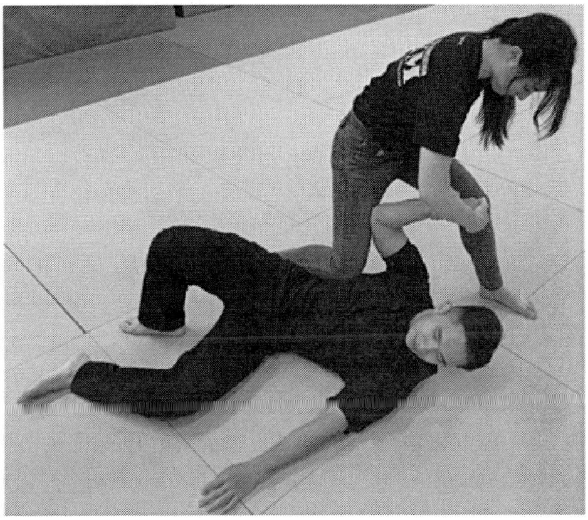

9) 어깨가 잡혔을 때 3

[목 밀기]

① 오른발을 1족장 뒤로 빼내며,

② 자신의 왼손 수도를 상대방의 목을 가격하듯이 위치시킨다.

③ 왼발을 상대방 쪽으로 이동시키면서 왼손 수도로 목을 밀어준다.

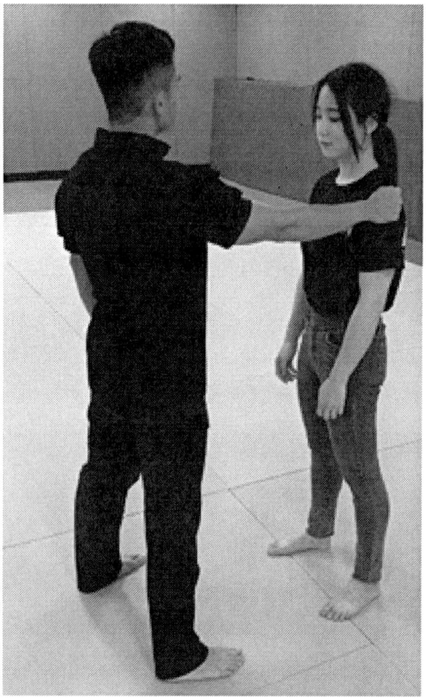

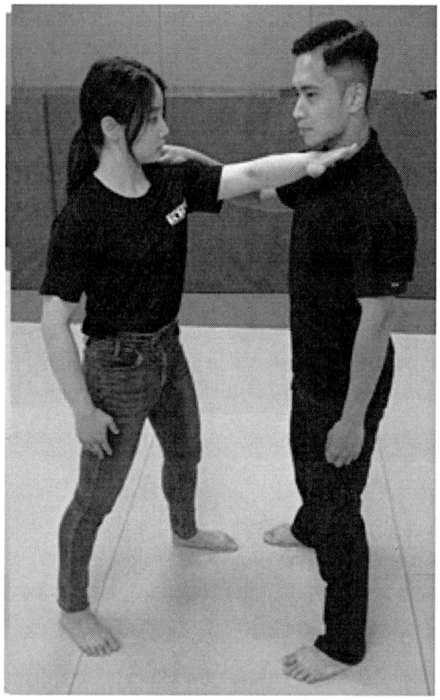

10) 허리띠가 잡혔을 때 1

[턱 돌려주기]

① 오른손 수도로써 상대방의 팔꿈치 관절을 가격한다.

② 상대방의 자세가 기울어지면서 낮아지면,

③ 왼손은 상대방의 머리를 잡고 오른손은 상대방의 턱을 잡은 후,

④ 시계 반대 방향으로 돌리는 동시에 발을 걸어 쓰러뜨린다.

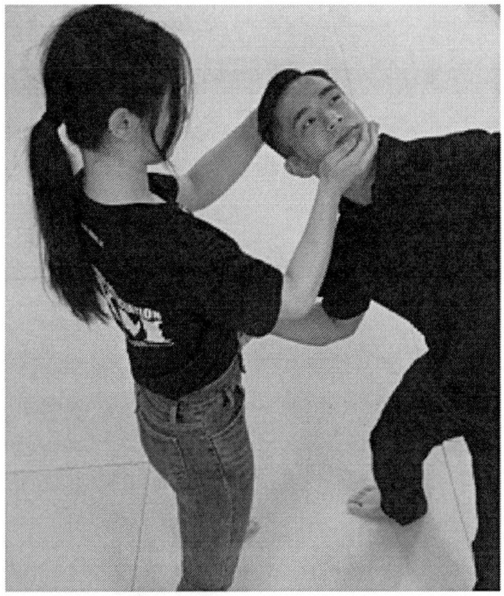

11) 허리띠가 잡혔을 때 2

[손날 치기]

① 상대가 오른손으로 허리띠를 잡는다.

② 왼발을 한 발짝 뒤로 뺀다.

③ 오른손으로 상대방의 손날을 가격한다.

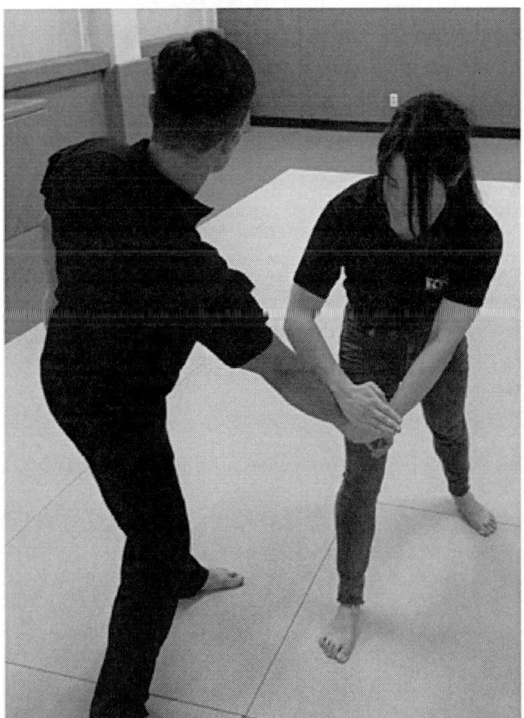

12) 뒤에서 안겼을 때 1

① 왼쪽 다리를 좌측으로 이동시키면서 동시에 허리를 숙인다.

② 상대방의 왼쪽 발목을 잡고 상체를 일으킨다.

③ 무게중심을 뒤로 이동시키면서 다리를 꺾어준다.

13) 뒤에서 안겼을 때 2

① 양팔을 앞으로 뻗으면서 힘차게 위로 올린다.

② 오른쪽 다리를 상대방의 뒤로 옮기고, 자신의 왼손으로 상대방의 손(손목)을 잡고,

③ 상대방을 뒤로 시계방향으로 당기면서 쓰러뜨린다.

14) 뒤에서 안겼을 때 3

① 자신의 뒷머리를 활용하여 상대방의 안면을 강하게 가격하고,

② 자신의 상체를 숙이면서 양손을 밤주먹으로 하여,

③ 상대방의 손등을 강하게 가격한다.

제4절 체포술(逮捕術, Arrest technique)

1. 체포술

1) 맨손 체포 1

[손목 꺾기]

① 상대방 측면으로 다가선다.

② 자신의 왼팔을 상대방의 겨드랑이 사이에 끼우면서 몸에 밀착하여 잡는다.

③ 오른손으로는 상대방의 오른 손목을 잡아 올린다.

④ 상대방의 오른 팔꿈치를 자신의 이두박근에 받쳐 밀착함과 동시에 양손으로 상대방의 손을 아래로 꺾어 제압한다.

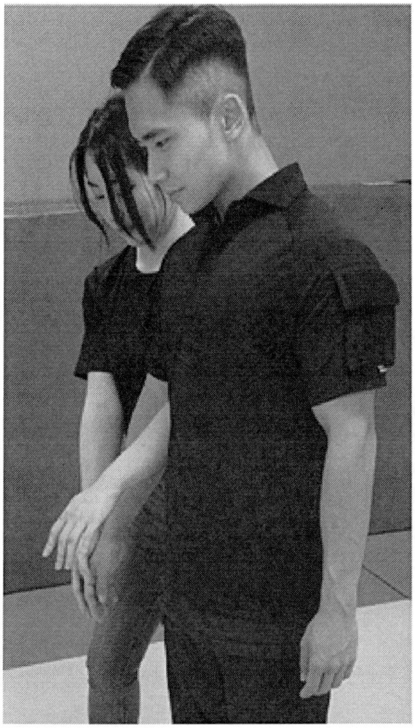
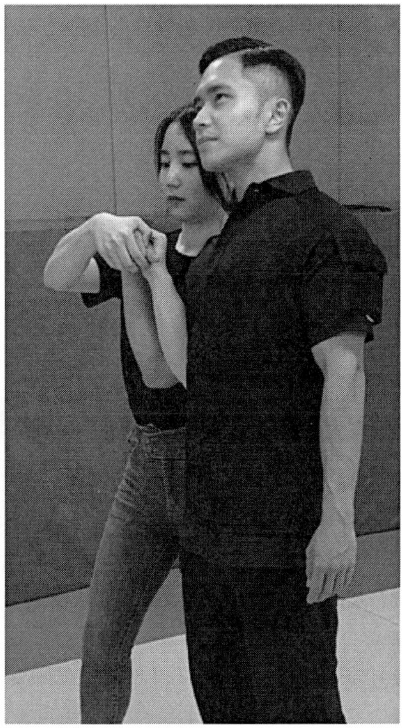

2) 맨손 체포 2

[팔 꺾어 턱 당기기]

① 오른발이 상대 좌측방으로 일보 전진하며, 동시에 자신의 왼팔은 상대방의 오른 팔꿈치 안쪽으로, 오른손은 손목을 잡는다.

② 오른발을 중심으로 왼발이 반시계 방향으로 따라가며 손목을 꺾어 올린다.

③ 왼손으로는 상대방의 겨드랑이에 깊게 밀착하여 손목을 잡고, 동시에 오른손은 상대방의 턱을 잡고 뒤로 당겨준다.

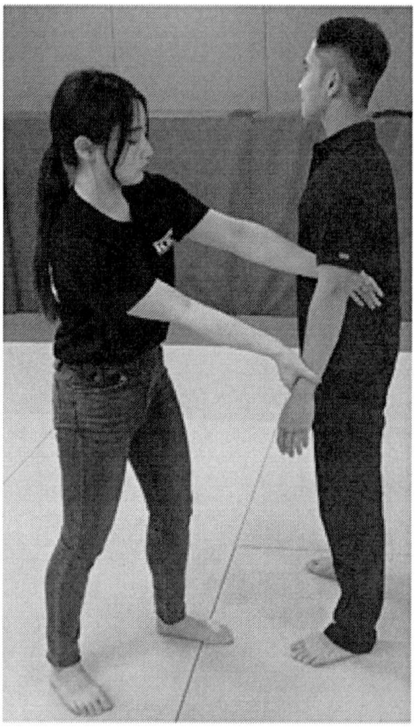

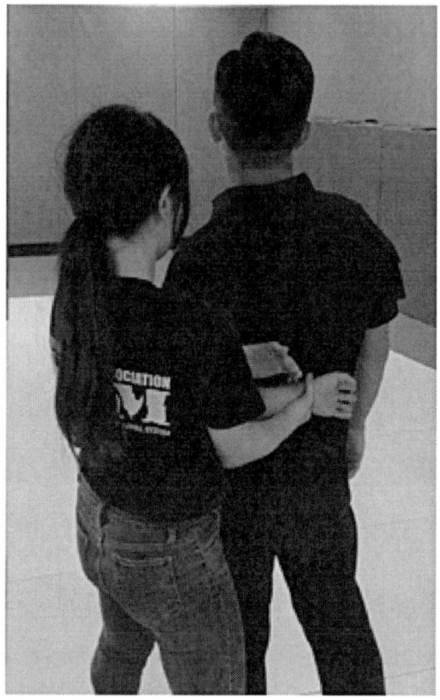

3) 맨손 체포 3

[팔 꺾어 어깨 잡기]

① 왼발을 상대방의 우측으로 1보 전진하면서 왼손으로 상대방의 손목을 잡고,

② 바로 이어서 오른발을 전진하면서 자신의 오른팔을 상대방의 팔꿈치 사이로 깊이 넣어 교차시킨다.

③ 오른발을 중심으로 왼발을 크게 옮기고, 동시에 자신의 왼손으로는 팔을 꺾어올리고,

④ 오른팔을 깊숙이 위로 올려 어깨를 잡는다.

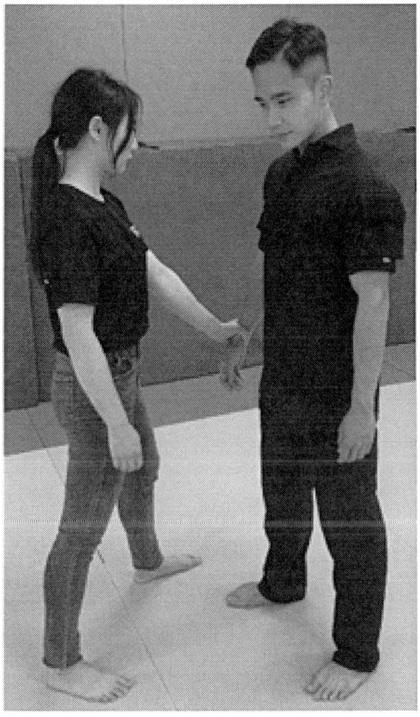

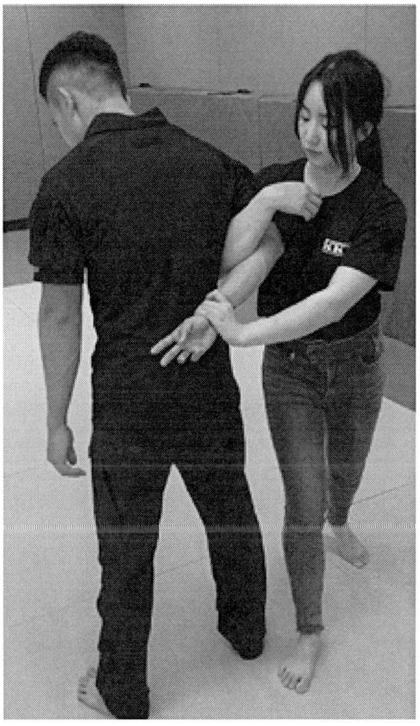

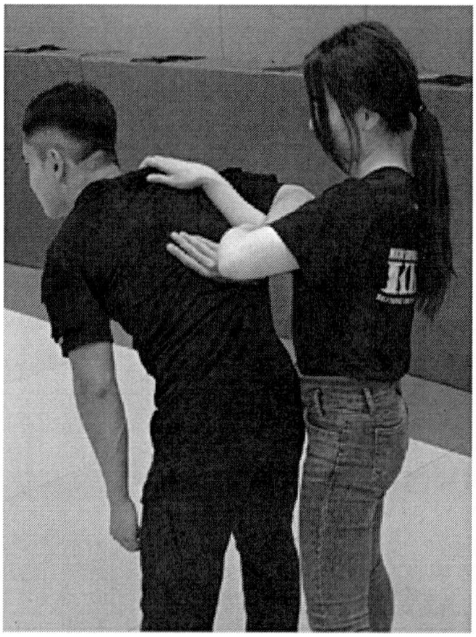

4) 맨손 체포 4

[목이 졸렸을 경우 팔꿈치 당겨 인중 밀기]

① 상대방이 양손으로 목을 조른다.

② 오른손으로 상대방의 오른쪽 팔꿈치의 혈을 강하게 잡고 안쪽으로 밀어준다.

③ 동시에 왼손의 수도로써 상대방의 인중을 눌러준다.

④ 왼발을 중심으로 반시계 방향으로 돌며 상대를 제압한다.

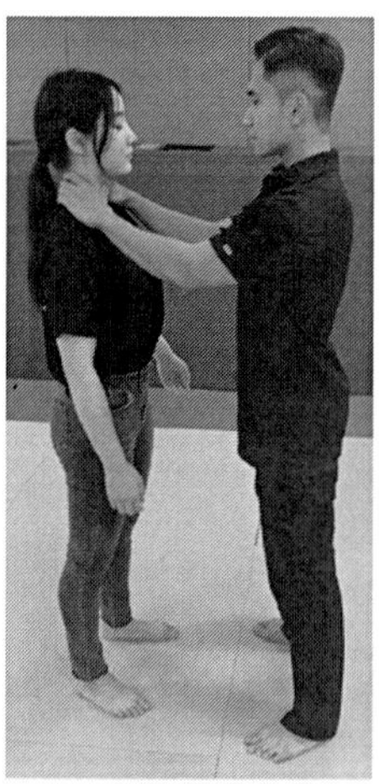

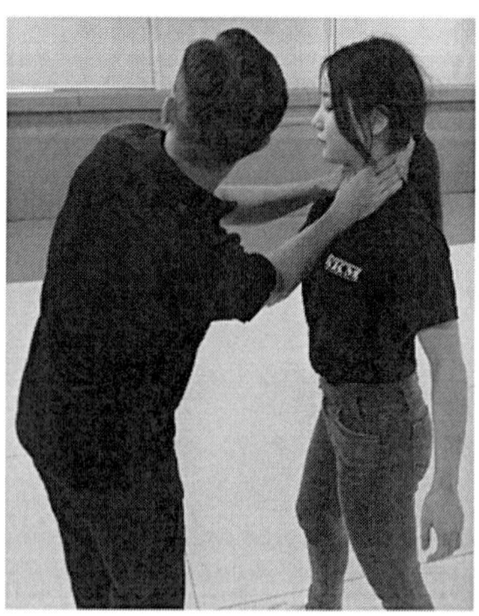

5) 맨손 체포 5

[목이 졸렸을 경우 손목 잡고 낭심 차기]

① 상대방이 양손으로 목을 조른다.

② 자신의 양손으로 상대방의 양 손목을 벌리듯이 잡는다.

③ 상대방의 복부를 발 또는 무릎으로 차거나, 낭심을 다리로 차서 제압한다.

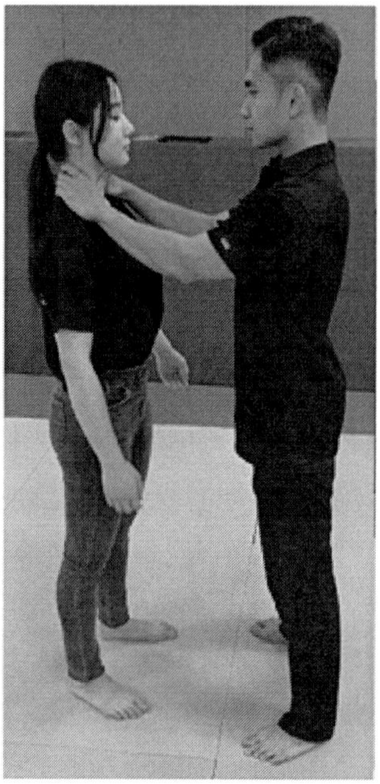

6) 맨손 체포 6

[측면에서 목이 졸렸을 때 방어]

① 오른쪽 주먹으로 상대방 낭심, 명치, 턱을 연속으로 가격한다.

② 양손으로 상대방의 우측 어깨를 함께 잡고 오른발을 중심으로 상대방을 돌리면서,

③ 상대방 자세가 낮아지면 무릎으로 가격하여 제압한다.

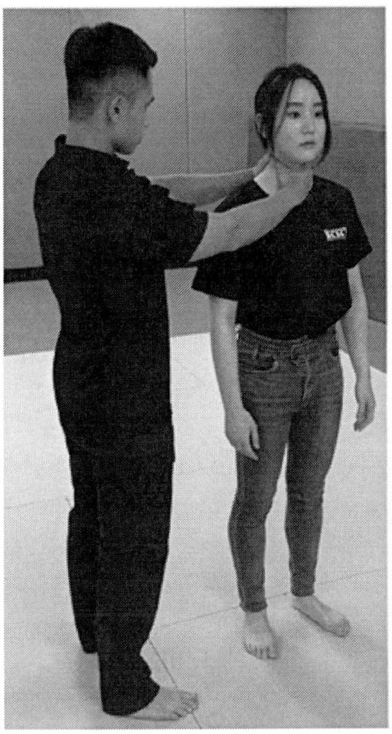

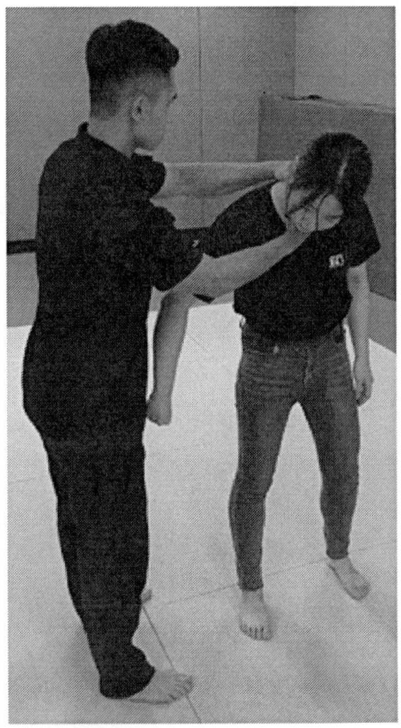

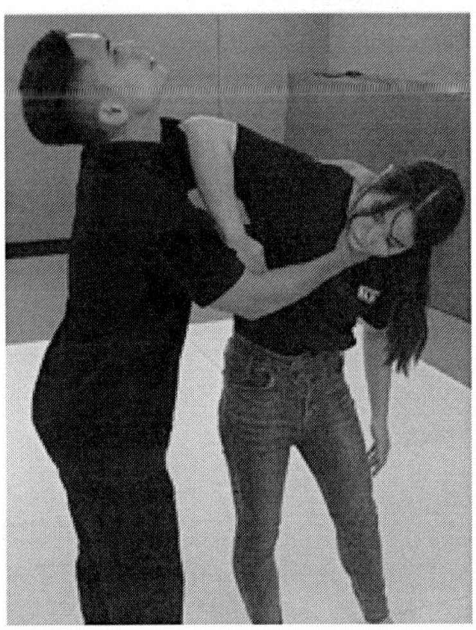

7) 공격 시 체포 1

[막아 잡으며 밭다리 걸기]

① 상대방의 오른 주먹 공격이 있을 시, 왼발을 상대방의 왼쪽으로 옮김과 동시에 왼손 수도로써 상대방의 오른 주먹 공격을 막아내며,

② 동시에 오른손 칼잽이(칼재비, 아귀손, 오금손) 목치기를 하고,

③ 왼손은 상대방의 오른 손목을 잡은 상태에서, 오른손은 그대로 상대방의 목을 밀며,

④ 무게중심을 전방으로 이동시키며 동시에 상대방의 왼손을 잡은 채로 상대방의 오른 다리를 자신의 오른 다리로 밭다리 걸어 쓰러뜨리며 제압한다.

8) 공격 시 체포 2

[막아 잡아 목감아 돌리기]

① 상대방이 오른 주먹으로 공격할 경우에, 왼쪽으로 피하며 왼손으로 상대방의 오른 손목을 잡고,

② 오른손 주먹으로 상대방의 얼굴 또는 명치를 가격하며,

③ 오른손으로 상대방의 목을 감싸잡으며 오른발을 중심으로 왼발을 반시계방향으로 돌리면서 원심력을 이용하여 상대방을 쓰러뜨리며 제압한다.

9) 공격 시 체포 3

[비껴 막으며 목 조르기]

① 오른 주먹으로 공격할 경우, 좌측으로 크게 비껴 서며, 동시에 왼 손바닥으로 손목을 쳐내며,

② 오른발이 상대방의 우측으로 깊게 들어가며, 동시에 오른 안 손날로 상대방의 목을 치듯이 밀어주며,

③ 왼발이 따라 들어가며 상대방의 목을 자신의 오른손과 함께 감싸 목을 조르며 제압한다.

10) 공격 시 체포 4

[어깨 가격한 후 밭다리 걸어 제압하기]

① 오른 주먹으로 공격할 경우, 좌측으로 크게 비껴 서며, 동시에 왼손으로 상대방의 손목을 바깥으로 막아내며,

② 동시에 오른 손바닥으로 상대방의 오른쪽 어깨를 강하게 가격하고,

③ 자신의 오른 다리로 상대방의 왼 다리 밭다리를 걸어 넘어뜨리며 제압한다.

11) 공격 시 체포 5

[마운트 자세에서 목이 졸렸을 경우 팔꿈치 꺾기(arm bar) 제압]

① 양손을 상대방의 팔목을 잡고 자신의 몸을 우측으로 비틀며,

② 왼손으로 상대방의 턱을 치고,

③ 양손으로 상대방의 오른 손목을 잡으면서, 상대방의 머리 안쪽으로 자신의 왼 다리를 넘기면서,

④ 상대방의 오른팔을 제압(암바)한다.

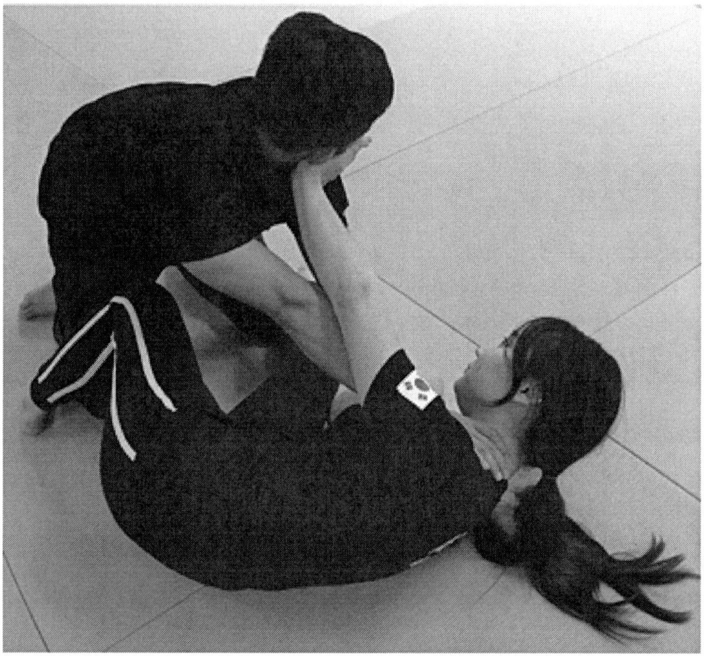

12) 공격 시 체포 6

[마운트 자세에서 목이 졸렸을 경우 왼무릎 밀기]

① 상대방의 양팔을 잡아주며,

② 골반을 우측으로 틀어 좌측 무릎으로 상대방의 우측 복부를 밀며,

③ 계속해서 몸을 우측으로 틀며 몸을 일으키며 상대의 턱을 가격하고,

④ 이어서 상대방의 우측 팔을 꺾어서 제압한다.

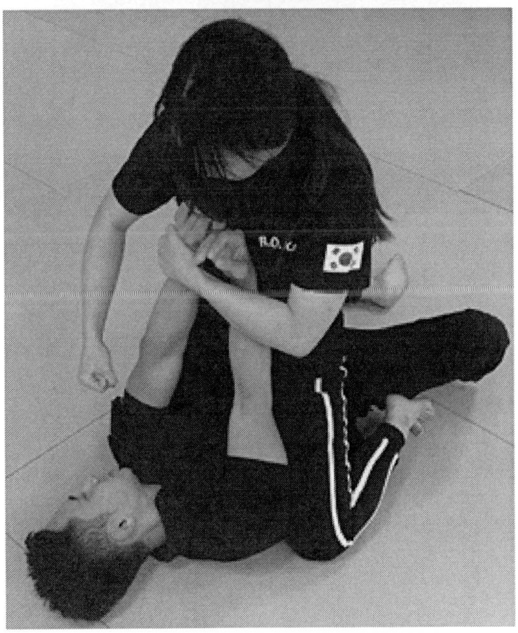

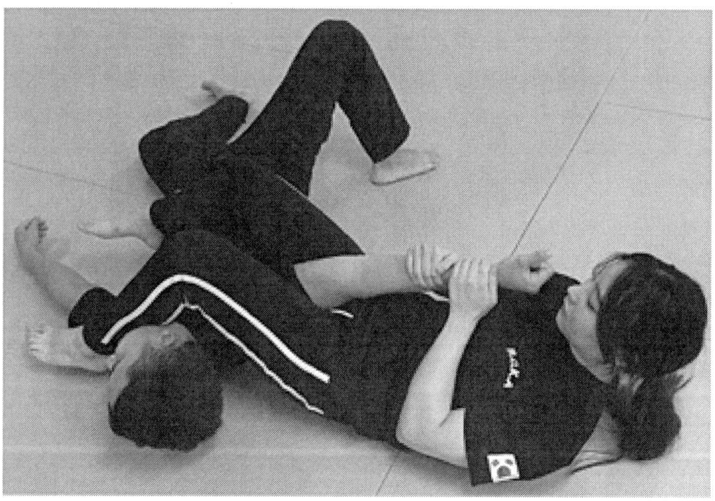

13) 공격 시 체포 7

[양손이 목뒤로 잡혔을 시]

① 상체를 숙이면서 상대방의 중심을 무너뜨리고,

② 오른발을 상대방 왼발 뒤로 크게 이동시킨다.

③ 숙인 상태에서 상대방 무릎 뒤쪽을 감싸 잡아 뒤로 쓰러뜨리며 제압한다.

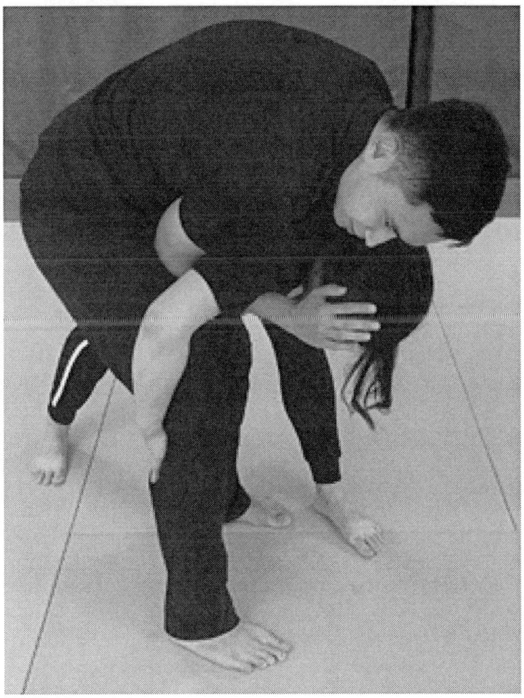

2. 무기 공격

1) 단검 공격 1

[팔목 쳐내며 오금 누르기]

① 상대방이 오른손으로 칼을 들고 자신의 복부를 향하여 공격할 경우,

② 오른발을 상대방의 좌측으로 옮기면서 왼손 날로 상대방의 우측 손목을 쳐내며,

③ 우측 주먹은 상대방의 좌측 늑골을 가격한다.

④ 왼발로 상대방의 좌측 무릎 안쪽(오금)을 강하게 밀며 제압한다.

2) 단검 공격 2

[얼굴 가격 후, 팔꿈치 눌러주기]

① 상대방이 오른손에 칼을 파지하고 자신의 하복부를 공격할 경우,

② 자신의 왼손 수도로 상대방의 손목을 아래로 쳐내며, 동시에 오른 주먹으로 상대방의 안면 인당혈 또는 인중혈을 가격한다.

③ 자신의 왼발이 들어가며 왼팔로 상대방의 우측 팔꿈치를 뒤로 꺾어준다.

④ 좌측 발을 중심으로 우측 발을 시계방향으로 회전시키면서 상대방을 쓰러뜨리고 우측 손으로 목을 누르며 제압한다.

3) 단검 공격 3

[올려 차고 옆구리 차기]

① 상대방이 오른손으로 칼을 파지하고 자신의 명치를 향하여 공격할 경우,

② 왼발을 뒤로 이동시키면서 거리를 조정하고, 우측 발로 상대방의 손을 차올린다.

③ 신속히 발을 바꾸어 왼발로 상대방의 우측 옆구리를 가격한다.

4) 단검 공격 4

[위에서 칼로 내려 찌를 경우]

① 왼손 수도로써 상대방의 오른 손목을 막고,

② 오른손은 상대방 오른쪽 팔꿈치를 감싸 잡으며,

③ 우측 발을 중심으로 좌측 다리를 반시계 방향으로 이동시키면서 상대방의 팔을 꺾은 상태로 넘어뜨리며 제압한다.

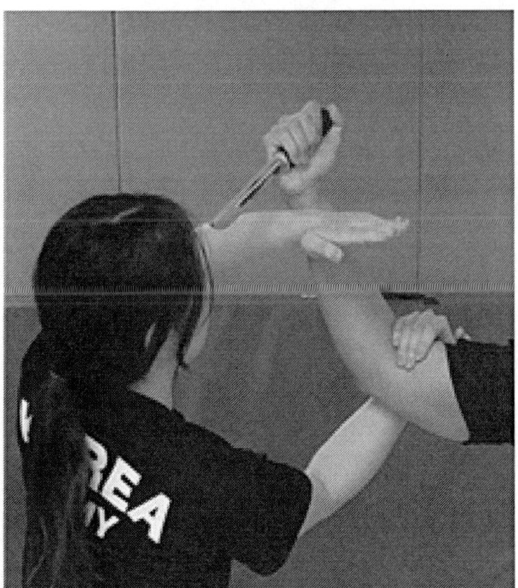
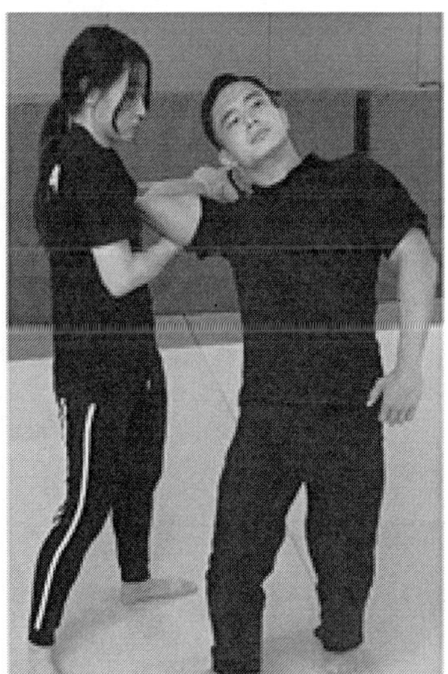

5) 단검 위협 1

[손목 쳐내고 낭심 차기]

① 상대방이 오른손으로 칼을 쥔 후 명치를 향하여 위협할 경우,

② 상대방에게 저항의 의지가 없다는 것을 보여주기 위해 양손을 어깨 위로 든다.

③ 왼손으로 상대방의 바깥 손목을 안쪽으로 쳐내며,

④ 상체를 뒤로 젖히면서 우측 발로 상대의 낭심을 가격하여 제압한다.

6) 단검 위협 2

[뒤에서 목에 칼을 대고 위협 시]

① 양손을 올린 후,

② 양손으로 상대방의 오른팔을 잡고, 왼발을 상대방의 뒤로 이동시키며,

③ 양손으로 상대방의 오른팔을 계속 잡으며 자신의 머리를 빼내고 상대방의 오른팔은 뒤로 꺾어서 제압한다.

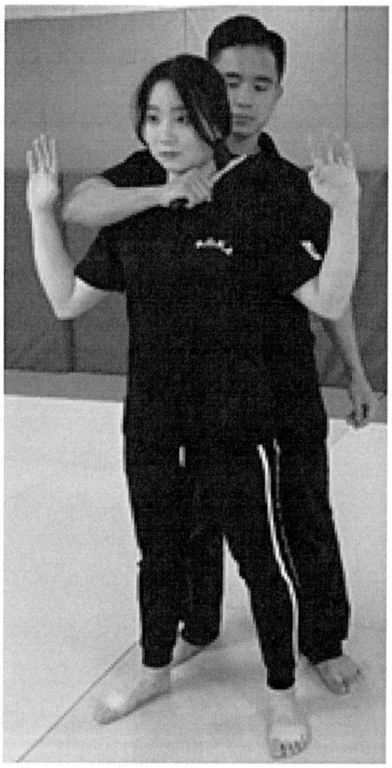

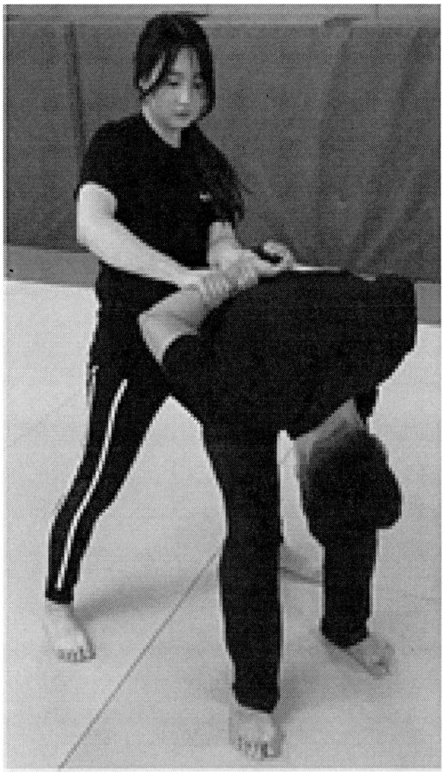

7) 권총 위협 1

[이마에 대고 위협 1]

① 상대가 앞으로 다가서며 우측손에 파지한 권총을 자신의 이마에 대고 위협할 경우,

② 양손을 들어 순응의 자세를 취한 후,

③ 순간적으로 머리를 오른쪽으로 기울이며 동시에 왼손은 상대방의 오른 손목을 잡고, 오른손은 총열을 잡고,

④ 오른손으로 총구를 위로 꺾어 상대방을 향하도록 하면서 총기를 탈취한다.

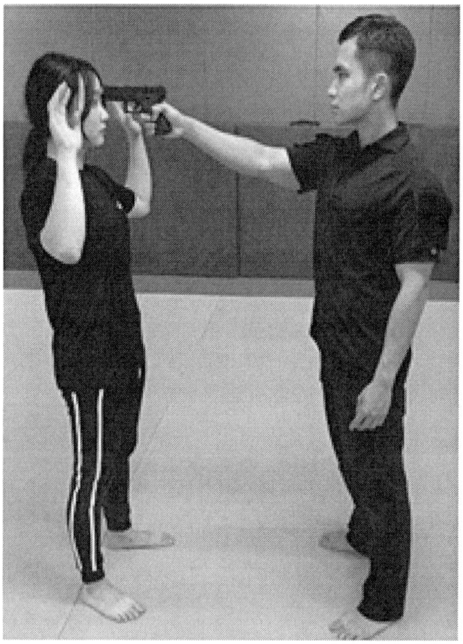

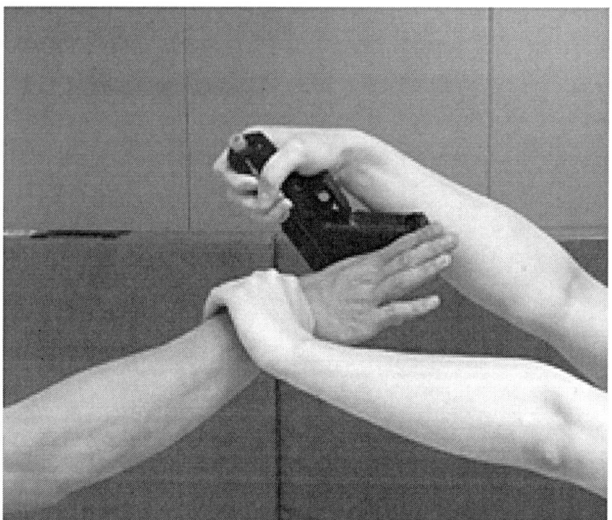

8) 권총 위협 2

[이마에 대고 위협 2]

① 상대가 앞으로 다가서며 우측 손에 파지한 권총을 자신의 이마에 대고 위협할 경우,

② 오른발을 뒤로 빼면서 무릎을 굽혀 자세를 낮추며, 양손으로 총열을 감싸잡으며 총구를 위로 향하게 하면서,

③ 계속 총구를 상대방으로 향하게 하고 동시에 오른발로 낭심을 가격하고 총기를 탈취한다.

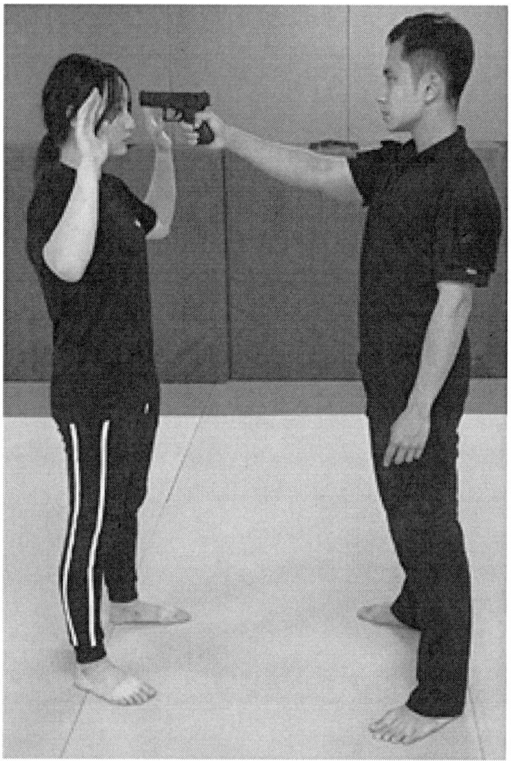

9) 권총 위협 3

[뒤에서 위협]

① 상대가 뒤에서 허리 부분에 총으로 위협하면,

② 오른발을 중심으로 왼 다리를 반시계 방향으로 이동시키면서,

③ 오른 손날로 총을 든 상대방의 손목을 가격한다. 이어서 자신의 오른 팔꿈치로 상대방의 인중혈을 가격한다.

④ 왼팔로 상대방의 오른 손목을 계속 잡아주며, 오른 무릎으로 상대방의 명치를 가격한다.

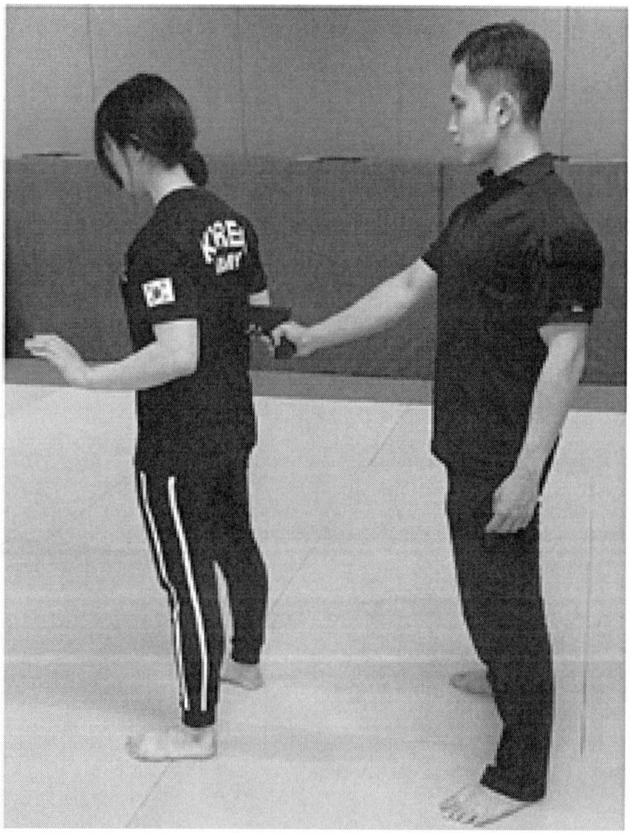

저자약력

정주호(鄭朱淏)

現) 가천대학교 법과대학 경찰행정학과 교수
중국 Fudan대학교 객좌교수

〈경력〉

- 대통령 경호실 경호관
- 대통령 제1부속실 비서관

〈학력〉

- 동국대학교 범죄학 박사
- 경기대학교 경호안전학 박사

〈학회활동〉

- 한국경호경비학회 부회장
- 한국경찰학회 부회장
- 국가안보국민안전학회 부회장

〈저서〉

- 피해자학(2020, 백산)
- 민간경비론(2020, 백산)
- 경호학 원론(2010, 백산) 공저
- 테러리스트처럼 생각하라!(2007, 한경사) 역서

〈논문〉

- 국가정보원 대공수사권 관련 주요쟁점에 관한 이론적 접근(2020)
- 다문화가족 청소년의 사회적 차별경험이 학교 폭력범죄에 미치는 영향(2019)
- 아동 · 청소년 성범죄 예방정책에 관한 연구(2018)
- 제도적 아노미 이론에 따른 자생테러 연구(2017)
- 형사사법절차에 있어서 범죄피해자 참여제도의 확대방안(2017)
- 軍 정보수사기관의 대통령 경호활동 고찰(2017)
- 문화적응 스트레스, 사회적 지지, Precht의 초기 급진화 인식이 테러리즘 비호감성에 미치는 영향(2017) 등 다수

저자와의
합의하에
인지첩부
생략

호신 체포술

2021년 12월 15일 초판 1쇄 인쇄
2021년 12월 31일 초판 1쇄 발행

지은이 정주호
펴낸이 진욱상
펴낸곳 백산출판사
교 정 박시내
본문디자인 오행복
표지디자인 오정은
일러스트 정지우
사 진 정지우 · 한태권 · 박하린 · 방현진

등 록 1974년 1월 9일 제406-1974-000001호
주 소 경기도 파주시 회동길 370(백산빌딩 3층)
전 화 02-914-1621(代)
팩 스 031-955-9911
이메일 edit@ibaeksan.kr
홈페이지 www.ibaeksan.kr

ISBN 979-11-6639-202-3 93690
값 15,000원